DIE HAND ALS SPIEGEL DER PSYCHE

Siegfried Stange

DR. CHARLOTTE WOLFF

Die Hand als
Spiegel der Psyche

Wissenschaftliche
Handdeutung

Chiromantie — Handlesekunst

OTTO WILHELM BARTH VERLAG

Der Titel der im Verlag Methuen and Co, Ltd. London erschienenen Originalausgabe lautet: THE HUMAN HAND.

2. Auflage der Neuausgabe 1984
Einzig berechtigte Übersetzung aus dem Englischen
von Ursula von Mangoldt. Copyright © 1970 und 1983 by
Scherz Verlag, Bern, München, Wien, für den Otto Wilhelm
Barth Verlag. Alle Rechte vorbehalten, auch die der
Verbreitung durch Funk, Fernsehen, fotomechanische
Wiedergabe, Tonträger jeder Art und
auszugsweisen Nachdruck.

INHALTSVERZEICHNIS

DR. CHARLOTTE WOLFF, *M.D., F.B.Ps.S., Fellow Br. Psych. Soc. In Riesenburg/Westpreußen (jetzt Polen) geboren, studierte sie Medizin in Danzig und Freiburg/Br.*, wo sie auch philosophische Vorlesungen von Professor Husserl und ein Seminar von Professor Heidegger besuchte. Approbation und Dr. med. in Berlin. 1933 verließ sie wegen des Naziregimes Deutschland und nahm in Paris methodische Studien über die Hand auf. Sie arbeitete in Paris in Krankenhäusern unter der Leitung von Prof. Henri Wallon, College de France und in der Praxis von Ärzten, die besonders in Endokrinologie und Psychiatrie spezialisiert waren. 1936 setzte Dr. Wolff ihre Untersuchungen über die Hand in Entsprechung mit psychischer und physischer Konstitution in London fort. Sie arbeitete zunächst mit Affen aller Art im Londoner Zoo und später in mehreren Kliniken und psychiatrischen Krankenhäusern in und außerhalb Londons. Die Ergebnisse ihrer umfassenden Studien sind in wissenschaftlichen Zeitungen und Büchern veröffentlicht. Dr. Wolff war auch Research-Student an der Universität in London bei Professor Burt und arbeitete mit Dr. Stephenson, der später Professor der Psychologie an der Universität Chicago wude. 1942 bekam sie den Titel »Fellow of the British Psychological Society« für ihre Verdienste im Studium der wissenschaftlichen Bedeutung der Hand für Psychologie und Psychiatrie.*

I. Kapitel

DIE BEDEUTUNG DER HAND IN DER WISSENSCHAFT

Von den allerfrühesten Zeiten an hat das Studium der Hand die Neugier des Menschen erweckt und seine Phantasie angestachelt. In das Linienmuster seiner Handfläche hat er den Verlauf seines Schicksals projiziert. Selbst der wissenschaftliche Rationalismus des letzten Jahrhunderts vermochte nicht diesen Aberglauben zu zerstören. Erwähnt man das Wort Handlesekunst, taucht das Bild von Zigeunern auf Jahrmärkten auf. So ausschließlich ist die Deutung der Hand mit Scharlatanismus verbunden worden.

Die Wissenschaft hat ein Studium der Hand grundsätzlich abgelehnt, ohne sich bewußt zu werden, daß einst der Okkultismus Ausgangspunkt für wissenschaftliche Entdeckungen war; daß sich die Astronomie aus der Astrologie entwickelte; daß vor gut dreihundert Jahren die Chemie aus der Alchemie entstand und daß der Okkultismus als erster den Weg des Denkens öffnete, der über den Bereich unmittelbarer Erfahrung hinaus zur Entwicklung von Philosophie und Psychologie führte. Das Tabu, das die Wissenschaftler veranlaßte, die Chirologie von ihrer Forschung auszuklammern, ließ dieses Studium fast ausschließlich in die Hände von Scharlatanen und Quacksalbern fallen.

Tatsache ist, daß die Bedeutung von Hand-Merkmalen heute bei der Diagnose einiger weniger Krankheiten in der modernen Medizin anerkannt wird. Daß dies aber eine Ausnahme ist, zeugt von der allgemeinen Gleichgültigkeit der Ärzte gegenüber den Informationen, die die Hand eines Patienten ihnen gewähren könnte. Wenn man erkennt, daß ein fehlerhaftes Funktionieren der Hypophse tatsächlich in der Hand festgestellt werden kann, daß Mongoloismus unverkennbar mit einer bestimmten Handform zusammengeht, daß bestimmte Haltungen und eine bläuliche Färbung Begleiterscheinungen von Psychosen sind, daß eine trommelstockähnliche Verunstaltung der Finger und ein runder (Wasserglas-artiger) Nagel in Zusammenhang stehen mit gewissen Kreislauf- und Lungenerkrankungen, dann muß mit Sicherheit hieraus folgen, daß die Hand eine tiefgreifende Verbindung hat mit anderen Teilen des Körpers, ebenso mit dem Geist. Doch wird diese Tatsache von der modernen Wissenschaft auch weiterhin geleugnet.

Dies war nicht immer der Fall. In frühen Zeiten wurde die Hand von Philosophen und Ärzten in gleicher Weise als ein Organ betrachtet, das bestimmt war, eine wichtige Rolle in der medizinischen Diagnose zu spielen. Plato, Anaxagoras und Aristoteles mögen unter vielen anderen erwähnt werden, die uns Aufklärungen gaben über die Bedeutung der Hand für Erkenntnisse über Gesundheit und Temperament des Menschen. Wir sind gewohnt, diese großen Männer für Philosophen und Metaphysiker zu halten. In jenen frühen Zeiten aber war die Medizin noch kein gesonderter Wissenszweig. Sie war nur ein Teil des umfassenden Studiums der Naturphilosophie.

Selbst Hippokrates, dessen berühmte Leistungen zur Heilkunde gehören, war nicht das, was wir heute einen Mediziner nennen würden. Sein Werk über »Luft, Wasser und Boden«, das heute recht primitiv wirkt und das mit Aberglauben durchtränkt ist, gehört zu den frühen Arbeiten wissenschaftlicher Philosophie. Für uns sind seine Ausführungen interessant, weil er die Beziehung der Hand mit den Lungen herausfand. Beispiel hierfür ist der sogenannte »Hippokrates Finger«. Der andere berühmte Arzt des Altertums, Galen, unterstrich nicht nur die physiologische Bedeutung der Hand als Organ des Greifens und Tastens, sondern auch als Organ, mit dessen Hilfe der Mensch seine Intelligenz aufgebaut hat.

In neueren Zeiten haben Wissensgebiete wie Histologie, Biologie, Anatomie und Zoologie die Hand weitgehend in ihre Untersuchungen hineingenommen. Tatsächlich stammen alle Studien, die den Boden für eine Psychologie der Hand bereitet haben, aus diesen Quellen. Die Psychologie selbst aber hat die Hand standhaft ignoriert, aus Angst, mit denen in einem Atemzug genannt zu werden, die an unwissenschaftliche Entdeckungen von Wahrsagern und Pseudo-Psychologen glauben.

Eine mutigere Linie haben in jüngster Zeit zwei Psychiater eingeschlagen: E. Kretschmer und A. Friedemann, Professoren an den Universitäten Tübingen und Freiburg. Diese untersuchten die Beziehungen zwischen Handform und Geisteskrankheit. Kretschmer (»Körperbau und Charakter«) stellte fest, daß der Pykniker, der eine Veranlagung zu manisch-depressiver Psychose hat, eine breite und eher kurze Hand hat mit dicken Fingern, während der Astheniker, der eine Disposition zur Schizophrenie besitzt, eine lange schlanke Hand aufweist. Friedemann begrenzte seine Forschungen auf die Hände Schizophrener und entdeckte die Beziehung bestimmter Handtypen mit verschiedenen Arten dieser Krankheit.

Mein eigener Beitrag zu einer Psychologie der Hand hat nur zwei Vorgänger: das Werk von Dr. Carl Gustav Carus und die Arbeiten von Dr. N. Vaschide.

Carus war Mitte des 19. Jahrhunderts Leibarzt des Königs von Sachsen. Er veröffentlichte einige Bücher über die psychische Bedeutung des Körpers, insbesondere über die Hand. Für unseren Zweck sind die Arbeiten »Die Symbolik der menschlichen Gestalt« und »Über Grund und Bedeutung der verschiedenen Formen der Hand« (1848) am wichtigsten. Er erlangte internationalen Ruf und wurde Mitglied der Akademien von St. Petersburg, London, Philadelphia, Stockholm, Neapel und Florenz.

Vaschide war stellvertretender Direktor des Laboratoriums für Pathologische Psychologie an der École des Hautes Études. Er hinterließ nur ein Buch, das seine Frau zwei Jahre nach seinem Tod veröffentlichte: »Essai sur une Psychologie de la Main«. Außer einigen Seiten über seine Theorie des »image motorique« enthält es eine allgemeine Übersicht über das Thema, einschließlich gewisser abergläubischer Vorstellungen. Er starb im frühen Alter von 37 Jahren. Es ist eine Ironie des Schicksals, daß gerade ein Mann, der so sehr bemüht war, die Deutung der Hand auf eine wissenschaftliche Grundlage zu stellen, einige Jahre vor seinem Tod diesen von einem gewöhnlichen, wahrsagenden Kurpfuscher genau vorhergesagt bekam.

Die Psychologie der Hand ist, ähnlich der Medizin, ebenso eine Kunst wie eine Wissenschaft. Deshalb spielt die Intuition in ihr eine Rolle. Diese darf aber nicht mit Hellsehen verwechselt werden. Man könnte die Intuition definieren als die sofort vollzogene Synthese von Einzelheiten, die unterhalb der Ebene des Bewußtseins zu Beurteilungen führt, von denen nur die Ergebnisse in das Bewußtsein hinaufsteigen. Es liegt nichts Übernatürliches in der Intuition. Das Vorhandensein und die Kräfte des Unbewußten werden selbst von denen anerkannt, die Freuds Psychologie nicht insgesamt annehmen. Unsere Kenntnis von Träumen zeigt uns, wie schnell und subtil Assoziationen gebildet werden. Intuition ist nichts anderes als die Anwendung solcher Vorgänge und Verbindungen. Es ist bedeutsam, daß, wie ich später zeigen werde, die Hände hoch intuitiver Menschen eine Vorherrschaft der Zone des Unbewußten und der Phantasie über die des bewußten Denkens und des Ichs aufzeigen. Intuition ist bis zu einem wesentlichen Grad nicht notwendig für ein normales Leben und ist nicht der Besitz eines jeden. Wer über sie verfügt, ist der wahre Künstler, der gute Arzt, der tiefgründige Psychologe.

Dieses Buch will eine Methode der Handdeutung darlegen, die jeder gebildete Mensch verstehen kann. Man könnte sie mit technischen und psychologischen Begriffen erklären. Ich glaube aber, daß im Augenblick eine einfachere Darstellung wertvoller ist, selbst wenn einige, dem Laien nicht vertraute Begriffe unvermeidbar sind.

Der Erfolg in der Anwendung dieser Methode hängt aber, wie ich schon erwähnte, vom Besitz einiger intuitiver Fähigkeiten ab, mithin von etwas, das eine Gabe und nicht erlernbar ist.

Die moderne Psychologie gründet auf Experimenten und Statistiken und schließt die Deutung physischer Zeichen und deren Beziehung zur Persönlichkeit ein. Carus, Vaschide und ich selbst haben gezeigt, daß die Hand eine große Zahl solcher Zeichen aufweist, die der Darstellung einer Persönlichkeit dienlich sind.

Mit Hilfe einer sehr einfachen Methode Handabdrücke herzustellen, habe ich ein beachtliches Material gesammelt. Ich benutze folgende Technik: Eine geringe Menge von Vaseline oder Hautcreme wird über Handfläche und Finger gestrichen. Dann drückt man die fettige Hand auf ein Stück dünnes, weiches Papier, das auf einem Gummipolster liegt. Dieses besitzt eine kleine Erhöhung, entsprechend der Höhlung der Handfläche. Auf diese Weise entsteht ein sogenannter Fettabdruck. Um das Linienmuster sichtbar zu machen, muß ein schwarzer Puder (Kupferoxyd) auf das Papier geschüttet werden. So entsteht eine Wiedergabe der Handlinien, die noch fixiert werden muß – ähnlich einer Kohlezeichnung –, um einen mehr oder weniger unauslöschbaren Abdruck zu erhalten. Ich habe diese Methode bei meinen Untersuchungen in mehreren Ambulatorien, in Krankenhäusern und Hospitälern von Paris und London, auch bei meinen Arbeiten im Zoologischen Garten von London und bei privaten Beratungen angewendet.

Ich entschloß mich, hauptsächlich die Hände von Menschen zu untersuchen, die in irgendeiner Weise psychisch von der Norm abweichen. Denn es ist ein Grundsatz der Psychologie, daß aus dem Anormalen die besten Beweise für das Wesen des Normalen herausgefunden werden können. In Paris habe ich .mit Professor Wallon und Dr. Gilbert Robin gearbeitet, bei deren Untersuchungen zurückgebliebener, nervlich belasteter und schwieriger Kinder ich regelmäßig zugegen war. Meine Deutungen der Hände dieser Kinder wurden natürlich unabhängig von den Ärzten gemacht und ohne irgendwelche vorherige Information über die Kranken.

Ich machte Untersuchungen über die Beziehungen zwischen:

1. Hand und Krankheit
2. Hand und physischer Konstitution
3. Hand und Temperament

Die Ärzte verglichen meine Deutungen mit ihren eigenen Diagnosen und fanden zu einem hohen Grad Übereinstimmungen. Die Ergebnisse wurden in einem Artikel: »Les Principes de la Chirologie« (Encyclopédie Française, Vol. VIII, »La Vie Mentale«, 1938) veröffentlicht. Zusätzlich untersuchte ich in einer Pariser Klinik die Hände von 45 jungen Burschen, die wegen Gesetzesübertretungen vor einen Gerichtshof geladen waren. Wieder. wurden meine Feststellungen mit den klinischen Diagnosen verglichen. Während der letzten Jahre habe ich Abdrücke von etwa 900 Händen Geistesschwacher und Schizophrener in einem L.C.C. Mental Hospital gesammelt, um eine Beziehung zwischen der Hand und den Typen solcher Krankheiten festzustellen.

Trotzdem habe ich nicht das Normale vernachlässigt, sondern habe statistische Untersuchungen auch über die Hände normaler Menschen gemacht und zwar in der Psychologischen Abteilung des »University-College« in London. Einige Ergebnisse dieser Untersuchungen wurden in einem Artikel über »Character and Mentality as related to Hand-Markings« (im »British Journal of Medical Psychology«, 1941) veröffentlicht.

Dabei wurde mir klar, daß man den Menschen, wenn man ihn als Individuum verstehen will, von seiner eigenen Entwicklung aus betrachten muß. Dieser Gedanke veranlaßte mich, Hände und Füße von menschenähnlichen und anderen Affen zu untersuchen. Mit der gleichen Technik nahm ich von ihnen eine große Anzahl von Abdrücken. Dies war meines Wissens das erste Mal, daß man als Vergleich Hände von menschenähnlichen und anderen Affen am lebendigen Material studierte. Ich habe zwei Arbeiten über dieses Thema in »The Proceedings of the Royal Zoological Society of London« (1937 und 1938) veröffentlicht.

Aufgrund dieser verschiedenen Studien und einer psycho-physiologischen Theorie habe ich eine Methode der Handdeutung aufgebaut.

In der heutigen Psychologie kann man zwei breite Forschungswege unterscheiden: Der eine führt mehr zum Verständnis angeborener Veranlagungen, der andere mehr zum Verständnis erworbener Eigenschaften. Das Individuum hat offenbar zwei Persönlichkeitsschichten: die fundamentale oder angeborene und die darüber gelegte oder erworbene Schicht, die ein Ergebnis des Kontakts mit der Umwelt ist. Meine Methode einer Deutung aufgrund der Hand ist in der Hauptsache dazu bestimmt, die Konstitution des Menschen, die Struktur seiner Persönlichkeit zu verstehen.

Die moderne Psychologie hat viele wertvolle Intelligenzteste ausgearbeitet, hat aber bisher noch keine verläßliche Methode zur Prüfung von Temperament und Charakter zu finden vermocht. Ich glaube, daß diese Lücke zu einem großen Teil durch die Psychologie der Hand ausgefüllt werden kann.

II. Kapitel

THEORIE

Die meisten Menschen benutzen instinktiv das Gesicht des Menschen als geeignetsten Zugang zur Charakterbeurteilung. So ist es verständlich, daß ihnen Zweifel kommen, wenn die Hand als verläßlicheres Ausdrucksmittel der Persönlichkeit angeboten wird. Form, Gewebe, Linien und unbewußt ausgeführte Gesten der Hand stehen, im Gegensatz zum Gesichtsausdruck, jenseits unserer Kontrolle. Deshalb besitzen sie die wertvolle Eigenschaft, unvoreingenommen zu sein. Daß sie auch noch tiefgründigere, subtilere und umfassendere Zeichen der Persönlichkeit sind, will ich aufzuzeigen versuchen.

Jede psycho-physiologische Theorie über die Hand ist in großem Umfang den Arbeiten von Carl Gustav Carus und N. Vaschide verpflichtet. Deshalb möchte ich, bevor ich zu meiner eigenen Theorie übergehe, den bemerkenswerten Beitrag dieser beiden Männer umreißen.

Carus war ein Pionier auf der Suche nach der Beziehung zwischen Körper und Geist. Seine Aufmerksamkeit richtete sich insbesondere auf die Hand. In seinem Buch: »Über Grund und Bedeutung der verschiedenen Formen der Hand« gibt er sowohl eine entwicklungsgeschichtliche wie eine physiologische Lehre als Erklärung für die verschiedenen Handformen.

Vom Standpunkt der Entwicklung aus betrachtete er die Hand als ein Organ zwischen Flosse und Flügel. Er stellte fest, daß die Handfläche der elementare Teil der Hand sei, aus dem sich die Finger entwickelt hätten. Diese Entwicklung ist seiner Meinung nach bei den »Händen« der Säugetiere am eindrucksvollsten. Bei den Sohlengänger-Tieren bildet die Handfläche den

größten Teil der »Hand«. Die Handfläche eines Soh-
lengänger-Affen ist z. B. viel länger als seine Finger.
Aus dieser Beobachtung zog er den Schluß, daß Menschen mit ungewöhnlich langen Handflächen atavistische Charakterzüge besitzen. Verallgemeinernd stellte
er damit fest, daß die Handflächen Zeichen des Unbewußten und daß die Finger, die sich in Entsprechung
zu den Gedanken entwickeln, Ausdruck des Bewußtseins sind.

Carus hat als erster die Hände in ein System gefaßt.
Er unterschied zwei Haupttypen: jene, die ursprünglich für das Greifen und jene, die zuerst für das Tasten
bestimmt sind. Diese Haupttypen wurden von ihm
noch unterteilt: die Greifhand in die elementare und
die motorische Hand; der »Tasttyp« in die sensible
und die seelische Hand. Jede dieser vier Grundformen
brachte Carus in eine Beziehung zu bestimmten Tem-
peramenten und Denktypen.

Vaschide war unter anderen ein Nachfolger der Phy-
siologen Duchenne (de Boulogne), Sir Charles Bell,
Landry, Weber und Wundt. Er beschäftigte sich vor
allem mit den Reaktionen der Muskeln. Offensichtlich
ist, daß die Entwicklung der Muskeln in der Hand
eines Menschen, und damit auch ihre Krümmungs-
(oder Falten-) linien, von dessen Bewegungen bestimmt werden. Vaschide suchte darzulegen, daß sowohl die Hand als auch ein gewisser Teil des Großhirns
Einprägungen oder »Erinnerungen« von Muskelmodel-
len besitzen, die sich durch zahllose gewohnheits-
mäßige Wiederholungen von Bewegungen bildeten.
Diese Einprägungen nannte er »images motoriques«
(motorische Bilder).

Diese Theorie beschränkt sich auf die Reaktion der
Muskeln. Vaschide unterschied sie scharf von jeder anderen sensorischen Funktion der Hand. Nach zeitgenös-
sischer Gehirnphysiologie gibt es keine Unterscheidung zwischen den verschiedenen Funktionen des
Tastsinnes. Sie stehen in Verbindung miteinander, so-

17

wohl in ihrer Funktion wie in ihrer Entsprechung im Großhirn.

Meine eigene Theorie ergänzt die von Vaschide und beruht ebenfalls in der Hauptsache auf der Beziehung der Hand zum Gehirn. Sie besitzt aber eine weiterreichende Bedeutung, da sie dem Gedanken des »image motorique« die Idee eines Tast-Bildes hinzufügt, das von allen Eigenschaften des Tastsinnes bestimmt wird, sich in vielen Teilen des Großhirns darstellt und in einer allesumfassenden Weise über das ganze Großhirn ausbreitet.

Die Lokalisation im Gehirn ist heute eine feststehende Tatsache. Unser Thema ist hiervon insofern betroffen, als die Hand eine Hauptrolle beim Aufbau der wesentlichsten Funktionen des Gehirns spielt. Den beiden Funktionen der Hand – dem Greifen und dem Tasten – ist es in großem Maße zu verdanken, daß der Mensch die Fähigkeit des Begreifens und Denkens erlangte. Auch die Möglichkeit Gedanken auszudrükken (Wort und Schrift) und Gedanken zu empfangen (Hören und Lesen) steht weitgehend mit der Hand in Beziehung. Dies werde ich später durch praktische wie theoretische Beweise erhärten.

Die menschliche Persönlichkeit aber beschränkt sich nicht auf geistige Fähigkeiten ... Triebe und Emotionen sind die Hauptfaktoren, die den Charakter bilden. Sensorische Bahnen, vor allem solche die die Medulla oblongata und die Bereiche des Thalamus (die beide zu den ältesten Teilen des Gehirns gehören) zur Großhirnrinde führen, verbinden alle Arten triebgebundener und emotioneller Reize mit den entsprechenden Zentren der Hand im Gehirn. Ich werde noch später hierauf zurückkommen.

Sehr früh im Leben, etwa im vierten Monat nach der Geburt, wird die Hand zum hauptsächlichen Werkzeug für die Erforschungen des Tastsinns. Das Kind meistert die Außenwelt, indem es Gegenstände mit seinen Händen abtastet. Ohne die Beweiskraft, die es mit den Händen erwirbt, wäre seine Wahrnehmung der Gegenstände, auch wenn sie Teile seines eigenen Körpers sind, die selbst Empfindungsnerven mit unmittelbarer Beweiskraft besitzen, unvollständig. Ein kleines Kind spielt mit den Füßen. Es begreift unmittelbar, daß seine Füße existieren, muß diese aber noch mit seinen Händen prüfen, bevor sein Denken, das von diesen ertasteten »Handbildern« unterstützt wird, einen dreidimensionalen Begriff von Füßen – in diesem Fall von seinen eigenen Füßen – entwickelt.

Das Studium eines Kindes auf den frühen Stufen seiner Entwicklung zeigt deutlich die Rolle, die die Hand bei der Gestaltung von Bild, Gedanken und Ausdruck spielt. Während der ersten Monate seines Daseins ist das Kind nicht in der Lage, mit der Außenwelt in Verbindung zu treten, es sei denn durch sinnlose Töne und Gesten. Mit etwa 15 Monaten beginnt es ein Erkennen der Dinge zu zeigen und eine stärker unterscheidende Sprache der Gebärde zu gebrauchen. Das Fehlen von Worten wird durch die Bewegungen der Hände kompensiert. Wenn z. B. ein Bissen Essen aus seinem Mund fällt, versucht es die Aufmerksamkeit durch Berühren des Mundes und das Hindeuten des Zeigefingers auf den gewünschten Bissen zu wecken. Die Sprache der Gestik als erstes Mittel des Ausdrucks nimmt einen nebensächlicheren Platz ein, sobald die Kraft des Wortes sich entwickelt. Sie bleibt aber das ganze Leben über eine Begleitfunktion der Sprache. So behalten Wort und Gebärde eine vertraute Beziehung zueinander und beweisen die Verbindung der Hand mit dem Sprachzentrum des Gehirns.

Das Schreiben, das eines der beachtlichsten Mittel ist, um einen Gedanken zum Ausdruck zu bringen, hängt ausschließlich von der Hand ab und gibt den unmittelbarsten Beweis für die Zusammenarbeit zwischen Hand und Gehirn. Die Sinne, die beim Hören und Lesen der Aufnahme von Gedanken dienen, stehen auch in Beziehung zur Hand. Dies bezeugt z. B. die

Art, wie man kleinen Kindern Geschichten erzählt. Um beim frühen Unterricht oder in der Kinderstube eine Geschichte oder ein Lied sinnvoll darzustellen, macht der Lehrer entsprechende Gesten und prägt somit Bilder in den kindlichen Verstand ein, die das Gedächtnis unterstützen. Wie stark Handbewegungen das Ohr unterstützen, wird deutlich durch die Gestik des Orchesterdirigenten. Sie können auch für die musikalische Ausbildung von großer Bedeutung sein. Ein Musiklehrer, der einem Kind, das nicht richtig singen konnte, helfen wollte, benutzte eine Zeichensprache. Er bewegte die Hand des Kindes gemäß den Intervallen die zu singen waren und brachte es durch ein Zusammenwirken von Ohr und Hand zu fehlerfreiem Singen. Die Zeichensprache der Taubstummen ist ein Beweis, daß die Hand das Ohr ersetzen kann.

Das Lesen und sein zugehöriges Zentrum im Gehirn ist auch mit der Hand verbunden. Die einzige Möglichkeit zu lesen ist für den Blinden die Berührung erhöhter Schriftzeichen. Dies ist ein auffallendes Beispiel für den ungeheuren Einfluß der Hand auf diese Fähigkeit. Die Hände sind die Augen der Blinden. Madame Montessori, eine der Pioniere moderner Erziehung, gründete ihre Lehrmethode des Lesens und Schreibens auf den Tastsinn. Holzbuchstaben werden in die Kinderhand gelegt, so daß sich ein konkretes Bild von jedem Buchstaben durch das Anfassen bildet. Auf diese Weise werden Bild und Erinnerung an die Buchstaben weit schneller zusammengeprägt als durch die früheren Methoden, die allein vom Auge abhingen.

Bevor ich ein unmittelbares und rein theoretisches Zeugnis von der Beziehung zwischen Hand und Gehirn gebe, möchte ich eine Stelle aus Richard Gills Buch »White Water and Black Magic« anführen, die in bewegender Weise die ungeheure Rolle aufzeigt, die der Tastsinn im allgemeinen und die Hand im besonderen spielen. Gill verlor durch einen schweren Unfall seinen Tastsinn und schreibt:

»Ich hatte zuvor nicht erfaßt (bis es mich traf und der ausgezeichnete Spezialist es mich verstehen lehrte), wie vollkommen abhängig Feinheit und Genauigkeit der Bewegungen und ihr Zusammenwirken vom Tastsinn sind. Unser Gehen und das sich Bewegen im Dunkeln, unser ganz instinktives Ausstrecken der Hände oder Hinsetzen oder unser Handfassen zu irgendeiner Zeit wären nicht möglich, würden wir nicht die Gegenstände fühlen, die wir ergreifen. Die Fähigkeit sie zu sehen, erlaubt uns zwar alle Bewegungen auf einer rein visuellen Grundlage neu zusammenzufassen. Es muß aber eine fremde und neue Welt langsam ausgedachter Bewegungen erlernt werden, wenn ein Mensch aus irgendeinem Grund seinen Tastsinn verloren hat. Ein solcher Mensch wird, sobald er erfaßt hat, daß alle seine körperlichen Bewegungen allein auf der Fähigkeit des Sehens beruhen, mit Entsetzen befürchten, er könne einmal erblinden. Dies erfuhr ich, bis mein Tastsinn wiederkam.«

Diese Erfahrung, von der Gill spricht, hilft mehr als jede theoretische Erklärung die Tatsache zu verstehen, daß die Tastfähigkeit der Handfläche und der Finger in einer Entwicklung von vielen tausend Jahren ständig und sorgfältig versucht hat, die Gedankenbilder zu erweitern, die durch die Augen geformt werden. So ist es keine Übertreibung, zu behaupten, daß ein beträchtlicher Teil der menschlichen Erkenntnis von der äußeren Welt auf diese Weise erlangt wurde.

Es ist wahrscheinlich, daß die Antwort des Gehirns auf Reize an dem Ort zu lokalisieren ist, an dem diese entstehen, also in der Hand. Diese Antwort, auf der unsere nervlichen, emotionalen und denkerischen Reaktionen beruhen, formt letztendlich nach unzähligen Wiederholungen unsere Persönlichkeit. Pragmatisch kann Persönlichkeit als das Ergebnis gegenseitiger Beeinflussung von angeborenen und ererbten seelischen Elementen auf die Einwirkungen der Umwelt definiert werden.

Ich weiß, wie schwer es für den Laien sein mag, das subtile und komplexe Phänomen der Gehirn-Physiologie zu erfassen und eine klare Vorstellung davon zu erlangen, wie die Beziehungen zwischen Hand und Persönlichkeit, die ich durch praktische Beispiele illustriert habe, mit Hilfe von Struktur und Funktion des Gehirns zustande kommen. Vielleicht könnte man dies erhellen durch eine Reihe von Zeichnungen, die

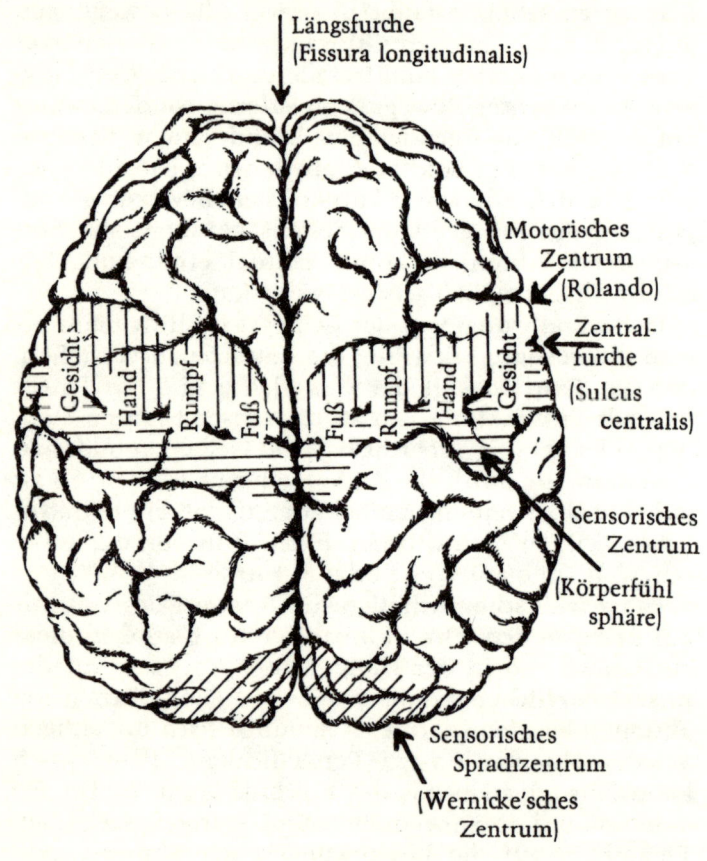

1 — Zentren im menschlichen Gehirn

die Entsprechung der Motorik und des Tastgefühls der Hand in verschiedenen Zentren des Großhirns darstellen. Eine Fülle von erläuternden Figuren aber könnte mehr verwirren als klären. Ich gebe deshalb nur eine Zeichnung, die in großen Linien einige der wichtigsten Entsprechungen der Hand im Gehirn wiedergibt.

MOTORISCHES ZENTRUM I
(Rolando Zentrum)

Der Großhirnbezirk, der das Zentrum für die motorischen Funktionen der rechten Hand ist, umgibt in der linken Hemisphäre die Zentralfurche. Dieser Bereich, der relativ ausgedehnt ist, grenzt an das Gesichtszentrum. Das läßt die Geschichte der Entwicklung des Menschen offensichtlich erkennen. Die Nachbarschaft dieser beiden Zentren in der Großhirnrinde zeigt, daß das Gesichtszentrum, das im wesentlichen den Geruchssinn umfaßt, sich vor dem Handzentrum entwickelt hat, das mit dem Tastsinn korrespondiert. Jenes ist somit der älteste Bereich. Der Geruchssinn ist aus diesem Grund als primitivster Sinn anzusehen. Die Nase ist das Organ, mit dessen Hilfe das primitivste Tier die meisten seiner Eindrücke von der Umwelt empfängt, während sich der Mensch mit der äußeren Wirklichkeit durch Hände und Augen vertraut macht. Daher sind Tast- und Geruchssinn zu den für die Orientierung des Menschen entscheidenden Polen und Magnetnadeln geworden.

Das Rolando Zentrum steht in Verbindung mit der Pyramidenbahn, die unsere willkürlichen Bewegungen kontrolliert. So ist es in erster Linie ein motorisches Zentrum. Wesentlich ist seine Bedeutung für die Entwicklung des Menschen und den großen Raum, den die motorischen Funktionen der Hand darin einnehmen.

MOTORISCHES ZENTRUM II
(Psychomotorisches Zentrum)

In diesem Zentrum sind höhere Funktionen eingeprägt als im Rolando Zentrum, dem motorischen Bereich. Jede willkürliche Bewegung wird durch ein bestimmtes Modell hervorgebracht, das Bewegungs-For-
mel genannt wird. Dieses hat die Aufgabe, unter den
Muskelgruppen jene auszusuchen, die zur Ausübung
eines besonderen Bewegungsaktes geeignet sind. Bei
Frederick Tilney und Henry Reley heißt es:
»Alle Geschicklichkeits-Handlungen verlangen ein
solches Modell. Diese Formel aber ist den Gehirn-
zellen nicht eingeboren, sondern muß durch Wiederholungen und beharrliche Anwendung erworben werden. Ein Kind das schreiben lernt, macht anschaulich,
welcher Vorgang für die Entwicklung der Handschrift
notwendig ist. Nach vielen Versuchen und Fehlern,
die zuerst fruchtlose und oft seltsame Ergebnisse zeigen, entwickelt sich die Formel für die Chirographie
im Gehirn und bleibt bei gesundem und unversehr-
tem Zustand der Großhirnrinde als eine der motorischen Merkmale der Person bestehen. So erwirbt man
die Geschicklichkeit einer Bewegung und dieser Erwerb
bestimmt eine genaue Bewegungsformel, die in das
Gehirn eingeprägt wurde. Die Zellen der Großhirnrinde, die einen weiten Bezirk bedecken, vermögen
zahlreiche Bewegungsformeln aufzunehmen um viele
besondere Geschicklichkeitshandlungen auszuführen.«
Diese Darlegung ermöglicht eine Vorstellung von den
vielen Verbindungen zwischen Hand und Gehirn.
Angewendet auf besonders ausgewähle Modelle, nach
denen Akte der Geschicklichkeit ausgeführt werden,
ist dies eine Bestätigung des »image motorique« von
Vaschide.

SENSORISCHES ZENTRUM I
(Körperfühlsphäre)

Die repräsentierten verschiedenartigen Körperteile entsprechen dem Rolando Zentrum. Nach sorgfältigen Untersuchungen des englischen Neurologen Head werden sieben Bahnen sensorischer Impulse zu diesem Zentrum des Gehirns geleitet. Die Bahn des Tastsinns z. B. kommt aus allen Teilen des Körpers, hauptsächlich aber von den Händen, der wichtigsten Quelle taktiler Eindrücke. Die Empfindungen werden in einer noch groben und nicht unterschiedenen Weise aufgenommen, so daß wir diesen Teil des Gehirns in erster Linie als eine primitive Empfangsstation betrachten können. Es ist ein Zentrum, in dem es noch keine besondere Erinnerung, also auch keine »Bilder« gibt. Die empfangenen Empfindungen müssen in andere Teile der Großhirnrinde eindringen, um ausgewählt und mit anderen Funktionen verbunden zu werden.

SENSORISCHES ZENTRUM II
(Wernicke'sches Zentrum)

Dieses Zentrum ist eng verbunden mit dem zuvor genannten. Es ist ein Bereich des Übergangs zwischen dem sensorischen Zentrum I und dem Scheitelbein. Bis heute ist noch wenig über die wirkliche Bedeutung dieses Gehirnteils bekannt. Experimente haben aber gezeigt, daß Verletzungen in diesem Zentrum bestimmte Fähigkeiten körperlicher Empfindungen zerstören. So entsteht z. B. ein Verlust an Schmerzgefühl oder ein Ausfall der Empfindung für Motorik. Wenn letztere gestört ist, verliert der Mensch die Kontrolle über seine Glieder. Er kann z. B. nicht mehr zwischen seiner rechten und linken Hand unterscheiden und begreift vielleicht überhaupt nicht, daß er Hände hat.

Tilney und Reley weisen darauf hin, daß dieses Zentrum, ebenso wie das Scheitelbein-Zentrum, mit dem es viele Funktionen teilt, einem großen Bereich bewußter Körperempfindungen zur Verfügung steht: Empfindungen von Temperatur und Gewicht, Gefühl und Form, Größe und Konsistenz eines Gegenstandes, der »Zweipunkt«-Empfindung (der Beurteilung der Entfernung von zwei Punkten) usw. Sowohl das Scheitelbein-Zentrum wie das angrenzende besitzen die Erinnerung an wiederholte Empfindungen und Tastbilder der Hand werden in starkem Maße in sie eingeprägt.

Eine unmittelbare Folge der großen Sammlung von taktilen Handbildern im Scheitelbein-Zentrum der Großhirnrinde ist dessen Beziehung zum sensorischen Sprachzentrum. Diese Verbindung bildet die anatomische Grundlage für die Tatsache, daß die Hand dem Auge und dem Ohr beistehen kann – z. B. wenn man lesen lernt oder bei musikalischer Erziehung und Ausübung. Das Vorhandensein von motorischen und ertasteten Handbildern im Gehirn legt genügend Zeugnis ab für eine Psychologie der Hand. Während die motorischen Bilder verantwortlich sind für die absichtlichen Bewegungen, stehen die Tastbilder in engerer Verbindung zu den Reflexen und unwillkürlichen Bewegungen, die in großem Umfang die Gestik der Hand ausmachen.

Die Tastbilder, ebenso wie die motorischen Bilder im Gehirn werden auf die Faltenlinien der Hand übertragen. Erstere vor allem auf bestimmte Nebenlinien, die – wie ich später aufzeigen werde – unmittelbar in Beziehung zu dem Tastsinn stehen und unwillkürliche Bewegungen aufzeichnen. Die taktilen Bilder werden aber nicht nur in Faltenlinien wiedergespiegelt, sondern scheinen auch verantwortlich zu sein für den Grad der allgemeinen Entwicklung des Tastsinnes der Hand, für die Form und Art der Ballen, die Ausdruck der allgemeinen Empfindsamkeit sind, und in einem weiteren Umfang auch für die ganze Form der Hand. Sie haben auch Bezug auf die »physischen« Eigenschaften der Hand wie Farbe, Feuchtigkeit und Temperatur. Ihre Verbundenheit mit den »ausdrückenden« und den »rezeptiven« Funktionen der Hand schließt mit ein, daß sie auch weitgehend Beziehung zu emotionalen Impulsen haben. William James definierte Emotion als eine Empfindung zwischen Trieb und Gefühl. Der Trieb führt mit sich den Drang zu handeln, ein Gefühl löst Freude der Betrachtung aus. Eine Emotion ist beides: eine physische Empfindung wie der Trieb, aber ohne den Drang zur Handlung und ein Gefühl, aber ohne Freiheit der Betrachtung. James unterschied gröbere Emotionen von subtileren und stellte letztere näher an die Seite des Gefühls, da ihr Charakter weniger körpergebunden ist. Unter den gröberen Emotionen möchte ich nur die Angst erwähnen, und der Leser wird sofort an die mächtigen körperlichen Reaktionen denken, die sie begleiten, vor allem in Form von Blässe und kaltem Schweiß. Andererseits kann eine subtile Emotion als Anregung erfahren werden, etwa wenn ein Schriftsteller durch die Eleganz und Form eines bevorzugten Füllfederhalters Eingebungen empfängt.

Emotionen werden entweder durch die Außenwelt ausgelöst, wie die oben angeführten Beispiele zeigen, oder sie entstehen im Körper selbst. Rein körperliche Emotionen haben ihren Ursprung in organischen Reizen, vor allem in solchen der endokrinen Drüsen. Das autonome Nervensystem, das die inneren Organe mit dem zentralen Nervensystem verbindet, ist das Werkzeug, mit dessen Hilfe Emotionen fühlbar werden. Seine Nervenstränge stehen in enger Verbindung mit der Wirbelsäule und den ältesten Teilen des Gehirns (Thalamus und Medulla oblongata). Es besteht ein ununterbrochener Austausch zwischen diesen Teilen und der Großhirnrinde, die am höchsten entwickelt ist. So haben das autonome Nervensystem, die Wirbelsäule, die Medulla oblongata, der Thalamus, die Großhirnrinde und die Hand teil am emotionalen Zubringer- und Übertragungsdienst, an Darstellung und Ausdruck. Jeder weiß, wie bei Ärger, Angst, Freude oder Erwartung gewisse körperliche Reaktionen – Herzklopfen, Handschweiß, Erröten, Stimmbruch – entstehen. Sie werden veranlaßt von der Tätigkeit des autonomen Nervensystems und vom Zwischenhirn (Thalamus).

Der Thalamus ist einer der ältesten und primitivsten Teile des Gehirns. Seine Funktion bei Menschen und Tieren dient dem »Gefühlston«. Das Thalamus-Zentrum ist Hauptsitz der primären Emotionen. Es steht in enger Berührung zu dem autonomen Nervensystem, durch das es organische Anreize, wie etwa sexuelle Impulse, zur Weitergabe an das Gehirn empfängt. Verletzungen in diesem Gehirnteil führen zu endgültigen Veränderungen im emotionalen Verhalten und Benehmen.

Tilney und Reley führen hierzu aus:

»Persönlichkeit und Benehmen in ihrer umfassendsten Form behalten immer noch ihre ursprüngliche Beziehung zu den primären Emotionen. Der Hauptstrom an Gefühlskraft, der aus dem Zwischenhirn (Thalamus) aufsteigt, durchdringt alle hohen seelischen Fähigkeiten und macht sie farbiger durch einige Grade von Freude und Mißvergnügen.«

Und weiter:

»Die primitive Emotion von elterlichen Gefühlen, die wahrscheinlich als erste im Thalamus registriert ist, vermag sich in ihren psychischen Verbindungen innerhalb der Großhirnrinde weit auszubreiten. Hier entwickelt sie sich in das Gefühl der Sympathie und der Brüderlichkeit. Auf diese Weise werden auch die primitiven Elemente eines Gefühlstons fähig, zweite und dritte Verbindungen einzugehen. Damit bestimmen sie dann auch die umfassenderen Emotionen und Gefühle.«

Andererseits übt die Großhirnrinde durch die Nervenbahnen, die sie mit dem Thalamus verbindet eine Kontrolle über die primären Emotionen aus. Zum Beispiel wird der Einfluß der Einbildungskraft, die wahrscheinlich ihren Sitz im Vorderlappen der Großhirnrinde hat, auf den Bereich des Thalamus und auf das autonome Nervensystem offenkundig, wenn die Erinnerung bei Abwesenheit eines geliebten Menschen nicht nur emotionale Vorstellungen hervorruft, sondern auch körperliche Reaktionen, die mit diesen verbunden sind. Dann wird die Erinnerung, die in der Großhirnrinde entsteht, im Thalamus auch den »Gefühlston« beleben, der die Beziehungen zu dem geliebten Menschen gewöhnlich begleitete. Und dieser wieder stachelt das autonome Nervensystems an, die entsprechenden körperlichen Reaktionen hervorzurufen. Dies jedenfalls ist der allgemeine Vorgang. Man sollte sich darüber klar sein, daß er nicht aus aufeinanderfolgenden Einzelaktionen besteht. Er ist vielmehr Teil einer unmittelbar aufeinander abgestimmten Zusammenarbeit, ähnlich der vielfältigen Arbeitsleistung eines großen elektrischen Maschinenaggregates, dessen Schalter angedreht wird. Typus, Intensität und Ausdruck der Emotionen und Denkprozesse sind bei den Menschen nicht gleich, sondern jeweils auf ein *individuelles* Modell abgestimmt.

Ich werde nun zu erklären versuchen, in welcher Weise die Verbindungen zwischen den verschiedenen Nervenbahnen, der Medulla ablongata, dem Thalamus und der Großhirnrinde dafür verantwortlich sind, daß die Emotionen sich auf die Hand auswirken:

1. Die Hand selbst, als Werkzeug des Tastens, spielt eine maßgebliche Rolle, indem sie die körperlichen Empfindungen und die sie begleitenden Emotionen dem Gehirn zuführt.

2. Die Entsprechung der Hand im Gehirn ist, wie ich erklärt habe, über die ganze Großhirnrinde ausge-

breitet und steht deshalb auch in Verbindung mit den Nerven, die die Medulla oblongata und den Thalamus mit der Großhirnrinde verbinden.

3. Das autonome Nervensystem, das die Blutgefäße belebt und die Schweißdrüsen anregt, hat durch das komplizierte Kapillarsystem der Finger und die Menge der Schweißdrüsen in der Hand großen Einfluß auf diese.

4. Auswirkungen der verschiedenen groben wie subtilen Emotionen sind in den Gesten eines Menschen zu beobachten. Die unzähligen bewußten, und vor allem auch unbewußten, Bewegungen seiner Hände stellen ein »Psychogramm« seines inneren Zustands dar. Über den Ursprung dieser Gebärden wird häufig diskutiert, aber eine überzeugende Erklärung ist noch nicht gefunden worden.

5. Da die Hand der beweglichste, feinfühligste und ausdruckvollste Teil des Körpers ist, mag es nicht verwundern, daß sie, aufgrund ihrer speziellen Funktion und ihrer Entsprechung im Gehirn, jede einzelne Emotion, die der Mensch empfindet, wiederspiegelt. Selbst in der Haltung scheinbarer Ruhe lassen gewisse emotionale Vorgänge noch Spuren in der Hand zurück. Während des Schlafens reagiert sie im Traum und zeigt durch ihre Haltung Vorgänge im Unbewußtsein an. Es scheint, als würde sie jede Sekunde ihres Lebens zahllose Schwingungen empfangen.

Bewegung ist aber nicht die einzige Ausdrucksform der Hand. Die blassen Hände der Melancholiker, die roten der Choleriker, die feuchten des gehemmten Jünglings, die kalten des Erschrockenen – sie alle zeigen die Rückwirkungen der Emotionen, die durch die Tätigkeit des autonomen Nervensystems entstehen. Die Hand ist der Seismograph emotionaler Reaktionen.

Chirologen haben immer behauptet, daß die Hand, insbesondere die Finger, mit anderen Organen des Körpers in Verbindung stehen und deshalb Krankheiten dieser Organe anzeigen. Die Untersuchungen von Head geben dieser Annahme eine gewisse Grundlage. Er beobachtete, daß Daumen und Zeigefinger beeinträchtigt werden, wenn der Gesichtsnerv durch eine Gehirnverletzung gelähmt wird. Diese Beobachtung wird durch unser Wissen bestätigt, daß das Zentrum der Großhirnrinde, das für die Hand zuständig ist, das Gesichtszentrum überdeckt. Head beobachtete auch eine Parallele zwischen Fuß und fünftem Finger. Dieser ist beeinträchtigt, wenn der Fuß durch eine Gehirnverletzung gelähmt wird. Jones Wood folgert aus den Beobachtungen Heads, daß jedes Zentrum der Großhirnrinde mit der Feinfühligkeit des einen oder anderen der fünf Finger in Beziehung steht. Da der Daumen mit dem Gesicht und der fünfte Finger mit dem Fuß Verbindung zu haben scheint, sollte man annehmen, daß andere Teile des Körpers vom Kopf bis zur Zehe mit den drei anderen Fingern in Wechselwirkung stehen.

Die chirologischen Assoziationen der fünf Finger mit verschiedenen organischen Systemen des Körpers sind: Daumen mit Vitalität und allgemeinem Gesundheitszustand; Zeigefinger mit dem Atmungssystem und Leib (eine differenziertere Diagnose hängt von anderen Zeichen der Hand, besonders von Form und Qualität der Nägel ab). Der Mittelfinger steht in Beziehung zu den Eingeweiden, besonders zur Leber; der Ringfinger zu den Nieren, dem »os sacrum« und der Blutzirkulation (wieder hängt eine ausführliche Diagnose von den Nägeln ab); der kleine Finger zu den Geschlechtsdrüsen, den Sexualorganen und den Füßen.

Es ist verständlicherweise anzunehmen, daß der Daumen die Vitalität angibt, der Zeigefinger Krankheiten der Atmungswege und der fünfte Finger mit den Geschlechtsdrüsen in Verbindung steht. Sonst aber habe ich nicht genügend Beweise gefunden, um alle anderen chirologischen Entsprechungen zwischen Gesundheitszustand und Fingern festzustellen. Meist finden wir einen kräftigen, imponierenden Daumen in

Händen körperlich starker Menschen, einen zarten in Händen körperlich schwacher und übersensitiver. Hippokrates deutete an, daß der Zeigefinger eine Beziehung zu dem Atmungstrakt, vor allem zu den Lungen hat. Eine besondere Art von Zeigefinger mit einem uhrglasförmigen Nagel nennt man in der Medizin »Hippokrates-Finger«. Unregelmäßigkeiten in Form und Größe des fünften Fingers treten im allgemeinen bei endokrinen Drüsenstörungen, vor allem bei sexueller Unterentwicklung und Mongoloismus, auf. Diese Beziehung der Finger beweist, daß die Hand Regionen anzeigt und »Einfluß-Sphären« besitzt, die – wie ich darlegen werde – nicht auf Teile des Körpers beschränkt bleiben, sondern sich auch auf den Charakter und den geistigen Zustand beziehen.

Die Griechen unterschieden zwei Teile der Hand: die eigentliche Hand, die sogenannte »cheir« und den Daumen oder »anticheir«. Zum Zweck der Analyse teilen wir die Hand besser in drei Zonen auf.

Die erste Zone umfaßt den Daumen, die Thenar-Erhöhung (den Daumenballen), den Zeigefinger und die Handfläche darunter. Sie heißt die radiale Zone.

Die zweite Zone liegt auf der entgegengesetzten Seite der Hand und umfaßt den kleinen Finger, die halbe Längsseite des Ringfingers und die Handfläche unter den beiden, einschließlich der Hypothenar-Erhöhung (dem Mondberg in der Handlesekunst). Diese heißt Ulnar-Zone.

Die dritte Zone liegt zwischen diesen beiden und besteht aus dem Mittelfinger, der senkrechten Hälfte des Ringfingers und der Vertiefung in der Handmitte. Dies ist die mittlere Zone.

Daumen und Zeigefinger, die die radiale Zone beherrschen, dienen speziell der Orientierung. Mit ihrer Hilfe wird die Kenntnis der Umwelt aufgenommen, durch die das Bewußtsein entwickelt und der Sinn der Identität langsam aufgebaut wird. Fraglos sind Form und Funktion des menschlichen Daumens und Zeigefingers ausschließlich dem Menschen zu eigen, da diese seine Hand deutlich von der des Affen unterscheiden. Die anderen Finger sind in ihrer Ausbildung denen des Affen weit ähnlicher. Die Tatsache, daß diese beiden Finger sich beim Menschen merklich von der übrigen Hand unterscheiden, muß den Sinn haben, daß sie auch andere Tätigkeiten ausführen als die entsprechenden Finger einer Affenhand. Selbst der Hochmütigste wird zugeben, daß wir unaufhörlich daran erinnert werden, daß wir einen gemeinsamen Ursprung mit dem Affen haben, dessen Verhalten eine zerrbildhafte Nachahmung des unseren ist.

In der Geschichte der menschlichen Evolution war der entscheidende Fortschritt die Entwicklung des Bewußtseins und des Ichs. Die Annahme, daß zwei der fünf Finger, die allein beim Menschen ausgebildet sind, mit seinen einzigartigen Eigenschaften – bewußtes Denken und Identität – in Verbindung stehen, kann nicht bloßer Zufall sein.

Der deutsche Anthropologe Rudolf Martin machte die Beobachtung, daß Daumen und Zeigefinger eines ungeborenen Negerkindes beträchtlich kürzer sind als die eines noch nicht geborenen europäischen Kindes. Ebenso stellte er fest, daß erwachsene Neger schmälere Daumen haben als Weiße. Nachdem die Bewußtseinskraft bei den Europäern stärker entwickelt ist als bei den Negern, stimmt die anatomische Unterscheidung mit der Bedeutung des Daumens überein.

Die Wichtigkeit des Daumens in bezug auf die Kraft des Ichs tritt in vielen wohlbekannten symbolischen Gesten in Erscheinung. Ich brauche nur eine zu nennen: Die Zuschauer in der römischen Arena erhoben den Daumen als Zeichen, daß das Leben des Gladiators gerettet werden sollte, während ein nach unten gerichteter Daumen seinen Tod bedeutete. Die Fortdauer des Ichs wird mit der Gebärde des »Daumens nach oben« identifiziert, die Niederlage mit dem »Daumen nach unten«.

Dieses Beispiel bezeugt offensichtlich die besondere Beziehung des Daumens zu Bewußtsein und Ich.

Auch der Zeigefinger hat nur dem Menschen eigene Fähigkeiten. Bei Affen und Menschenaffen heißt die Formel für die Fingerlänge (in der Reihenfolge der Finger): 3, 4, 2, 5, 1; das heißt, daß der Ringfinger immer länger als der Zeigefinger ist. Nur in der menschlichen Hand finden wir die Formel: 3, 2, 4, 5, 1. Diese Formel gilt aber nicht ausnahmslos für alle Menschen. Nach statistischen Untersuchungen von N. Vaschide trifft sie nur bei 10 Prozent der Menschen zu. Häufig ist der Ringfinger so lang wie der Zeigefinger. Die erkennbare Tendenz des menschlichen Zeigefingers (der mit dem Daumen die Radialzone beherrscht), an Länge zuzunehmen, scheint also mit der Entwicklung von Gedanke und Bewußtsein in Beziehung zu stehen.

Die ulnare Zone auf der gegenüberliegenden Seite der Hand stellt, aller Wahrscheinlichkeit nach, dem Ich entgegengesetzte Funktionen dar: nämlich Einbildungskraft und unbewußtes Leben. Chirologische Tradition beschreibt ohne Unterschied die Hypothenar-Erhöhung (den Mondberg) als Sitz der Phantasie, was ich aufgrund eigener Studien bestätigen kann. Meine statistischen Untersuchungen der Hände von 69 normalen Menschen verschiedener sozialer Schichten am Universitäts-College in London, die die radiale und die ulnare Zone betrafen, waren zu 78 Prozent fehlerfrei. Bei anderen Gelegenheiten haben Hände von etwa 2000 normalen wie neurotischen Männern und Frauen etwa 90 Prozent fehlerfreie Ergebnisse erzielt. Bei solchen privaten Konsultationen war ich natürlich nur auf Bestätigung oder Ablehnung der betreffenden Personen angewiesen. Dennoch konnte ich in 267 Fällen mir unbekannter Personen eine unabhängige Bestätigung bekommen, indem ich Tatsachen aus ihrem Leben, ihre Interessen und Hobbies, selbst ihren Beruf herausfand. Und dies aufgrund der Vorherrschaft der radialen oder ulnaren Zone, wobei ich natürlich auch noch andere Merkmale der Hand in Betracht zog. Wenn sich etwa eine Hand, die ich nach Aussagen des Daumens und Zeigefingers so wie der starken Thenar-Erhöhung als Ausdruck von Führereigenschaften beurteilte, als Hand eines erfolgreichen Politikers erweist, dann halte ich dies verständlicherweise für eine Bestätigung meiner Deutung. (Natürlich kann man hieraus nicht schließen, daß jede Hand mit betonter Radialzone einen erfolgreichen Politiker kennzeichnet. Jeder Teil der Hand muß mit beurteilt werden. Dennoch ist es interessant, daß nach einer chiromantischen Tradition ein ungewöhnlich langer Zeigefinger »Napoleon-Zeigefinger« genannt wird). Umgekehrt bezeugte mir das Geständnis eines Menschen mit stark entwickelter Hypothenar-Erhöhung und einer hervortretenden Ulnar-Zone, daß er wegen neurotischer Störungen in ärztlicher Behandlung gewesen sei die Richtigkeit meiner Ansicht, daß es sich um einen phantasiebegabten oder künstlerischen Menschen handelte oder auch nur um einen Tagträumer, der von seinem Unbewußten beherrscht wurde.

Die ulnare Zone der Hand wird zustärkst vom kleinen Finger beherrscht. Die Medizin hat erkannt, daß dieser Finger von besonderer Bedeutung für die Medizin und Psychologie ist. Unnatürliche Kürze oder Steifheit der Gelenke und andere Verunstaltungen gelten als Entartungs-Erscheinungen. Die anormale Kürze und häufige Deformation des kleinen Fingers bei Mongoloiden weist auf eine Beziehung zu den endokrinen Drüsen hin. Mongolismus geht mit Infantilismus zusammen und zeigt die enge Verbindung zwischen ungenügender Funktion der Schilddrüse und der Geschlechtsdrüsen. Zusätzlich habe ich durch eigene Untersuchungen beweisen können, daß Anomalien der Geschlechtsdrüsen sehr stark mit einer Verunstaltung des kleinen Fingers zusammenhängen. In Pariser Krankenhäusern wurden meine Diagnosen von 430 Fällen mit Feststellungen von Ärzten, die mit mir zusammenarbeiteten, verglichen und bis zu 85 Prozent als richtig bestätigt. Meine Diagnosen bei Frauen, die mich privat konsultierten und deren kleiner Finger eine Schwäche der Eierstock-Funktionen erkennen ließ, wurden in allen Fällen durch später aufgesuchte Spezialisten bestätigt.

Ich könnte noch erwähnen, daß man unter Geisteskranken einen ungewöhnlich hohen Prozentsatz an Menschen findet, deren fünfter Finger zu klein oder deformiert ist. Geistige Unzulänglichkeit ist sehr oft mit der Schwäche endokriner Drüsen und sexuellem Infantilismus verbunden. Es gibt somit genügend Beweise dafür, daß der kleine Finger mit den Geschlechtsdrüsen in Verbindung steht. Da der sexuelle Trieb – wie zugegeben werden muß – eine sehr große Rolle im gesamten Bereich der Phantasie und des unbewußten Lebens spielt, ist es klar, daß dieses Leben in einem gewissen Grad von der ulnaren Zone der Hand wiedergespiegelt wird, die der fünfte Finger beherrscht.

Die mittlere Zone der Hand breitet sich um die lange Senkrechte (die Longitudinal-Linie) aus, die durch den mittleren Teil der Handfläche aufwärts führt und sozusagen ihre Achse bildet. Unter den vier Hauptlinien der Handfläche zeigt die lange Senkrechte die meisten Veränderungen auf. Im allgemeinen entspringt sie im unteren Teil der Handfläche und endet unter dem Mittelfinger oder irgendwo an der oberen Horizontalen.

Die drei anderen Haupt-Faltenlinien sind: Die Halbkreis- oder Thenar-Linie (in der Handlesekunst Lebenslinie genannt), die den Daumenballen – die Thenar-Erhöhung – umgrenzt; die untere Querlinie (oder Kopflinie), die entweder den gleichen Ursprung hat wie die Thenarlinie oder in ihrer Nähe entspringt und die Handfläche von einer Seite zur anderen durchquert und die obere Querlinie (oder Herzlinie), die an sich in der entgegengesetzten Richtung verläuft –

vom ulnaren Rand der Handfläche bis zu einer Stelle zwischen Zeige- und Mittelfinger.

Physiologisch gesehen bestätigt die lange Senkrechte die Biegsamkeit der Hand in Längsrichtung. Ohne sie ist die Beweglichkeit der Hand unvollständig, wenn auch deren unerläßliche Funktionen nicht beeinträch tigt werden. In der Handlesekunst wird diese Linie als »Schicksalslinie« bezeichnet. Ich vermag diese Deutung nicht in der Art anzuerkennen, wie sie allgemein verstanden wird und habe Grund zur Annahme, daß die mittlere Zone der Hand dem sozialen Verhalten entspricht. Dennoch kann es gewisse Beziehungen zwischen dieser Linie und dem Lebensweg eines Menschen geben, da der Kampf zwischen unserem höheren und unserem Trieb-Ich, der unser Verhalten den Mitmenschen und unserer unmittelbaren Umwelt gegenüber beherrscht, zu einem großen Teil die Fehler wie die Erfolge des Lebens bestimmt. Unser Verhalten anderen Menschen gegenüber ist ein umfassendes Phänomen. Es hängt weitgehend von unserem Charakter und unserem Temperament ab, kann aber verändert werden durch Erziehung und vor allem durch den – entwickelten Menschen innewohnenden – Impuls, ein Über-Ich (Super-Ego) zu schaffen.

Warum aber soll die lange Senkrechte etwas mit unserem Über-Ich zu tun haben, mit seinen Konflikten und seinem möglichen Erfolg oder Versagen bei der Anpassung an die Gesellschaft? Wäre irgendeine Beziehung vorhanden, dann würde es bestimmte Gruppen von Menschen geben – Kleinstkinder, Kriminelle, geistig Gestörte –, bei denen der offensichtliche Mangel eines Über-Ichs und einer sozialen Anpassungsfähigkeit, unserer Meinung nach, entweder die vollkommene Abwesenheit der langen Senkrechten oder eine betonte Schwäche ihrer Linienführung verlangen würden.

Ich habe Abdrücke von vier Neugeborenen gemacht, deren Alter zwischen sieben Stunden und drei Tagen

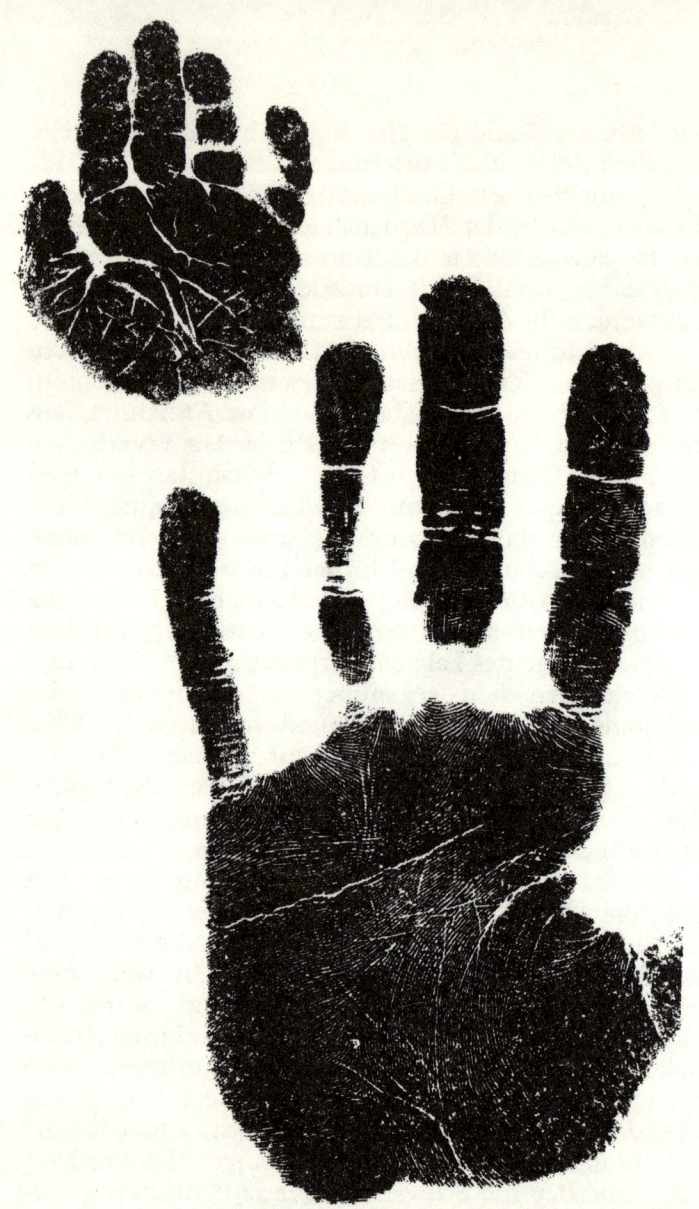

2 — Fehlende Longitudinal- (senkrechte) Linie
a) in der Hand eines Neugeborenen
b) in der Hand eines geistesgestörten Mädchens

lag. In allen diesen Händen (vgl. Abb. 2, Abd. a) fehlte die lange Senkrechte. In seiner »Note sur les Plis de Flexion de la Paume« bestätigt Féré, daß die Faltungslinien nicht vor dem dritten Monat des vorgeburtlichen Lebens gebildet werden und daß die Thenarlinie als erste, die senkrechte Linie als letzte erscheinen. Hella Poech spricht dieselbe Beobachtung in ihrem Buch:»Über Handlinien« aus. Abb. 2, Abd. b und Abb. 3 zeigen Hände zweier Erwachsener, von denen der eine geistesschwach, der andere ein eingefleischter Krimineller ist. Das vollständige Fehlen der langen Senkrechten ist zu offenkundig, um eines Kommentars zu bedürfen. Wie ich im Kapitel »Linien der Hand« noch eingehender beschreiben werde, fand ich bei etwa 40 Prozent Geistesschwacher und jugendlicher Verbrecher überhaupt keine lange Senkrechte. In Händen normaler Menschen aber fehlt sie nur bei 0,5 Prozent. Man sollte annehmen, daß Menschen mit einem starken Über-Ich und einem betonten Bewußtsein für den anderen, eine gut ausgeprägte lange Senkrechte haben. Meine Untersuchungen haben dies auch als zutreffend erkannt.

Ebenso habe ich beobachtet, daß diese Linie häufiger, auffallend tiefer und mit weniger Unterbrechungen bei Frauen als bei Männern auftritt. Dies scheint der weit verbreiteten allgemeinen Unterscheidung zwischen Frauen und Männern zu entsprechen. Zu dieser gehört auch die Annahme, daß Frauen ein größeres und schnelleres, auf Sympathie beruhendes Verständnis ihrer Umwelt und ein stärkeres Pflichtbewußtsein haben als Männer. Wahrscheinlich, weil ihr Ich relativ geringer entwickelt ist.

Diese Linie ist überdies auch besser ausgeprägt in »sensitiven« als in elementaren und »motorischen« Händen. Das heißt: in Händen aufnahmefähiger und weitherziger Menschen, die ganz allgemein mehr Interesse an der menschlichen Natur und an der Entwicklung der Menschheit haben.

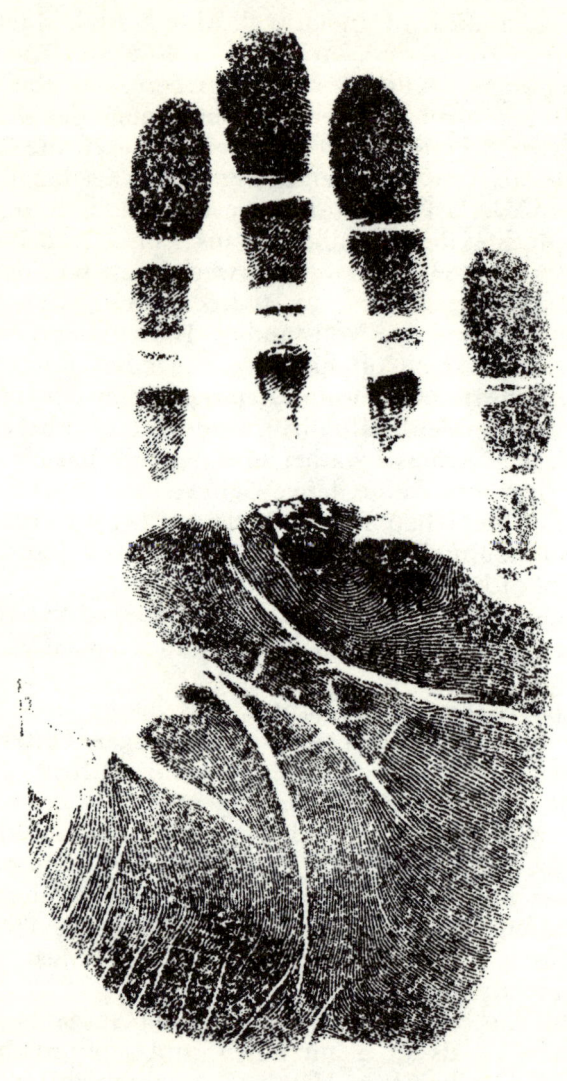

3 — Fehlende Longitudinal- (senkrechte) Linie
in der Hand eines 19jährigen Kriminellen, aus einer kriminellen
Familie abstammend : der Vater ermordete die Mutter, beide waren
Trinker

Wir könnten also sagen, daß die eingeschränkte Beweglichkeit, die sich aus dem Fehlen dieser Linie ergibt einer beschränkten Anpassungsfähigkeit an die Forderungen der Gesellschaft entspricht. Ein asozialer Mensch – »der soziale Schädling« – ist deshalb nicht weniger fähig zu leben, zu denken und zu handeln. Aber er wird unfähig sein, bleibenden Erfolg zu erlangen. Im metaphysischen Sinn können die geistigen Bilder, die eine ideale Vorstellung von uns selbst verkörpern, als Über-Ich bezeichnet werden. Dieses »bessere Ich« bestimmt, was wir sein möchten und wie wir uns den Mitmenschen gegenüber benehmen sollten, was ich unter »Anpassungsfähigkeit« verstehe.

Man kann auch theoretisch beweisen, warum die lange Senkrechte unser soziales Verhalten wiedergibt und unser Über-Ich bezeichnet. Nach der motorischen Bildtheorie von Vaschide lokalisiert sich der Eindruck häufig wiederholter Bewegungen in einer entsprechenden Struktur der Muskeln. Die Tatsache, daß die senkrechte Linie sich später als die anderen Haupt-Faltenlinien entwickelt und ebenso, daß sie verschiedenartiger ist, zeigt, daß sie als Antwort auf Impuls-Gruppen und Bewegungen in Erscheinung tritt, die umfassender und entwickelter sind als jene, die die wesentlichen Querlinien bilden. Sie entwickelt sich auch, im Gegensatz zu jenen, größtenteils im Laufe des Lebens, insbesondere bis zum 18. Lebensjahr. Daß die senkrechte Linie stets in sensitiven Händen auftritt und dort am besten ausgebildet ist – also in Händen, die charakteristisch sind für Aufnahmefähigkeit und intellektuelle Interessiertheit ihrer Besitzer –, weist auch auf ihre Beziehung zum Über-Ich hin (vgl. Abb. 10). Mein Vorschlag wäre, diese lange Senkrechte die »Linie des Über-Ichs« (Super-Ego) zu nennen oder »Linie des sozialen Verhaltens«.

Diese Auslegung wurde in meinen Untersuchungen an dem Universitäts-College in London bei 69 Studenten wie auch in meiner Privatpraxis geprüft. Bei jeder

Handdeutung gab ich Rechenschaft über das soziale Verhalten der betreffenden Person und dieses stimmte in auffallend hohem Maß.

Meine Einteilung der Hand in drei Zonen habe ich erstmals in einem Essay in der französischen Review »Miniotaure« (1935) dargelegt und in meinem Buch »Studies in Hand Reading« (1936) ergänzt. Der andere Teil meiner Theorie, der die Hand mit dem Gehirn in Verbindung bringt, wurde zum Teil in einem Artikel »Les Principes de la Chirologie« in der »Encyclopédie Française« veröffentlicht und in einer Arbeit über »Character and Mentality as related to Hand-Markings« im »British Journal of Medical Psychology« (1941) wiederholt.

III. Kapitel

FORM DER HAND

Die Form der Hand wird bestimmt durch ihre zwei Funktionen: Greifen und Tasten. Die Hand ist ein Teil des Körpers und stimmt deshalb mit den Gesetzen überein, die den Körper insgesamt beherrschen. So wird ihre Gestalt von drei Hauptfaktoren beeinflußt: von der Vererbung, den endokrinen Drüsen und der Biochemie der Zellen. Die Vererbung von Faltenlinien wurde von dem Anatomen Rudolf Martin (1928) und dem französischen Physiognomen Pierre Abraham beobachtet. Dieser zeigte in einem Film die Ähnlichkeit der Haupt-Faltenlinien in den Händen chinesischer Eltern und deren Kindern. Dieser Film interessierte mich als brauchbaren Beweis für eine mögliche Feststellung zweifelhafter Elternschaft aus der Hand. Meiner Meinung nach beachtete man aber nicht genügend die Tatsache, daß die Faltenlinien der Handfläche, vor allem in der Kindheit, Veränderungen unterliegen. Ich bin der Ansicht, daß es sinnvoller ist, zuerst die allgemeine Form der Außenhände zu vergleichen, unter besonderer Berücksichtigung der oft vererbten Abnormalitäten von Daumen und fünftem Finger. Dann sollte man die allgemeinen Merkmale der Faltenlinien prüfen und besonders die Zahl und Tiefe der Nebenlinien und ihre Lage in der Handfläche beachten. Zuletzt und vor allem sind die atavistischen Faltenlinien zu untersuchen, die am sichersten der Vererbung zuzuschreiben sind. Die »Affenfurche«, die bei einigen Menschen die ganze Handfläche unterhalb der Finger durchquert, ist den Händen von Menschenaffen sehr ähnlich und hat daher auch ihren Namen. Die Hypothenar-Linie dagegen tritt, zusammen mit einer stark entwickelten Hypothenar-Erhöhung, bei allen primitiven und bei den meisten schwanzlosen Affen auf. Werden solche Linien in einer menschlichen Hand gefunden, dann bleiben sie von der Geburt bis zum Tod unverändert. Fraglos vererbt sind auch die Papillarlinien auf den Fingerspitzen, wie Galton und Harry Foulds unter anderen festgestellt haben. In neuerer Zeit hat Newman den Vergleich zwischen Fingerabdrücken von Eltern und Kindern empfohlen, um zweifelhafte Elternschaft zu klären.

Ich habe Handabdrücke von 50 Familien gemacht. Darunter waren vier, die aus drei Generationen bestanden. In allen Fällen fand ich Vererbungszeichen bei Kind und Enkel. Das Beispiel auf Abb. 4 zeigt unschwer die Ähnlichkeit zwischen den Fingerformen des Kindes und denen des Vaters. Besonders auffällige Züge, die beiden gemeinsam sind, zeigt der gekrümmte und leicht verunstaltete fünfte Finger. Vor allem ähnelt die rechte Hand des Jungen mit dem flachen Daumenballen der rechten Hand des Vaters, während seine linke Hand die tiefangesetzte Hypothenar-Erhöhung und starke Hypothenar-Linie der mütterlichen linken Hand aufzeigt. Die Nebenlinien ähneln im Ganzen mehr der Handfläche der Mutter als der des Vaters. Die Handflächen von Mutter und Kind sind mit feinen Linien in verschiedenen Richtungen übersät, während die Handflächen des Vaters vergleichsweise leer an Nebenlinien sind. Wie zu erwarten, weisen die Hände des Jungen Züge auf, die von beiden Elternteilen ererbt wurden; der Einfluß der Mutter aber ist vorherrschend. Seiner Erscheinung und körperlichen Konstitution nach ist er der Sohn des Vaters, im Charakter der Sohn der Mutter. Der Grund zu dieser Schlußfolgerung wird verständlich, wenn der Leser das achte Kapitel »Rechte und linke Hand« studiert hat.

Erbschaftsforschung aufgrund von Zeichen der Hand stellten Wissenschaftler nur an, wenn es sich um ju-

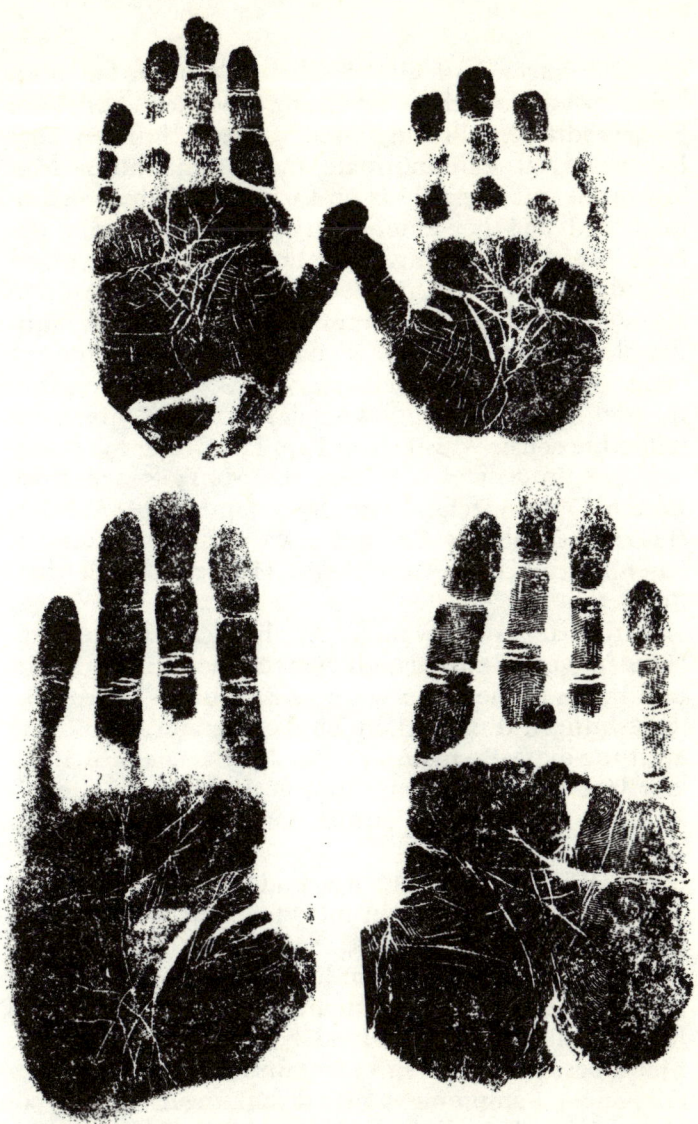

4 — Erbfaktoren in der Hand von Kind — Mutter — Vater
In Form und Hauptlinien ähnelt die linke Hand des Kindes stark
der linken der Mutter, während die rechte Hand des Kindes der
rechten des Vaters entspricht

ristische Fragen handelte. Bis heute können wir noch keine psychologische Bedeutung aus den normalen Fingerabdrücken herausfinden. Untersuchungen aber haben gezeigt, daß anormale, d. h. affenähnliche Musterungen mit Mentalität und Charakter übereinstimmen und daß bei einer überwiegenden Anzahl der Fälle diese Abweichungen der Fingerspitzen mit ungewöhnlichen Wirbeln und Schleifen der Papillarlinien auf der Handfläche zusammengehen. Dies ist auch charakteristisch für Affen, so daß solche Erscheinungen beim Menschen als Zeichen von Atavismus gelten müssen. Dr. Cummings von der Tulane Universität entdeckte solche Muster von Papillarfurchen in 60 Prozent der untersuchten Hände, die Mongoloiden zugehörten. Durch eigene Forschungen fand ich bei 650 Geistesschwachen aller Art und etwa 500 Neurotikern in einer beachtlichen Anzahl von Händen die gleichen Zeichen.

Natürlich besteht weniger Ähnlichkeit zwischen den Händen von Geschwistern wie in denen von Eltern und ihren Kindern. Es würde sich lohnen, durch Untersuchungen festzustellen, ob das Mendel'sche Gesetz auch für die Merkmale der Hände gilt. Die Schwierigkeit läge nur darin, genügend geeignete Familien bis zu drei Generationen zurück nach beiden Seiten zu verfolgen.

Die Wiederspiegelung des endokrinen Systems in der Hand ist der Medizin nur zum Teil bekannt. Die Hypophyse – Hormondrüse im Gehirn – scheint eine führende Rolle in der Koordinierung der Einflüsse zu spielen, die das Wachstum und die Proportionen des Körpers, also auch der Hand beherrschen. Dr. Pierre Marie beschrieb 1897 in »La main en large et la main en petite« Symptome von Erkrankungen der Hypophyse. Jeder Arzt prüft die Hände eines Patienten, der an Akromegalie leidet, einer Krankheit, die auf einen Tumor zurückzuführen ist, der eine Überfunktion der Hypophyse bewirkt. Durch diese werden anormal große Hände mit riesigen dicken Fingern entwickelt. Weniger bereitwillig sind die Ärzte, die Form der Hand bei der Diagnose der entgegengesetzten Funktionsstörung in Betracht zu ziehen, die Folge einer Unterentwicklung der Hypophose ist. Hier sind die Hände zu klein und die Finger zu dünn. Nur bei einem Typ anormaler Funktion der endokrinen Drüsen haben die Ärzte der Hand ihre Aufmerksamkeit zugewandt: beim Mongolismus. Kein Arzt wird leugnen, daß bei schwergradig schwachsinnigen Mongoloiden die Hand eines der charakteristischsten Merkmale dieser Krankheit ist. Die Handfläche ist kurz, breit und viereckig, die Finger im Verhältnis zu ihr ungewöhnlich kurz; Daumen und fünfter Finger häufig winzig. Der fünfte Finger, der in etwa 10 Prozent aller Fälle anstatt drei nur zwei Beugungsfalten besitzt, könnte nach dem englischen Psychiater Dr. Penrose ein zweiter Daumen genannt werden.

Beim Mongolismus besteht sowohl eine Geistesschwäche wie mangelnde Funktion der endokrinen Drüsen. Wahrscheinlich sind beide voneinder abhängig. Es ist auch bekannt, daß die mangelnde Funktion der endokrinen Drüsen sowohl die Erscheinung wie auch das Temperament bestimmt. Geistesschwache Mongoloiden, vor allem die gewöhnlichsten Typen, ähneln einander wie Erbsen in der Hülse. Es ist schwer zu verstehen, warum Ärzte, die sich der Beziehung zwischen Hand und endokrinen Störungen und deren Auswirkungen auf die ganze Persönlichkeit bewußt sind, ihre Studien hierüber nicht weiter ausgedehnt haben. Denn es erscheint fast offenkundig, daß Beziehungen zwischen der Hand und den endokrinen Drüsen bestehen. Diesen Schritt aber haben die Ärzte nicht unternommen, eine Unterlassung, die eine weitere Erforschung der Besonderheiten der Hand in bezug auf physische und geistige Störungen verhindert.

Meine eigenen Untersuchungen der Hand auf Zeichen anormaler Funktionen der endokrinen Drüsen haben gezeigt, daß sie als Signal für eine Diagnose sowohl dieser Krankheit wie auch ihrer psychologischen Begleiterscheinungen benutzt werden kann.

Die Auswirkung einer unterentwickelten Schilddrüse wird gut illustriert durch die kleine, fette, breite Hand, die am häufigsten bei Frauen zu finden ist. Solche Hände sind weiß und schlaff, haben »Wurstfinger«, deren Spitzen kurz und meist konisch geformt sind. Der fünfte Finger ist auffallend spitz. Menschen mit diesen Händen haben eine ganz typische Wesensart. Sie sind kontaktfreudig, weil sie die guten Dinge des Lebens lieben, sich nach Behaglichkeit und Luxus sehnen und nach der Atmosphäre des Glanzes, mit der sie sich umgeben. Ihnen fehlt aber die Selbstzucht und sie können der Versuchung nicht widerstehen, sich gute Zeiten zu machen. Ihre Gesellschaft ist angenehm, da sie freundlich gesinnt und offenherzig sind, wenn auch unbeständig und sprunghaft. Ihnen fehlt die Konzentration und ihre Intelligenz ist mehr auf das Praktische als auf Theoretisches gerichtet.

Im Gegensatz hierzu hat ein Mensch mit Schilddrüsenüberfunktion eine lange knochige Hand mit dünnen knochigen Fingern. Er ist aktiv und lebhaft, kann aber seine Gedanken nicht ordnen. Dafür ist er zu unbeständig und vielseitig.

Neben Hypophyse und Schilddrüse, die das menschliche Erscheinungsbild deutlich bestimmen, haben auch die Geschlechtsdrüsen Einfluß auf die Handform. Julian S. Huxley erwähnt in seinem Buch »Problems of Relative Growth« (1936), daß Kastration ein Wachstum der Knochen der Gliedmaßen bewirkt. Die Arme nehmen von den Schultern aus in fortschreitendem Maße an Größe zu, wobei sich der Oberarm verlängert, der Unterarm jedoch zusammenschrumpft und die Hand ungewöhnlich klein wird. Man kann also sagen, daß eine unzulängliche Funktion der Geschlechtsdrüsen durch infantile Kürze von Hand und Fingern angezeigt wird, insbesondere, wie ich schon früher bemerkte, des fünften Fingers. Durch diese Beobachtung hat die moderne Wissenschaft bestätigt, was Carus schon vor langer Zeit feststellte: daß nämlich anormal kleine Hände bei jedem Geschlecht Infantilismus ausdrücken.

Die chemische Zusammensetzung der Zellen, vor allem die Menge an Flüssigkeit in ihnen beeinflußt die Konsistenz der Hand stärker als ihren Knochenaufbau. Von diesem Faktor hängen Festigkeit der Muskeln und Quantität des Fettes ab. Der französische Wissenschaftler Dr. MacAuliffe unterschied nach der Menge der Flüssigkeit im Körper den langen und dünnen Menschentyp vom kurzen und dicken. In seinem Buch »Les Temperaments« erwähnt MacAuliffe, daß die Hände den Persönlichkeitstyp enthüllen.

Neben Vererbung, endokrinen Drüsen und der chemischen Beschaffenheit der Zellen, beeinflussen noch andere Faktoren – wie Alter, Krankheit und Beruf – die Form der Hand. Mit dem Alter verliert die Hand langsam ihre Elastizität und Beweglichkeit. Die Eigenschaft der Haut verändert sich, sie wird trockener. Der Verlust an Flüssigkeit mindert das Gewicht. Daß Krankheit die Handform verändert, ist längst bekannt. Im Altertum beschrieb Hippokrates die typische Deformation der Finger bei Tuberkulose. Man kann den Einfluß der Krankheit auf die Form der Hand auch bei den geschwollenen und verunstalteten Fingern sehen, die durch Gicht und Rheuma verursacht werden. Ein anderes Beispiel ist die weiße oder blaue und abgezehrte Hand bei der Reynaud'schen Krankheit. Auch die geistigen und neurotischen Störungen, die von mangelnder Aktivität und Depression begleitet werden, verändern Form und Farbe der Hand. So hat der Melancholiker gewöhnlich eine dünne, blasse und schlaffe Hand; der Schizophrene eine dünne, bläuliche.

Um zu erkennen, wie der Beruf Form und Physiognomie der Hand verändert, braucht man nur die Hand eines Pianisten zu betrachten. Es ist im allgemeinen eine Hand, die sehr beweglich ist mit leicht spatelförmigen Fingerspitzen. Diese sind noch betonter bei Musikern, die ein Streichinstrument spielen. Jede Kunst und Kunstfertigkeit schafft durch die Wiederholung besonderer, durch Übung ganz exakt gewordener Bewegungen eine charakteristische Struktur der Hand. Bildhauerkunst wird z. B. durch starke Ballen der Empfindsamkeit (Fingerbeeren) und spatelförmige Fingerspitzen festgestellt. Die Finger sind in der Regel kurz und dick, die Handfläche breit mit Beugungslinien in einfacher Musterung.

Ich habe öfter »große« und »kleine« Hände, »kurze« und »lange« Finger erwähnt. Im allgemeinen können solche Bezeichnungen kein Mißverständnis hervorrufen. Für das wissenschaftliche Studium der Hand aber ist eine größere Genauigkeit erforderlich, ein feststehendes Richtmaß. Der Körper ist nach dem Gesetz der Proportionen gestaltet, wenn auch eine Norm oder Person mit idealen Proportionen nur eine nützliche Abstraktion ist. Die Harmonie körperlicher Proportion wird gut veranschaulicht durch die Tatsache, daß die Länge des Arms bis zur Faust hin (d. h. ohne Finger) dreimal so lang ist wie der Kopf. Dieses Maß wird von der Schulterhöhe bis zum dritten Mittelhandknochen, einschließlich des Gelenks, berechnet.

Seit frühesten Zeiten sind harmonische Proportionen für den Künstler von besonderem Interesse. Sie, und nicht die Wissenschaftler, machten als erste den Versuch, das Maß des Körpers im allgemeinen und der Hand im besonderen festzustellen. Dem französischen Autor Charles Blanc zufolge machten die Ägypter die Länge des Mittelfingers zu ihrem Maßstab und nannten diesen »Modul«, das dem neunzehnten Teil des gesamten Körpers entspricht.

Vaschide prüfte das antike Modell durch Messen der archaischen Statue «Der Athlet und Achilles« im Louvre. Er entdeckte, daß das Verhältnis des Körpers des Achilles der ägyptischen Richtschnur vollkommen nachgebildet war. Er war z. B. genau neunzehnmal so groß wie der Mittelfinger lang. (Diese Tatsache zeigt, daß Menschen alter Zeiten viel größer gewesen sein mußten als heute. Darum ist das angegebene Verhältnis nur von historischer, nicht von praktischer Bedeutung). Griechische Bildhauer entdeckten auch, daß gewisse Maße an verschiedenen Körperteilen wiederkehrten. Sowohl die Länge des Knies wie der Abstand von der Basis der Nase bis zur ersten Horizontallinie der Stirn entsprechen der Länge des Mittelfingers. Später stellten unter anderen Künstlern Giotto, Leonardo da Vinci und Dürer eine neue Richtschnur menschlicher Proportionen auf.

In jüngeren Zeiten haben Wissenschaftler wie Künstler ihren Beitrag zu den Methoden der Körperbemessung geliefert. Carus und P. Richter (den Vaschide zitiert) nahmen die Länge der Hand zum Standardmaß und nannten dieses »Modul«. Beide erwähnen die Gleichheit zwischen Kopf- und Handlänge, so daß beide als Modul verwandt werden können. Richter beobachtete auch, daß die Länge des Mittelfingers, zusammen mit seinem Knöchel, der halben Kopflänge entspricht. Nach anderen Autoren ist die Länge der Hand, einschließlich des Handgelenks, die gleiche wie die Länge des Gesichts.

»Organische«, das heißt proportionierte Messungen haben den Vorteil, daß sie individuell sind und deshalb die besten Mittel, um Gleichgewicht oder Unausgeglichenheit des ganzen Körpers, oder von Teilen untereinander, zu beurteilen. Die Anwendung des Modul ist deshalb der sicherste Weg, um festzustellen, ob eine Hand proportioniert ist oder nicht. Müßten wir uns nur auf Messungen nach Zentimetern verlassen ohne irgendwelche Relationen, dann fiele die Entscheidung, ob eine Hand lang oder kurz ist, schwer, zumal die lange Hand bei einem kleinen Menschen, eine kurze bei einem großen vorkommen könnte. Zur zweckmäßigen Anwendung habe ich eine Aufstellung der »organischen« Messungen gemacht, die für die Psychologie der Hand sehr nützlich sind:

1. Die normale Länge der Hand, einschließlich des Gelenks, ist gleich der Kopflänge (von der Erhöhung des Hinterkopfs bis zum höchsten Punkt der Stirn).
2. Die Handlänge, einschließlich Handgelenk, ist gleich der Länge des Gesichts.
3. Die Länge des Mittelfingers, einschließlich Knöchel, ist gleich der halben Gesichtslänge.
4. Die Länge des Mittelfingers allein ist ungefähr einen Zentimeter kürzer als die Länge des dritten Mittelfingerknochens (die Länge der Handfläche).

Das Modul wechselt in einzelnen Händen und ist im allgemeinen bei Frauen kleiner als bei Männern. Selbstverständlich ist es nur auf die Proportionen eines Erwachsenen anzuwenden.

Für Forschungen und Untersuchungen aber ist es nötig, ein absolutes Maß (der Zentimeter ist die geeignetste Einheit) in Verbindung mit dem Modul anzugeben. Carus gibt folgende »Standard«-Längen der Hand, ohne Handgelenk, für verschiedene Alter an:

Alter	Handlänge
Neugeborenes Kind	6 cm
3 Jahre	10 cm
10 Jahre	13 cm
15 Jahre	16 cm
25 Jahre	18 cm

Die Tabelle zeigt den mit dem Alter abfallenden Koeffizienten des Wachstums der Hand. Friedemann und Kretschmer haben 20 cm als normale Länge der Hand eines durchschnittlichen Menschen gerechnet. Eine sehr lange Hand hat etwa 22,5 cm und eine zu kurze ungefähr 17 cm. Breite wie Länge müssen in Betracht gezogen werden, da beide zusammen einen Begriff der allgemeinen Handform geben. Die Spannweite ist der Umfang der Handfläche an ihrer breitesten Stelle.

Nach Friedemann und meinen eigenen Messungen von 100 Studentenhänden im Universitäts-College, London ist die normale Breite – der Umfang der Handfläche an ihrer breitesten Stelle – etwa 1 cm geringer als die Länge der Handfläche. Ich muß aber hinzufügen, daß sich dieses Verhältnis beträchtlich verändert. In manchen sehr breiten Händen übersteigt der Umfang die Länge um mehr als 2 cm.

Auch die Fingerlänge muß genau festgelegt werden. Dies ist schwieriger als es den Anschein hat. Die Finger von der Innenhand aus zu messen, wie es die Chirologen von jeher getan haben, ist ein grober Fehler; die übergreifenden Gewebe zwischen den Fingern verbergen ihre wahre Länge. Diese kann man nur feststellen, wenn die Finger vom Knöchel bis zur Spitze gemessen werden. Vor allem ist die Knochenstruktur zu messen und diese ist nur auf dem Handrücken zu erkennen. Die Innenseite zeigt das Bild der Muskeln. Da der Mittelfinger die stabilste Länge hat, wurde er von Anfang an als Grundmaß benutzt; die anderen Finger, die verschieden lang sind, wurden im Verhältnis zu ihm betrachtet.

Der Zeigefinger, der im allgemeinen kürzer als der Ringfinger ist, hat in etwa 10 Prozent von Fällen die größere Länge. Manchmal sind die beiden Finger gleich lang. Ein langer Zeigefinger ist etwa 0,5 Zentimeter und ein kurzer um mehr als 1 Zentimeter kürzer als der Mittelfinger. Die Länge des Ringfingers steht in gleichem Verhältnis zum Mittelfinger.

Interessant ist die Feststellung, daß der Zeigefinger von Geisteskranken, vor allem von schwachsinnigen Mongoloiden, häufig unnatürlich kurz ist. Oft reicht er nur bis zum dritten Gelenk des Mittelfingers, wie dies auch bei Menschenaffen und schwanzlosen Affen der Fall ist. Jones Wood hielt die Formel der Finger: 3, 2, 4, 5, 1 für typisch menschlich. Vaschide untersuchte das Verhältnis der Finger bei 100 französischen Frauen und fand nur bei 10 Prozent einen längeren Zeige- als Ringfinger. Dies bezeugt in hohem Maß die Annahme, daß die meisten Menschen die Formel der Affenhände aufweisen.

Der normale fünfte oder kleine Finger endet am dritten Gelenk des Ringfingers; der normale Daumen auf halbem Weg des untersten Zeigefingerglieds. Jones Wood hat, ebenso wie ich, die Beobachtung gemacht, daß ein langer starker Daumen immer mit einem langen starken Zeigefinger zusammengeht.

Die Finger bestehen aus drei Knochen oder »Phalangen«, die durch Gelenke miteinander verbunden sind; der Daumen hat nur zwei. Die Länge der einzelnen Glieder ist verschieden, die untersten aber sind meistens die längsten.

Carus gab folgende Aufstellung der normalen Länge und Proportion der Fingerglieder, indem er als Einheit m′, die Modul-Minute, einsetzte. Diese ist der vierundzwanzigste Teil des Modul, das, wie wir uns erinnern, der Länge der ganzen Hand entspricht.

Finger	Unterstes Glied	Mittleres Glied	Oberstes Glied
Kleiner	5 m′	3 m′	2 m′
Ring	6 m′	4 m′	2 m′
Mittel	7 m′	5 m′	3 m′
Zeige	6 m′	4 m′	3 m′
Daumen	7 m′	4 m′	−

Diese Aufstellung illustriert nicht nur die rhythmischen Proportionen der drei Fingerglieder, sondern zeigt auch, daß das oberste Glied des Zeigefingers und des Mittelfingers die längsten sind. Ich selbst habe im allgemeinen gefunden, daß alle obersten Glieder gleich lang sind mit Ausnahme bei dem des fünften Fingers, bei dem sie ein wenig kürzer sind.

Carus war der erste Wissenschaftler, der ganz allgemein, die Länge der Finger mit der Entwicklung von

Denken und Bewußtsein verband. Die Spitzen, in denen das Tastgefühl am meisten konzentriert ist, bilden aus psycho-physischen Gründen ganz besondere Hinweise auf die Intelligenz. Die normale Breite der Phalanx ist schwer anzugeben, da sie nicht von den Knochen, sondern von den Muskeln und Fettgeweben abhängt, die aus gesundheitlichen Gründen verschiedenartig sind. Wir können nur von »dicken« und »dünnen« Fingergliedern sprechen, wobei die dicken ein konvexes, die dünnen ein konkaves Profil haben.

Auf Grund dieser Tatsachen und Definitionen sind wir in der Lage, über die Einteilung der Hände zu sprechen. Gegenstand einer solchen Klassifizierung ist naturgemäß die Analyse, deren Ziel es ist, einzelne Persönlichkeiten auf bestmögliche Weise zu erkennen. Physische Konstitution und Temperament sind die Elemente, die sich am deutlichsten zeigen, aber auch Mentalität, Befähigung und selbst persönliche Probleme, können gefolgert werden. Da diese vier Bezeichnungen: Konstitution, Temperament, Mentalität und Befähigung weitgehend bei meinen Beschreibungen der Haupttypen der Hand eine Rolle spielen, halte ich es für das beste, mit der Erklärung zu beginnen, was ich unter diesen Begriffen verstehe.

Konstitution. Mit diesem Begriff möchte ich die physischen und physiologischen Anlagen des einzelnen bezeichnen. Diese werden durch Vererbung, allgemeine Vitalität und Gesundheit, durch die endokrinen Drüsen und das autonome Nervensystem bestimmt. Verschiedenartige Konstitutionen neigen dazu von verschiedenartigen Krankheiten befallen zu werden.

Vor einigen Jahren erhielten unsere Vorstellungen über die physische Konstitution wesentliche Klarheit durch die Arbeit französischer, italienischer und deutscher Wissenschaftler. Die französische Schule, die z. B. von den Morphologen Sigaud und MacAuliffe vertreten wird, stellt die hauptsächlichen Menschentypen in Beziehung zu vorherrschenden Teilen des Körpers und spricht vom:

Verdauungstyp
Brusttyp
Muskel-Gelenktyp
Cerebraltyp

Diese Methode hat zu viele Unterteilungen und ist auch nicht mehr aufrecht zu halten, nachdem die heutige Wissenschaft von den endokrinen Drüsen und ihrer Auswirkung auf die Proportionen des Körpers und den Geist eine solche Einteilung entkräftet. Das Äußere wie auch die Physiologie werden von den endokrinen Drüsen nicht nur teilweise, sondern in einer sehr umfangreichen Weise beeinflußt. Man möge dennoch verstehen, daß in diesem Buch unmöglich der Einteilung der französischen Schule Gerechtigkeit widerfahren oder der Einfluß des endokrinen Systems auf Körper und Geist angemessen behandelt werden kann, obgleich ich letzteres Thema in früheren Abschnitten dieses Kapitels unterstrichen habe. Die italienische Schule, repräsentiert durch Viola, Nacarrati und De Giovanni ist tiefgründiger und folgerichtiger in ihrer Methode, Körper und Geist in Verbindung zueinander zu setzen. Ebenso ist dies die deutsche Schule, deren bemerkenswerter Vertreter Kretschmer ist.

Ich folge in großen Zügen seiner Einteilung von Körperbeschaffenheit und Temperament. Als Psychiater unterteilt Kretschmer Körpertypen nach ihren geistigen Begleiterscheinungen. Er kam zu dieser Klassifikation physischer Konstitutionen, nachdem er die geistigen Fähigkeiten erforscht hatte. Sein Schema kann wie folgt zusammengefaßt werden:

1. Der pyknische Typ: Dieser Typ hat abgerundete Formen und entwickelt sich mehr in die Breite als in die Länge. Im mittleren Alter neigt er dazu, Fett um die Taille anzusetzen. An der Gestalt dieses Menschen ist nichts eckig oder linkisch. Seine Bewegungen sind gut ausgewichtet. Er hat einen eher großen Kopf, ein breites Gesicht aber eine kleine Nase. Sein endokrines Drüsensystem wird charakterisiert durch eine leichte Unterfunktion der Schilddrüse.

2. (a) der asthenische Typ. Dieser Typ ist verschiedenartiger als der pyknische und umfaßt sowohl große wie sehr kleine Menschen. Die großen sind immer dünn und ihr Gewicht ist im Verhältnis zu der Körpergröße zu niedrig. Sie haben kurze Schädel, einen eher flachen Brustkorb und ihre Arme und Beine sind ungewöhnlich dünn. Auch in reiferen Jahren werden sie nicht dick. Ihr endokrines System wird durch ungenügendes Funktionieren der Geschlechtsdrüsen charakterisiert. Unter ihnen gibt es sowohl hoch aufgeschossene Männer wie körperlich unterentwickelte Frauen.

(b) Der leptosome Typ. Dieser wird von Kretschmer mit dem asthenischen zusammen eingruppiert, obwohl er in keiner Hinsicht krankhafte Zeichen aufweist. Beide Typen sehen sich ähnlich, haben aber verschiedene Merkmale. Im endokrinen Sektor zeichnet sich der Leptosome durch eine Überfunktion der Schilddrüse aus. Der sehnig-grazile Sportler und die große dünne muskulöse Frau sind typische Vertreter.

3. Der athletische Typ. Dieser muß sorgfältig unterschieden werden vom Pykniker. Breite Formen treten auch hier in Erscheinung, aber der Athlet ist im Gegensatz zu den wohl ausgewogenen Proportionen des Pyknikers an einigen Teilen – meistens an Schulterblättern und Armen – breit ausladend. Er ist sozusagen ein hypertrophischer Typ.

4. Der dysplastische oder mißwüchsige Typ. Diese Menschengruppe beschrieb MacAuliffe schon vor Kretschmer. Sie weist verschiedene zusammengewürfelte Formelemente auf, die einer einheitlichen Struk-

tur zu entbehren scheinen. Der dysplastische Typ wird im allgemeinen durch seine atavistischen Merkmale erkannt: zu kleines Gesicht und Kopf, niedere Stirn mit tiefem Haaransatz, eine sehr kleine Nase oder degenerierte Ohren.

Das Temperament geht mit der Konstitution zusammen und hängt weitgehend von den endokrinen Drüsen und dem autonomen Nervensystem ab; seine wesentlichsten Züge sind Schnelligkeit und Intensität der nervlichen und emotionalen Reaktionen, unter denen Kretschmer die folgenden betont:

1. *Psychästhetisch* oder empfindsam gegenüber der Außenwelt.
2. *Gestimmtheit*, die auch »Erlebnisfarbe« der Seele genannt werden kann. Es ist das Gefühl von Frohheit und Unfrohheit, von Glücklich- oder Unglücklichsein.
3. *Der seelische Rhythmus*, die Beschleunigung oder Verzögerung geistiger Reaktionen.
4. *Die innere Beweglichkeit*, Art und Grad des Verlangens, mit der Außenwelt mitzuarbeiten und in Kontakt zu treten. Innere Beweglichkeit kann langsam aber wirkkräftig und andauernd oder schnell, übertrieben und abrupt sein.

Zweifellos ist diese Analyse zutreffend. Das weite Gebiet der Emotionen aber, das vor allem durch die Natur und Kraft des Temperaments bestimmt wird, hätte von Kretschmer deutlicher unterstrichen werden sollen. Emotion ist die stärkste Kraft der menschlichen Beziehung und liegt jedem Ausdruck persönlicher wie kollektiver Kontakte zugrunde.

In der Einteilung des Temperaments unterscheidet Kretschmer zwei Hauptgruppen: Die *Cycloiden* und die *Schizoiden.*

Die Gruppe der *Cycloiden* umfaßt drei Haupttypen:

a) Sozial gesinnte, freundliche, wohlwollende, häusliche Menschen.

b) Frohe Menschen, die Sinn für Humor haben, dennoch durch Diskussionen schnell erregt werden.

c) Stille Menschen, die die Dinge ernst nehmen und nicht viel reden. Es können auch depressive Typen sein.

Unter diese Gruppe fällt der Unbekümmerte, der elegante junge Mann, der Gelassene und Weise, der Praktische und Gutherzige, aber auch der Melancholiker. Das Temperament des Cycloiden schwingt wie ein Pendel zwischen den Polen von Manie und Melancholie. Man kann im allgemeinen sagen, daß der Cycloide extravertiert ist, daß er Interesse am Sachlichen hat und die Dinge sieht wie sie sind. Er ist gutmütig, bekommt schnell Kontakt und ist meist voller Lebensfreude. Er verfügt über beträchtliche Energie und ist ausgeglichen in seinen Gefühlen.

Die Gruppe der *Schizoiden* umfaßt folgende drei Haupttypen:

a) Den unsozialen, stillen, reservierten und formellen (humorlosen) Sonderling.

b) Den scheuen, sich zurückziehenden, empfindsamen, überästhetischen, nervösen, erregbaren Menschen, der Bücher liebt und den Frieden der Natur.

c) Den gefügigen, gutherzigen, mutigen; den gleichgültigen, langweiligen dumpfen Typ.

Das innere Leben der Schizoiden schwingt zwischen Extravaganz und Dumpfheit. Der Typ der Schizoiden kann mit dem der Cycloiden verwechselt werden. Der Unterschied aber liegt in ihrer entgegengesetzten Art auf Reize zu reagieren. Der gutherzige und gefügige Schizoide ist nachahmend und ohne Initiative, während die gleichen Eigenschaften beim Cycloiden auf seine unmittelbaren und natürlichen Reaktionen zurückzuführen sind. Die Gruppe der Schizoiden schließt den »kalten und überlegenen Herrn mit Monokel« ein, den ästhetischen Aristokraten, den pathetischen Idealisten und den unbeständigen Charmeur. Wir können ganz allgemein sagen, daß der Schizoide introvertiert ist. Er ist egozentrisch oder ist ein künstlerischer, phantasiebegabter und romantischer Mensch. Seine Emotionen treten plötzlich auf. Zu diesen zwei Gruppen von Temperament gehören bestimmte Körperformen.

Die Gruppe der Cycloiden entspricht dem pyknischen Körperbau.

Die Gruppe der Schizoiden entspricht:
> dem leptosomen,
> athletischen,
> asthenischen Körperbau
> und den gemischten Körperformen.

Unter der Überschrift *Mentalität* fasse ich die verschiedenen Arten der Intelligenz zusammen – die mehr dem abstrakten Denken angepaßte oder die der konkreteren Beobachtung; das Interesse an theoretischen oder ästhetischen Fragen oder für praktische Angelegenheiten.

Befähigung bedarf kaum einer Definition. Sie umfaßt die Fähigkeiten, für die der Mensch von Natur aus begabt ist, das Geeignetsein für eine bestimmte Betätigung oder einen besonderen Beruf. In psychologischer Beziehung aber umfaßt dieser Begriff alle Fähigkeiten des Menschen, gleichgültig ob sie sich auf die gewohnte tägliche Arbeit beziehen oder nicht.

Nun kann ich mein Handschema darlegen.
Wie ich schon öfter erwähnt habe, ist die Hand ein Organ mit zwei Funktionen, der des Greifens und der

des Tastens. Ihre Form hängt deshalb von der Vorherrschaft einer dieser beiden Aufgaben ab. Aus diesem Grund schlage ich folgende Einteilung vor: Ich unterscheide drei Gruppen: A, B und C. Unter A und B stelle ich die Hände, die vor allem zugreifen und unter C jene, die in der Hauptsache ertasten. Jede dieser drei Gruppen wird wieder unterteilt. Dies wird in einer Tabelle veranschaulicht:

Gruppe		Handtyp	Unterteilung
Greiforgan	A	1. Elementare	Einfache
		2. Elementare	Ungleichmäßige
	B	1. Motorische	Knochige
		2. Motorische	Fleischige
Tastorgan	C	1. Sensitive	Kleine
		2. Sensitive	Lange

Dies ergibt sechs Gruppen von Händen, die sechs Haupttypen von Menschen entsprechen. Eine Kenntnis dieser sechs Gruppen wird jedem ermöglichen, einen, wenn auch nur allgemeinen Eindruck des Charakters einer Person zu erhalten. Ein wirkliches Verständnis, vor allem der innersten Züge, die den einen vom anderen unterscheiden, kann nur durch ein eingehendes Studium der psychologischen Bedeutung der Handteile – Innenfläche, Daumen, Finger, Faltenliniensystem und Papillarfurchen – erlangt werden. Ein solches Verständnis erfordert persönliches Können, für das einige Intuition (in dem Sinn, in dem ich diese zu Beginn meines Buches zu erläutern suchte) notwendig ist.

Im folgenden werden die sechs Hauptgruppen nacheinander beschrieben:

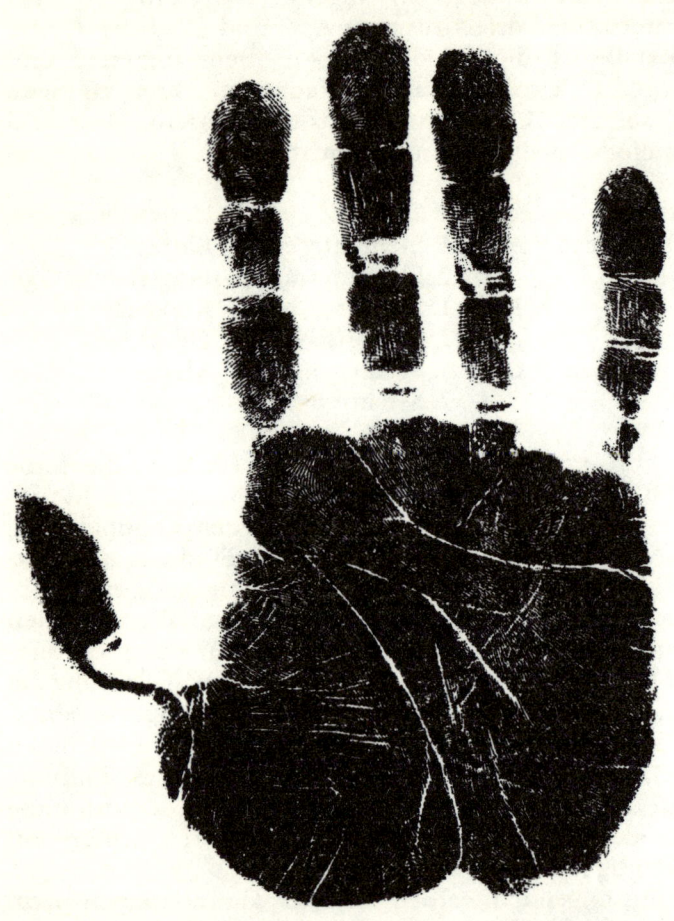

Dies ist der primitivste Handtyp. Er ist breit und kräftig. Die Haut ist hart, manchmal verstärkt durch Arbeit. Wenig Biegsamkeit ist vorhanden, vor allem in der Längsfaltung. Das Muster der Faltenlinien ist sehr einfach. Oft finden wir nur die vier Hauptlinien und wenige Nebenlinien vor. In manchen Fällen fehlen letztere überhaupt. Im allgemeinen sind die Linien breit, tief und in der Hauptsache horizontal. Die Finger sind kurz, breit und eher steif; die Fingerspitzen sind kurz mit ziemlich breiten und kurzen Nägeln. Daumen und Thenar-Erhöhung sind stark entwickelt; folglich ist die Thenar- (oder Lebens-)linie tief und lang. Die Hypothenar-Erhöhung (Mondberg) ist flach, während die stark entwickelten Muskeln des fünften Fingers am äußeren Rand der Hand kräftig hervortreten und dadurch der Handfläche eine ovale Form geben.

Konstitution

Die elementare Hand stimmt mit dem breiten, eher dicken Körperbau des Pyknikers überein. MacAuliffe machte die Beobachtung, daß das endokrine Drüsensystem dieses Typs von einer leichten Unterfunktion der Schildlddrüse gekennzeichnet ist. Dies erklärt die Breite der Hand und das Vorherrschen der horizontalen Faltenlinien. Ein Mensch mit dieser Konstitution neigt zu Zirkulationsstörungen, vor allem zu hohem Blutdruck und ist anfällig für alle Krankheiten, die auf Blutstauungen in den verschiedenen Organen zurückzuführen sind.

Temperament

Das Temperament des Cycloiden begleitet diese beschriebenen körperlichen Anlagen. Die elementare primitive Person ist gewöhnlich gutmütig, einfach, ruhig, wohlwollend und hat im allgemeinen ein unerschütterliches Gleichgewicht, das dennoch von starken Emotionen erschüttert werden kann. Doch selbst bei Traurigkeit oder Depression bleibt ein solcher Mensch ansprechbar. In der Regel ist der Elementare nicht sehr empfindsam, da er sehr langsam in seinen Reaktionen ist. Er führt ein primitiv triebhaftes Leben.

Mentalität

Die Intelligenz des Elementaren ist schwerfällig und wenig entwicklungsfähig. Es kann aber Intuition vorhanden sein. Seine Phantasie bleibt kindlich und sein Wortschatz ist primitiv. Wie Kinder verfügt ein solcher Mensch oft über ein gutes Gedächtnis.

Befähigung

Man findet bei elementaren Menschen eine Begabung für einfachen Sport. Sie sind für Landarbeit, für Umgang mit Tieren und jede Arbeit geeignet, die weder besondere Initiative noch höhere Intelligenz erfordert.

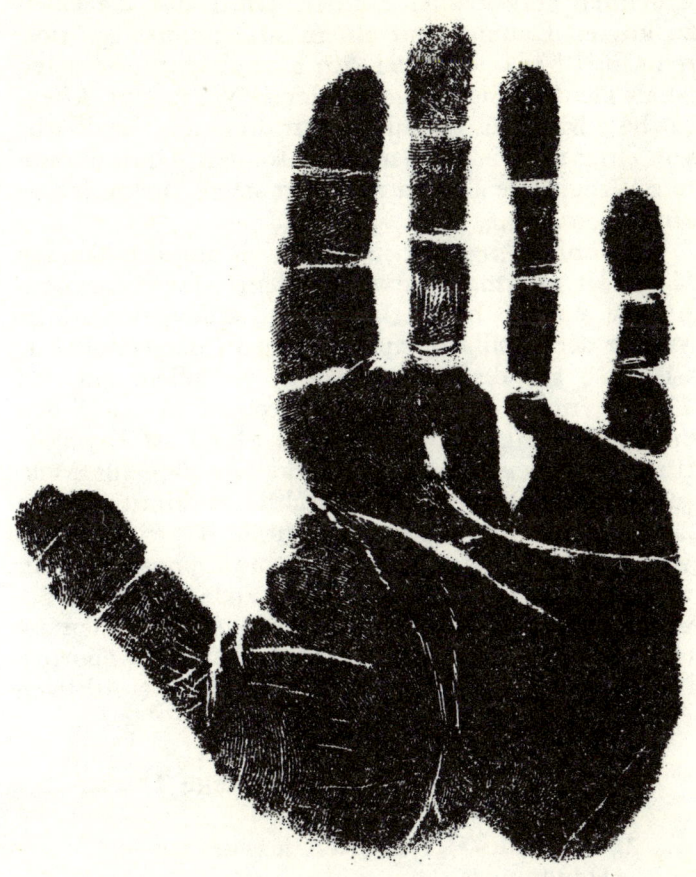

Im Bild dieser widerspruchsvollen Hand versteckt sich die Vielseitigkeit des Besitzers hinter Einfältigkeit. Es ist schwierig, die beiden Typen der elementaren Hand zu unterscheiden. Sie ähneln sich in ihrer Form und die Anlage ihrer Linien ist nicht sehr verschieden. Es sind wenige und meist horizontale Linien. Die Haut ist oft feiner als in der einfachen elementaren Hand. Das unterschiedliche Merkmal ist die zweifellose Anwesenheit atavistischer Zeichen. Die Hand, die einen zu kurzen Daumen mit einem schlegelförmigen oberen Glied hat und in der sich eine Affenfurche zeigt, ist als gleichmäßig zu klassifizieren. Wenn eine Affenfurche vorhanden ist, durchquert diese die Handfläche von einer Seite zur anderen. Sie sondert damit die untere Waagrechte ab oder reduziert sie zu einem nebensächlichen Zweig.

Der fünfte Finger ist in einer sich zurückbildenden Hand oft anormal, entweder klein oder deformiert. Andere atavistische Merkmale sind außergewöhnliche Muster der Papillarfurchen sowohl in der Handfläche wie auch auf den Fingerspitzen, vor allem auf den Thenar- und Hypothenar-Erhöhungen und auf den ersten drei Fingern. Eine solche Hand ist charakteristisch für den schlecht entwickelten Typ, für Menschen, deren Denken und Charakter in primitive Form zurückfallen. Sie drückt eine große Verschiedenheit von Menschen aus, die geistig und physisch weltweit voneinander getrennt sind. Viele Athleten, Boxer und Ringer haben ungleichmäßige elementare Hände, wie ich durch eine Untersuchung im Sportpalast von Paris aufzeigen konnte. 20 von 36 Athleten zeigten, wie zu erwarten war:

1. Eine unproportioniert entwickelte Thenar-Erhöhung.
2. Anormales Hervortreten des äußeren Handrandes.
3. Einen kurzen, dicken, oft »brutalen« Daumen.

Die ungleichmäßige elementare Hand geht oft mit einer unter dem Durchschnitt liegenden Intelligenz zusammen. Bei 63 schwach begabten Jungen, die ich prüfte, hatten 44 eine solche Hand. Es muß aber beachtet werden, daß ich die ungleichmäßige elementare Hand auch bei begabten degenerierten Menschen fand. Die Emotionen solcher Menschen zeigten die Rückläufigkeit in einen primitiven Zustand, während die Intelligenz über dem Durchschnitt lag. Unter ihnen waren Maler, Musiker, Dichter und Wissenschaftler von weltweitem Ruf.

Konstitution

MacAuliffe beschreibt den »regressiven« Menschen, der auf die primitive Geistesstufe zurückgeht, als einen Menschen mit niedriger Stirn und einem sehr kleinen Gesicht von unbestimmbarer Form. Diese Beschreibung paßt sehr gut für den Durchschnittstyp, aber der Athlet, der häufig ein sehr großes Gesicht hat, zeigt eine andere Art von Mißverhältnis – nämlich eine flache Nase und überentwickelte Backenknochen. Der begabte Neurotiker, der dem gleichen Typ angehört, zeigt nicht diese augenfälligen Merkmale von Degenerationen, trägt aber dennoch einige Züge die charakteristisch sind für einen schlecht entwickelten Körperbau. Ungenügendes Funktionieren der endokrinen Drüsen ist für diese verschiedenartigen Mißverhältnisse verantwortlich. Infantilismus, verbunden mit einer Schwäche der Geschlechtsdrüsen und der Hypophyse, ist das allgemeinste Symptom des regressiven Menschentyps.

Temperament

Sozial schädliche und ausgestoßene Menschen gehören nach MacAuliffe zu dieser Gruppe, einschließlich gewohnheitsmäßiger Krimineller, Idioten und Wahnsinniger. Er beschreibt ihre trägen Reaktionen und ihre fehlende Empfindsamkeit. Diese Einteilung aber ist viel zu eng. Auch Menschen die phlegmatisch und fügsam sind, dabei gutherzig und mutig, gehören der gleichen Gruppe an. Solche Menschen sind allgemein von stumpfer und infantiler Mentalität, dem Schwergewichtsboxer gleich, der seinen Gegner im Ring kampfunfähig schlagen kann, sich aber zuhause wie ein gutes gehorsames Kind benimmt.

Der begabte Neurotiker, der erregbar, überempfindsam und unbeständig ist, bildet den entgegengesetzten Pol der gleichen Klasse. Seine Emotionen sind oberflächlich, seine Triebe und seine Phantasie halten nicht das Gleichgewicht. Dies ist ein häufiger Grund für seine mangelnde Anpassung an das Leben.

Mentalität

Der »Regressive« besitzt entweder eine unter- oder eine überdurchschnittliche Intelligenz. Ich kann keine Erklärung für diese seltsame Laune der Natur angeben, die gleichen körperlichen Merkmale entgegengesetzte geistige Fähigkeiten verleiht.

Befähigung

Da die unregelmäßige elementare Hand bei Handwerkern, Künstlern und Wissenschaftlern ebenso vorhanden ist wie bei Schwachsinnigen ist keine Angabe angeborener Begabung möglich.

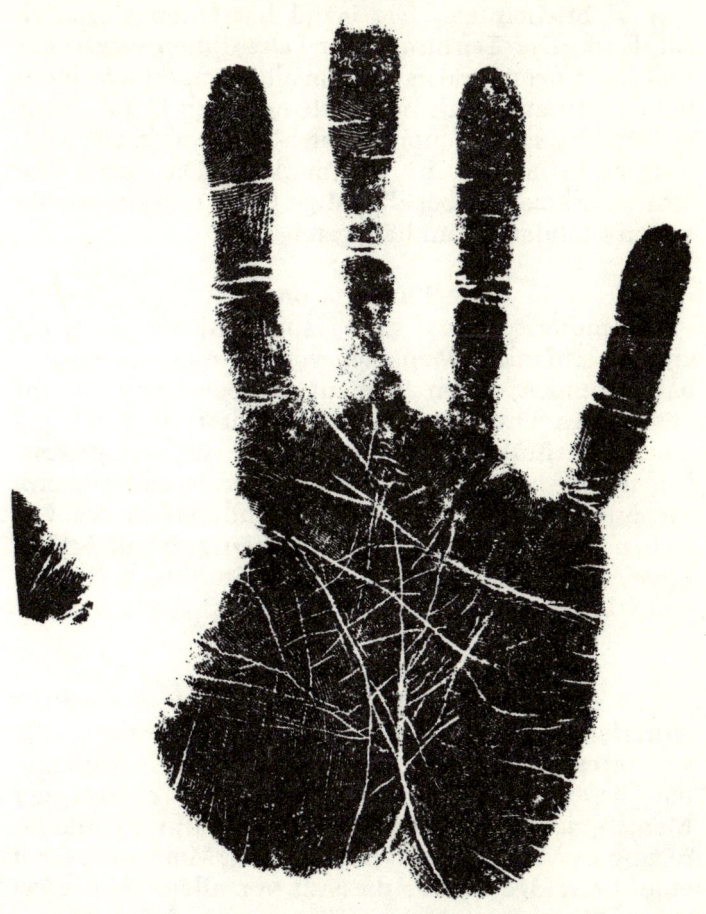

Dies ist eine lange Hand mit langen, knochigen Fingern. Sie verbindet Muskelkraft der Handfläche mit einer feinen Beweglichkeit der Finger. Die Festigkeit der Muskeln und der Mangel an Fett sind für die relative Flachheit der Innenfläche verantwortlich. Daumen und Zeigefinger sind lang und knochig und der Daumenballen ist gut entwickelt. Die Vorherrschaft der Bewußtseins-Zone und des Ich-Bereichs tritt dadurch klar in Erscheinung. Die Hand hat einen eleganten Ausdruck. Die Zeichnung der Faltenlinien zeigt viele Veränderungen, und es sind im allgemeinen weit mehr Linien vorhanden als in der elementaren Hand. Diese entwickeln sich in horizontaler wie vertikaler Richtung und sind tief und klar markiert. Die Nägel sind sehr verschieden, aber die lange Form mit gutentwickelten Monden ist am häufigsten.

Konstitution

Die motorische knochige Hand wird vor allem bei großen, schlanken Menschen von leptosomem Körperbau gefunden, deren Element die Bewegung ist. Ihr endokrines Drüsensystem steht unter dem Einfluß einer Überfunktion der Schilddrüse, die verantwortlich ist für hervorragende Antriebskraft und zugleich für einen Mangel an Flüssigkeit und Fett in den Geweben. Krankheitsgefahren beziehen sich auf Schilddrüse, Tuberkulose und nervliche Störungen (vor allem Schlaflosigkeit und Angstneurose).

Temperament

Das Temperament des Leptosomen hat Kretschmer zutreffend als scheu, empfindsam, zurückgezogen, nervös, erregbar bezeichnet. Der »ästhetische Aristokrat« hat diesen Typ schizoiden Körperbaus, ebenso der Mensch, der sowohl den Frieden der Natur wie die Erregung der Stadt liebt. »Der knochig Motorische« hat eine vielseitige Natur, die sich vor allem nach zwei Seiten hin ausbreitet: einmal zu starker Aktivität und Expansion; zum anderen zu Übersensibilität und Zurückgezogenheit. Er kann Lebhaftigkeit, Charme, Zielstrebigkeit und Beeindruckbarkeit besitzen, eine Verbindung von Eigenschaften, die anziehend und glückbringend sind. Im allgemeinen ist er beliebt, von Bewunderern umgeben und oft erfolgreich. Er versteht gut zu leben und bekommt, was er sich wünscht. Darin liegt die Gefahr starker Ichsucht. Häufig bürdet er sich mehr auf als er tragen kann und ist gespalten zwischen dem Verlangen, menschlichen Beziehungen auszuweichen und dem Wunsch, an ihnen teilzunehmen.

Mentalität

Der Besitzer einer motorischen knochigen Hand hat eine lebhafte Intelligenz und ein weites Verständnis. Er ist oft witzig und hat Freude an gut gelungenen Phrasen und vornehmer Ausdrucksweise. Sein Wortschatz ist groß. Sein Denken richtet sich mehr auf Beobachtung und Sachlichkeit als auf Symbolik und Abstraktion. Er ist ein Mensch der Praxis, weniger der Theorie.

Befähigung

Dank seiner besonderen Beweglichkeit ist Sport einer anmutigen Art, der Intelligenz und Berechnung bedarf, sein Element. Viele Tennis-Champions und Polospieler, die für ihre Geschicklichkeit und die Anmut ihrer Bewegungen bekannt sind, haben motorische knochige Hände. Diese Menschen ragen bei Tischtennis, Golf und Präzisionsspielen, wie etwa Speerwerfen, hervor, sind gute Schützen und häufig ausgezeichnete Tänzer. Sie sind für Aufbauarbeiten und Technik begabt und sehr häufig Ingenieure. Sie eignen sich für alle Berufe, in denen Takt und Menschenkenntnis den Grad des Erfolges bestimmen.

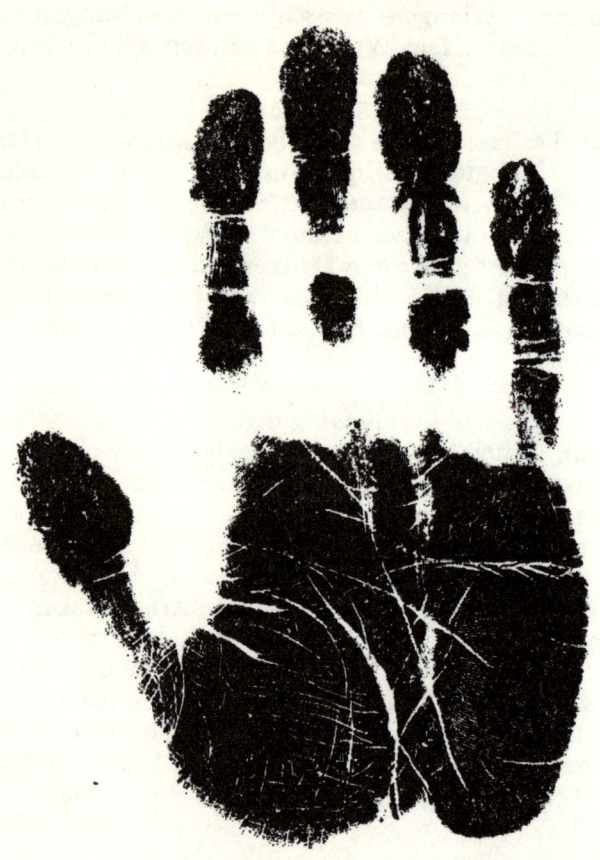

Die beiden Typen der motorischen Hand sind leicht voneinander zu unterscheiden .Obwohl beiden Festigkeit der Muskeln gemeinsam ist, ist erstere lang und knochig, die zweite breit und fleischig. Daumen und Finger der knochigen Hand sind lang und schmal, die der fleischigen Hand breit und dick. Die Thenar-Erhöhung ist in beiden Händen stark entwickelt, beim fleischigen Typ jedoch fülliger und die Beeren unter den Fingern sind stärker ausgeprägt. Die motorische fleischige Hand geht mit einer Neigung zu breiten Körper-Proportionen zusammen wie dies beim einfachen elementaren Typ zutrifft. Die Nägel sind kurz und breit mit kleinen oder gar keinen Monden. Die motorische fleischige Hand gehört zum pyknischen Körperbau. Die Brustmuskeln, Arme und Hände sind gut entwickelt, ohne jedoch typisch athletisch zu sein.

In seinen Bewegungen ist der Mensch des motorischen fleischigen Handtyps kräftig aber langsam, leistungsfähig aber schwerfällig. Sein ziemlich schwacher Stoffwechsel, seine eher umfangreichen Proportionen lassen auf eine Neigung zur Unterfunktion der Schilddrüse schließen. Er wird leicht Opfer von Kreislaufstörungen und Krankheiten, die auf Blutstauungen in den verschiedensten Organen zurückzuführen sind.

Temperament

Diese Hand ist Beispiel für ein cycloides Temperament. Der Besitzer ist extravertiert und liebt die Schönheit und das Wohlbehagen des Lebens. Er ißt gern und schätzt vergnügte Gesellschaft. Er ist jovial und gutmütig, bei Diskussionen aber leicht erregt. Er hat eine starke Neigung zu beschützen und liebt empfindsame und schwächliche Menschen. Seine Empfindungen sind tief und bleibend, er ist geduldig und ausdauernd. Er übt Autorität über andere aus und bekleidet oft eine verantwortungsvolle Stellung in der Gesellschaft. Erfolg fällt ihm nicht zu, aber er erreicht ihn durch seine Verdienste; dann ist er von Dauer.

Mentalität

Er ist nicht besonders scharfsinnig, aber seine Intelligenz ist tiefgegründet und geht oft mit einem natürlichen Sinn für Humor zusammen. Er ist ein gewissenhafter Mensch, dessen Handlungen vernünftig und feinfühlig sind, auch kann er sich gut in Menschen und Dinge hineindenken. Seine Objektvität und sein Urteil über praktische und theoretische Dinge sind immer ausgeglichen.

Befähigung

Er hat Mut zu Unternehmungen und Sinn für Verantwortung. Dies ist für den energischen cycloiden Menschen charakteristisch und befähigt zu Organisation in Geschäften oder an Regierungsstellen. Wir finden diesen Typ unter Staatsmännern, Soldaten hohen Ranges und erfolgreichen Geschäftsmännern. Seine künstlerischen Fähigkeiten liegen in Richtung auf Bildhauerei und Musik.

Sensitive Hand des kleinen Typs (Abb. 9)

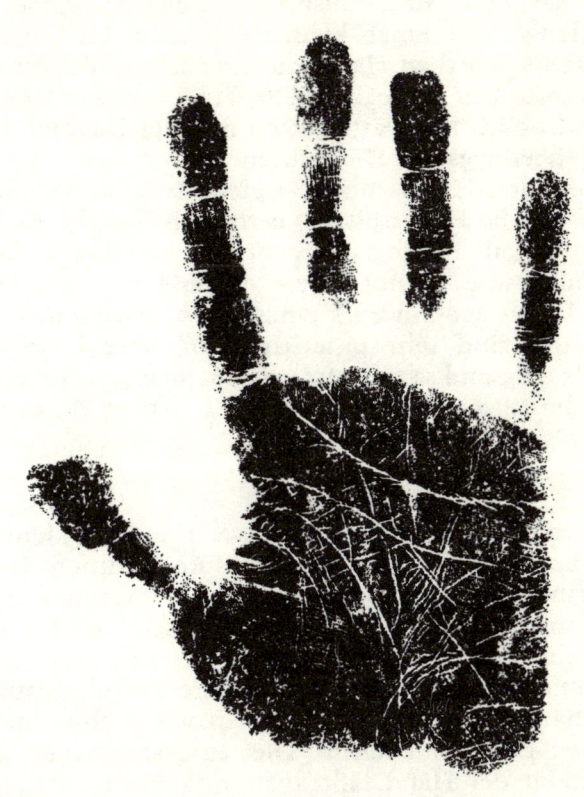

Dies ist eine kleine und schmale Hand. Sie wird häufiger bei Frauen als bei Männern gefunden. Carus beschreibt sie sogar als Zeichen von Weiblichkeit, wenn sie Männern angehört. Die motorische Hand ist eine aktive Hand und die sensitive eine empfangende. Erstere beeindruckt durch ihre Muskelkraft, letztere hat nur spärlich entwickelte Muskeln und der Thenar-Bereich ist flach, während die hypothenare Erhöhung oft verlängert ist, ein Zeichen, daß bei der betreffenden Person Phantasie und Unbewußtes vorherrschen. Die Hand hat eine verhältnismäßig lange Handfläche, kurze Finger und einen kleinen Daumen. Im Gegensatz zur motorischen Hand, die steif ist, ist die sensitive gewöhnlich beweglich. Die Fingerspitzen lassen sich leicht nach rückwärts biegen und der Daumen ist häufig überbiegsam. Die Erhöhungen in der Handfläche an den Fingerwurzeln treten stark hervor und haben, wie die Fingerspitzen, betonte Ballen der Empfindsamkeit als Zeugnis eines entwickelten Tastsinnes. Die Handfläche ist mit einem engen Liniennetz bedeckt, das oft den Eindruck eines Spinngewebes macht. Die Nägel sind sehr unterschiedlich, aber häufiger breit als lang und schmal. Im allgemeinen sind sie von durchschnittlicher Größe mit nur leicht oder gar nicht ausgeprägten Monden.

Konstitution

Wie zu erwarten, gehört zu dieser Hand ein kleiner Körperbau und eine zarte, nervöse Konstitution. Das endokrine System weist entweder ein ungenügendes Funktionieren der Geschlechtsdrüsen oder der Hypophyse auf. Aber auch beides kann der Fall sein. Das autonome Nervensystem ist oft überempfindlich und daher häufig Ursache von Allergien wie Asthma und nervöser Dickdarmkatarrh. Die ausgesprochene Beweglichkeit der Hand läßt auf einen niederen Blutdruck schließen, der zu Müdigkeit und Energieverlust führt. Mangelnde Vitalität und eine sehr zartbesaitete Veranlagung bereiten den Weg vor für jene nervlichen Störungen, denen der Neurastheniker so oft zum Opfer fällt.

Temperament

Die Überempfindlichkeit und leicht erregbare Natur reiht diesen Menschen in die Gruppe der Schizoiden ein. Seine Emotionen werden schnell geweckt, aber er hat nur wenig Widerstandsfähigkeit und Durchhaltekraft. Er reagiert willfährig auf Eindrücke und wird leicht Beute seiner Umwelt. Eine ruhige und harmonische Umgebung ist unentbehrlich für seine Gesundheit und für sein geistiges Gleichgewicht. In Augenblicken wirklicher Gefahr aber zeigt er spontan Kräfte und überrascht durch seinen Sinn für Verantwortung und durch die Hilfsquellen unerwarteter Stärke, als würde sich seine Vitalität unter äußerem Druck festigen. Sein ganzes Leben lang behält er kindliche Züge. Da er unbeständig und egozentrisch ist, bietet ihm eine subjektive Welt von romantischer Färbung eine Fluchtmöglichkeit aus der Härte und den Verwundungen der Wirklichkeit.

Mentalität

Seine Intelligenz ist lebhaft und ursprünglich. Der sensitive und nervöse Typ stattet die Welt mit einer großen Zahl Intellektueller aus. Allen Eindrücken geöffnet, ist ein solcher Mensch mit Intuition und Phantasie begabt und hat dadurch die Fähigkeit, andere zu verstehen. Unter dieser Gruppe finden wir Menschen, deren Wortschatz reich und originell ist und die einen guten literarischen Stil und ein stark entwickeltes kritisches Vermögen besitzen.

Befähigung

Die Alten nannten den Nervösen »Merkur-Typ«. Da sein Charakter und seine Mentalität sehr beweglich und unbestimmt sind, werden seine Talente, die in beträchtlichen Abstufungen vorhanden sind, unterschiedlich sein. Als repräsentativer Vertreter der intellektuellen und künstlerischen Gesellschaft ist er von Natur aus für Literatur, Journalismus und Schauspielkunst begabt. Die Begabung von Menschen mit sensitiven, infantilen Händen ist aber nicht auf Kopfarbeit beschränkt. Wir finden sie auch in Berufen wie Modezeichnung und Innenausstattung.

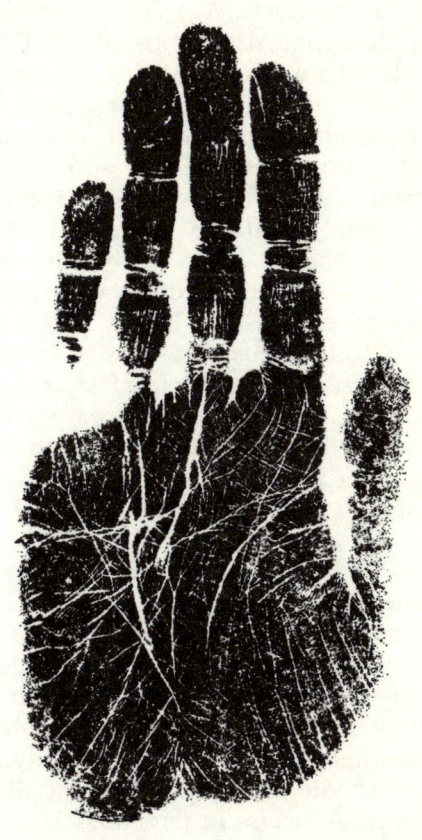

Dies ist die schöne Hand, die oft auf Bildern alter Meister abgebildet ist. Sie ist schlank und beweglich mit spitz zulaufenden Fingerspitzen, die so geschmeidig sind, daß sie sich nach rückwärts biegen. Es ist eine weibliche Handart, die man oft bei Mitgliedern alter

Familien findet und »aristokratische« Hand genannt werden könnte. Ich hatte die Gelegenheit, viele solcher Hände sowohl in Frankreich als auch in England zu finden, begegnete ihr aber – zumindest in annähernd reiner Form – niemals bei einem Menschen, der der Arbeiterklasse angehörte. Auf den ersten Blick könnte man sie mit dem motorischen knochigen Typ verwechseln, da beide lang und elegant sind, aber die Ähnlichkeit ist irreführend. Die lange sensitive Hand hat schwache Muskeln, Zeichen ihrer motorischen Untätigkeit. Die anmutigen Finger sind manchmal so zart, daß man Angst hat, sie beim Händedruck zu zerbrechen. Die Handfläche ist im allgemeinen mit feinen Linien übersät, die in alle Richtungen laufen, wobei die Längslinien am klarsten eingezeichnet sind. Die Finger sind gerade und haben lange, flache oder gebogenen Nägel. Carus nannte die lange sensitive Hand die »psychische« und stellte fest, daß sie mit den vollkommensten Charakter-Eigenschaften in Einklang steht. Ich kann dieser Feststellung nicht zustimmen, da ich eine solche Hand niemals bei einer starken, dem Leben gut angepaßten Persönlichkeit antraf.

Konstitution

Die sensitive Hand gehört, wie die kleine, zu einer zarten und nervösen Konstitution. Ihr Besitzer ist gewöhnlich schlank und mittelgroß mit dem typisch großen Kopf des Intellektuellen. Das endokrine Drüsen-System weist zuweilen eine anormale Funktion vieler Drüsen auf, die als »Status thymoelymphaticus« bekannt ist. In diesem Zustand bleibt die Thymusdrüse, die normalerweise in der Pubertät verschwindet, bestehen und verursacht häufig eine Neigung zu Überfunktion der Schilddrüse und zu Tuberkulose. Beide hängen anscheinend zusammen, während Bleichsucht eine andere, diesem Typ entsprechende Krankheit ist. Der betreffende Mensch ist häufig neurotisch und zu Psychosen geneigt.

Temperament

Die sensitive lange Hand gehört oft Schizophrenen. Wird sie unter sogenannten normalen Menschen angetroffen, sind diese von einem höchst introvertierten schizoiden Temperament. Solche Menschen sind einsam und reserviert und reagieren wie empfindsame Pflanzen auf die sie umgebende Atmosphäre. Ihr Leben ist von vorherrschenden Stimmungen der Depression beeinflußt. Emotionell schwach, sind sie zugleich doch extravagant und reagieren nicht in natürlicher Weise auf irgendeine menschliche Zuneigung. Sie können lethargisch sein und wie leblos erscheinen. Da sie wenig Kontakt mit anderen haben, sind sie empfänglich für Anregungen aus einer geistigen Welt. Sie freuen sich an der Kunst, als sei diese das Leben und flüchten sich häufig in einen Mystizismus. Sie sind eher sentimental als sinnlich. Der Madonnen-Typ der Frau, wie er in Literatur und Kunst auftritt, ist nach diesem Vorbild geschaffen; die lange sensitive Hand gehört zu den Madonnen auf den Bildern von Cimabue, Giotto, Botticelli und vielen anderen.

Mentalität

Empfänglichkeit beherrscht das geistige Verhalten und intuitives wie imaginäres Denken treten an die Stelle methodischer und logischer Überlegungen. Ein stark betonter Sinn für Ästhetik spiegelt sich in einem Feingefühl für die Sprache wieder. Der Stil des Betreffenden ist oftmals gut und schöpferisch, aber es herrscht die Tendenz, maneriert und affektiert zu werden. Auch neigt der Besitzer der langen sensitiven Hand zu Symbolismus, indem er die Dinge nicht so sieht, wie sie sind, sondern ihnen eine geheime Bedeutung beimißt.

Befähigung

Offensichtlich besitzt der sensitive Schizoide eine künstlerische Neigung. aber die Empfangsbereitschaft ist stärker als der schöpferische Impuls. Dieser Typ zählt unter seinen Vertretern Kunst-Interpreten verschiedenster Art: Schauspieler, Tänzer, Illustratoren, Fotografen und Modezeichner. Meist erreichen sie nichts Bedeutsames in ihren Künsten und bleiben ästhetische Dilettanten. Viele Frauen gehören zu ihnen, die durch die Jahrhunderte hindurch wahrhaft schöpferische Menschen inspiriert und damit indirekt am Schöpferischen teilgenommen haben.

Dies alles sind Idealfälle. In Wirklichkeit findet man meist nur gemischte Typen. Die sechsfache Einteilung ist aber nützlich, weil sie die Möglichkeit gibt, schnell die vorherrschenden Elemente einer Hand zu erkennen. Untypisch sind die Züge einer Hand, die das meiste Licht auf die innersten Charaktermerkmale eines Menschen werfen. Persönlichkeit ist Verschiedenartigkeit und unsere Individualität wird sehr deutlich durch jene Eigenschaften geprägt, die uns vom Typus abheben. Ich werde im Folgenden nicht 14, sondern nur 12 der theoretisch möglichen Verbindungen zweier Hand-Typen angeben. Diese umfassen die meisten Hände, die sich der Leser nach Belieben aussuchen kann, um die Methode zu prüfen. Ich möchte ihn aber warnen, nicht zu schnell Schlußfolgerungen zu ziehen, bevor er nicht die Hand in jeder Einzelheit von Handfläche, Fingern und Nägeln, von Faltenlinien und Papillarfurchen untersucht hat. Denn nicht ein Handpaar gleicht dem anderen genau, sogar die rechte und die linke Hand ein und derselben Person sind verschieden und die wirklich einmaligen Züge können niemals klassifiziert werden.

Folgendes sind die zwölf Mischtypen der Hand:

   I. Elementar einfach mit elementar ungleichmäßig.
  II. Elementar einfach mit motorisch fleischig.
 III. Elementar einfach mit motorisch knochig (selten).
  VI. Elementar einfach mit sensitiv klein (ziemlich selten).

V. Elementar ungleichmäßig mit motorisch knochig.
VI. Elementar ungleichmäßig mit motorisch fleischig.
VII. Elementar ungleichmäßig mit sensitiv klein.
VIII. Elementar ungleichmäßig mit sensitiv lang.

IX. Motorisch knochig mit motorisch fleischig.
X. Motorisch knochig mit sensitiv klein (selten).
XI. Motorisch knochig mit sensitiv lang.
XII. Motorisch fleischig mit sensitiv klein.

In dieser Aufzählung habe ich drei Verbindungen gekennzeichnet, die weniger oft als die anderen vorkommen. Ferner wurden zwei theoretisch mögliche – die elementare einfache mit der sensitiven langen und die motorische fleischige mit der sensitiven langen – überhaupt ausgelassen. Grund hierfür ist, daß die elementare einfache und die motorische fleischige am entferntesten von der sensitiven langen Hand sind. Die Mischung einer von beiden Händen mit der sensitiven langen ist im Prinzip unmöglich. Die Häufigkeit, mit der Verbindungen von Hand-Typen auftreten, richtet sich nach der natürlichen Verwandtschaft ihrer Elemente. So haben z. B. die elementaren einfachen und die motorischen fleischigen Hände eine ähnliche Form, ähnliche Nägel und Faltenlinien. Die Hauptfunktion der beiden ist das Greifen. Darum ist der Unterschied zwischen ihnen mehr einer des Grades als der Struktur. Elementare einfache und motorische knochige Hände sind dagegen voneinander sehr unterschiedlich, da die Form der ersten breit mit einem vorherrschenden horizontalen Faltenlinien-System und letztere lang mit vorwiegend Längslinien ist. Elementare einfache und sensitive kleine Hände haben eine relative Kürze und Breite miteinander gemeinsam, aber Muskeln, Haut, Faltenlinien und die Entwicklung des Tastsinns sind wesentlich verschieden.
Die elementaren einfachen und sensitiven langen Handtypen gehören zu denen, die am meisten vonein-

ander abrücken und sich nicht »mischen«. Es kann außergewöhnliche Fälle geben, bei denen eine elementare Handfläche mit sensitiven langen Fingern verbunden ist; dieses Ergebnis wirkt jedoch grotesk.

Der elementare ungleichmäßige Typ hat eine größere Reihe von Kombinationsmöglichkeiten. Da es eine formlose Hand ohne festgelegte Struktur ist, wird sie bei den verschiedensten Menschen gefunden: bei Schwachsinnigen ebenso wie bei hoch Intelligenten oder Neurotischen. Dies ist nicht schwer zu verstehen, besonders nicht in unserer Zeit, in der Degeneration durch schlechte Erbmasse ein allgemeines Problem ist und eine große Anzahl von Händen dazu neigen, eines oder mehrere atavistische Merkmale aufzuzeigen.

Die Mischung von motorisch knochiger und motorisch fleischiger Hand ist relativ häufig, obwohl diese Typen verschiedene Strukturgesetze haben. Die eine neigt zur Länge, die andere zur Breite. Diese Verbindung zeigt im allgemeinen eine klare Teilung zwischen Handfläche und Fingern; die Handfläche ist fleischig, die Finger sind knochig. Motorische knochige Hände mit sensitiven kleinen verbunden, ist eine seltene Mischung. Diese beiden Typen sind voneinander wesentlich verschieden, aber ihre Verbindung ist möglich, da die motorische knochige Hand leicht formlos ist und dies die im allgemeinen fremdartige Mischung erleichtert.

Es ist für den Anfänger schwer, motorische knochige und sensitive lange Hände voneinander zu unterscheiden. Beide sind lang und anmutig; sie sehen sich auf den ersten Blick gleich. Ihre Verschiedenheit liegt in der Festigkeit ihrer Muskeln und damit auch in Qualität und Tiefe der Faltenlinien. Es besteht eine gewisse strukturelle Verwandtschaft zwischen beiden, wenn auch ihre Funktionen verschiedenen Kategorien angehören. Das motorische Element wird im allgemeinen in der Handfläche ausgedrückt, während das sensitive in den Fingern liegt.

Motorische fleischige und sensitive kleine Hände »mischen« sich recht oft. Man findet Handflächen, die zu muskulös sind, um als sensitive kleine gekennzeichnet zu werden, Handflächen die im kleinen alle charakteristischen Merkmale des motorischen fleischigen Typs aufzeigen, aber zu Fingern des sensitiven kleinen Typs gehören.

In den Aufzeichnungen, die über die 12 gemischten Typen folgen, gebe ich in jedem Fall nur sehr kurz die wechselseitigen Auswirkungen der beiden Elemente in Erscheinung und Persönlichkeit an. Durch die ausführliche Beschreibung der sechs »reinen« Typen, die schon gegeben wurde, müßte der Leser fähig sein, selbst ein ziemlich vollständiges Bild von Konstitution, Temperament, Mentalität und Befähigung jeder Mischung zu finden.

I. Elementar einfach mit elementar ungleichmäßig

Bei dieser Verbindung wird der Körperbau, der zu dem elementaren einfachen Menschen gehört, durch einen oder mehrere atavistische Züge so verändert, daß er sich dem des »Regressiven« nähert. Dem Nervensystem fehlt das Gleichgewicht und es herrscht dieselbe Unbeständigkeit des Temperaments, die beim elementaren einfachen Typ zum Bild des Cycloiden gehört. Die Beimischung schizoider Eigenschaften macht aus der einfachen elementaren Person eine unberechenbare. Wenn die Mentalität geschwächt ist, dann ist die Intelligenz auf einem niedrigeren Grad als dies gewöhnlich bei dem elementaren Typ der Fall ist.

II. Elementar einfach mit motorisch fleischig

Hier ist der Körperbau weniger schwerfällig als bei dem elementaren pyknischen Typ, aber breiter und schwerer als bei dem leptosomen. Dieser Mensch entfaltet sowohl beachtliche Kräfte wie auch eine gewisse Anmut der Bewegungen. Meist ist die Gesundheit ausgezeichnet, da die Gefahren, denen jeder Typ unter-

worfen ist, vom anderen neutralisiert wird. Bezüglich
des Temperaments wird die Schwerfälligkeit des elementaren einfachen Menschen durch Lebhaftigkeit
und Geschmeidigkeit aufgelockert. Ein höherer Grad
von Empfindsamkeit gibt dem Kontakt mit der Außenwelt mehr Verschiedenartigkeit. Es können aber
durch die Beigabe von schizoiden Zügen auch Zeichen
von Nervosität und Ruhelosigkeit in Erscheinung treten. Die Intelligenz ist lebhafter als bei dem reinen
elementaren Typ. Sportliche Leistungen, die Bewegung
und Schnelligkeit verlangen, werden gesucht; so etwa
Schwimmen, Reiten, Jagd.

III. Elementar einfach mit motorisch knochig
Hier haben beide Typen große Verwandtschaft miteinander, und es besteht kein offensichtlicher Unterschied des Körperbaus zwischen dem motorischen oder
dem elementaren pyknischen. Die Beimischung des
fleischigen Typs aber zum elementaren einfachen
bringt eine höhere Stufe der Empfindsamkeit und Intelligenz mit sich.

IV. Elementar einfach mit sensitiv klein
Diese seltene Verbindung von fast nur gegensätzli-
chen Teilen tritt gelegentlich auf. In der Regel werden
bei dem Besitzer einer solchen Hand die starken Eigenschaften, die charakteristisch für die elementare
Person sind, in jeder Schicht der Persönlichkeit geschwächt. Der Körper ist weniger schwer, weniger
stark und ermüdet leicht. Dem Nervensystem mangelt
es an Stabilität. Eine passive Beeindruckbarkeit ist,
eher untypisch, dieser Persönlichkeit zu eigen, die sich
als Anflug von Mechanismus äußern kann. Dieser
Menschentyp verliert leicht Gleichgewicht und Selbstvertrauen und nimmt eine untergeordnete Stellung
an. Er ist unentschlossen und mehr oder weniger ver-
weichlicht. Seine Intelligenz ist sehr schwerfällig und
die ihm angemessenen Berufe sind beschränkt auf

Grund seines Mangels sowohl an Intelligenz wie an Leistungsfähigkeit. Am besten ist er als ungelernter Arbeiter tätig. Er wird z. B. bei guter Behandlung durch einen festen aber verständnisvollen Meister ein idealer Untergebener sein.

V. *Elementar ungleichmäßig mit motorisch knochig*

Diese Verbindung wird im allgemeinen bei großen Menschen gefunden, die eher leicht an Gewicht, doch relativ stark und beweglich sind. Der Besitzer einer solchen Hand hat keine festen Konturen und ist zugleich mehr oder weniger exzentrisch. So stellt er die negativen Eigenschaften beider Typen heraus. Endokrine und nervöse Störungen sind typisch, und emotionale Unsicherheit ist der Hauptzug seines Temperaments. Neurotiker jeder Art sind unter diesen Menschen anzutreffen, und oft gehört der charmante Betrüger, der Gentleman-Hochstapler zu diesem Typ. Die motorische knochige Beimischung gleicht weitgehend den niederen Grad an Intelligenz aus, der charakteristisch ist für bestimmte Gruppen regressiver Persönlichkeiten. Zugegeben: Die Intelligenz ist im allgemeinen oberflächlich, aber sie ist oft brillierend, indem sie eine übertriebene Art von unkonventionellem und subjektivem Denken entfaltet.

VI. *Elementar ungleichmäßig mit motorisch fleischig*

Die elementare ungleichmäßige Hand, die zu den verschiedenartigen und anormalen Gruppen von Persönlichkeiten gehört und die motorische fleischige, die zur stabisten Gruppe gehört, machen diese Mischung unharmonisch. Naturgemäß spiegelt sich diese Disharmonie wieder in Mentalität und Charakter, in denen sich stark negative Eigenschaften bemerkbar machen. Die reizbare Nervenschwäche eines physisch starken Menschen ist die häufigste Folgeerscheinung. Züge des cycloiden Temperaments verbinden sich mit Merkmalen des schizoiden in einer Weise, die gefährlich für die geistige Gesundheit ist, da sie das innere Gleichgewicht zu zerstören droht.

Je nachdem, ob das elementare ungleichmäßige oder das motorisch fleischige Element die Vorherrschaft in der Hand haben, wird die Mentalität entweder durch Inkonsequenz und Mangel an Konzentration beeinflußt – welche die soliden, realistischen und organisatorischen Eigenschaften des Pyknikers zerstören – oder durch die unkonventionelle und subjektive Denkart des »Regressiven«, die über die Objektivität und Kontinuität der Gedanken den Sieg davonträgt.

Für diese Mischung kann keine besondere Befähigung angegeben werden.

VII. Elementar ungleichmäßig mit sensitiv klein

Hier haben wir eine andere Verbindung von Handelementen, die miteinander verwandt sind. Physisch gesehen ist der regressive Mensch, der sich auf die primitive Stufe zurückentwickelt, verschieden von dem Besitzer einer kleiner sensitiven Hand. Sein Körperbau neigt dazu, kräftige Muskeln zu haben und einen kleinen Kopf, während letzterer eher schwache Muskeln und einen großen Kopf besitzt. Beide Typen aber sind dysplastisch (mißgestaltet) und von verschiedenartigster Struktur. Man wird verstehen, daß bei einer solchen Handmischung der Mensch einen nicht zu berechnenden, nicht zu beschreibenden Körperbau hat. Infantilismus und Unbeständigkeit sind die wesentlichsten Charaktereigenschaften der beiden reinen Typen mit dem Ergebnis, daß diese Eigenheiten in der Verbindung noch besonders betont werden. Die Mentalität solcher Menschen ist ebensowenig faßbar wie seine äußere Erscheinung und auch sie könnte dysplastisch genannt werden.

VIII. Elementar ungleichmäßig mit sensitiv lang

Diese Verbindung ist eine höchst negative. Alle Arten endokriner Drüsenstörungen und Anormalitäten treten hier auf und die Stabilität der Nerven ist bei diesem Menschen äußerst zerbrechlich. Da die Vitalität im allgemeinen sehr schwach ist, besteht eine naturbedingte Tendenz zu häufigen körperlichen und nervlichen Zusammenbrüchen. Alle negativen Merkmale des schizoiden Temperaments werden in dieser Verbindung übertrieben. Die Mentalität ist verzerrt, da die Exzentrik der sensitiven schizoiden Person auf negativste Weise betont wird und ihre übertriebene Beeinflußbarkeit sich jeder vernünftigen Kritik und realistischen Weltanschauung entzieht.

IX. Motorisch fleischig mit motorisch knochig

Dies ist eine der bestmöglichen Handverbindungen. In der Regel geht sie mit einer ausgezeichneten Gesundheit und guter Ausgewogenheit der endokrinen Drüsentätigkeit zusammen. Der Stoffwechsel ist schneller als bei reinen Pyknikern, aber langsamer als bei einem Leptosomen mit Überfunktion der Schilddrüse.

Im Temperament verbindet sich Beständigkeit mit jener hitzigen Nervosität, die typisch für den Leptosomen ist und zu einem anziehenden Ausgleich zwischen innerer Ruhe und anmutiger Beweglichkeit führt. Die negativen Eigenschaften dieses sprunghaften und sensitiven Menschen werden von den eher soliden patriarchalischen Eigenschaften des pyknischen Typs neutralisiert. Langsamkeit, aber Tiefe des Denkens, die charakteristisch für den Pykniker ist, erhält durch diese Verbindung Lebendigkeit und Differenziertheit, während andererseits die Oberflächlichkeit und zeitweilig gefährliche Unbeständigkeit des Leptosomen durch die soliden Eigenschaften des Pyknikers Stabilität empfangen.

X. Motorisch knochig mit sensitiv klein

Diese seltene Mischung ist von großer psychologischer Bedeutung. Der Körperbau eines Menschen mit diesem gemischten Handtyp ist sehr anmutig, klein und zart, aber nicht zerbrechlich. Es besteht eine natürliche Verwandtschaft im Temperament des leptosomen und des asthenischen Typs. Diese verringert durch starke Vitalität und Antriebskraft die Gefahr von Nervenschwäche. Eine Neigung zur Exzentrik aber, die häufig beiden Typen zueigen ist, wird durch diese Verbindung noch besonders herausgestellt. Diese Mischung tritt bei einigen höchst anziehenden Menschen auf. Bei der intellektuellen oder phantasiebegabten Mentalität des Sensitiven, der zum infantilen Typ gehört, kommt noch eine ausgleichende Gabe der Beobachtung hinzu, während den mehr praktischen Begabungen des Leptosomen eine höhere Fähigkeit abstrakten Denkens hinzugefügt wird.

XI. Motorisch knochig mit sensitiv lang

Dies ist eine häufige Mischung und eine, in der es schwer fällt, die Elemente zu unterscheiden. Ein Mensch mit dieser gemischten Hand ist sicherlich weniger gesund als der Besitzer der rein motorischen knochigen Hand aber gesünder als jener der sensitiven langen. Überfunktion der Schilddrüse tritt häufig auf und reizbare Nervenschwäche wie Neurose sind typisch. Das Temperament ist eine Mischung aus zwei schizoiden Gruppen: aus der überempfindsamen und erregbaren, deren Reaktionen zu schnell sind und aus der kalten, nicht ansprechbaren, die zu wenig auf äußere Reize anwortet. Die Mentalität, die mit dieser Handmischung verbunden ist, neigt zu Phantasie, die mit Liebe zur Methodik und einem guten Sinn für Proportionen zusammengeht. Das Ziel einer solchen Mentalität liegt stärker in künsterlischen und abstrakten Bereichen als in praktischen und konkreten. Der Wirklichkeitssinn aber, der dem Besitzer einer langen sensitiven Hand so sehr fehlt, tritt hier hinzu und gibt Klarheit des Denkens und eine gewisse schöpferische Fähigkeit.

XII. Motorisch fleischig mit sensitiv klein

Wenn auch eher klein in seinem Körperbau, hat doch der Besitzer dieses gemischten Handtyps eine sehr vitale Konstitution. Sein Nervensystem ist wesentlich stabiler als das des Eigentümers einer rein sensitiven kleinen Hand, aber weniger solide als das eines Menschen, der eine motorische fleischige Hand hat. Die Mischung gehört zu einem gutgebauten Körper und allgemein guter Gesundheit. Die Verbindung des erregbaren und leicht neurasthenischen mit dem ruhigen und beständigen Temperament ist ausgezeichnet, da sowohl Elan wie Geschmeidigkeit vorhanden sind, die dem Pykniker abgehen. Dabei fehlt die Unbeständigkeit, die dem Nervösen zueigen ist. Ergebnis hiervon ist oft eine erstaunliche Antriebskraft und innere Geschmeidigkeit. Die Mentalität entspricht mehr dem intellektuellen Typ. Sie arbeitet mit Methode und Zusammenhang und entfaltet starke Organisationskräfte. Künstler, die diese gemischte Hand haben, sind unermüdlich in der Ausübung ihrer Talente. Zusammenfassend kann man sagen, daß dieser gemischte Typ durch eine methodische Intelligenz (im Gegensatz zu dem Besitzer der sensitiven kleinen Hand) und einen subtilen Verstand (im Gegensatz zu dem Besitzer einer rein motorischen fleischigen Hand) gekennzeichnet wird.

Das real in Erscheinung Tretende kann niemals ganz eingeordnet werden. Es gibt Hände, die aus mehr als zwei Elementen bestehen, ganz abgesehen von der Tatsache, daß es unmöglich ist, alle persönlichen Eigenheiten zu klassifizieren. Die in diesem Kapitel dargelegte Methode gibt dennoch dem Schüler die Fähigkeit, die wesentlichsten Merkmale des Menschen zu erfassen, dessen Hände er zu deuten sucht.

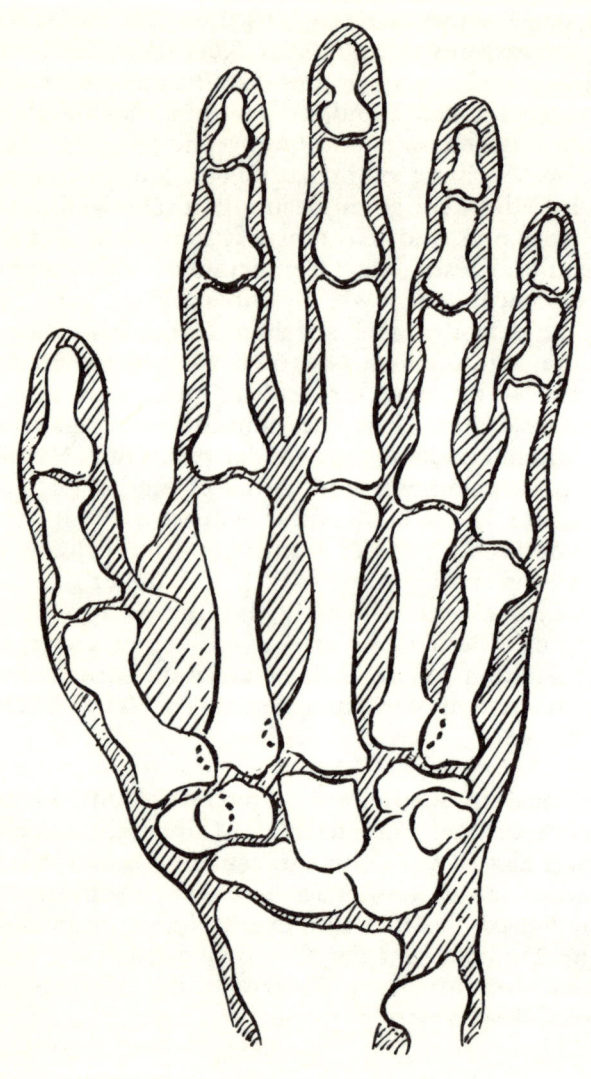

11 — Knochenbau der Handfläche

IV. Kapitel

TEILE DER HAND

Handfläche
Die Handfläche ist der ursprüngliche Teil der Hand. Im Lauf der Entwicklung wurde sie verkürzt, um mehr und mehr den Fingern Spielraum zu geben, die ihre höchste Beweglichkeit im Menschen erreichen.

Struktur der Handfläche (Abb. 11)
Das Skelett des Gelenks und des untersten Teils des Handrumpfs besteht aus einer Reihe von kleinen Knochen, die verschieden geformt und in einer mosaikartigen Weise mit den fünf schlanken Mittelhandknochen, den der Handfläche eigenen Knochen, verbunden sind. Diese Struktur ist die mechanische Grundlage aller Handbewegungen – der äußerst begrenzten Bewegungen der Mittelhandknochen und dem umfassenden Ausdehnungsbereich der Fingerbewegungen.

Der mittlere oder dritte Mittelhandknochen, der am wenigsten beweglich ist, bildet die Hauptachse der Handfläche. Er ist mit dem größten Knochen des Handgelenks dem »os capitatum« verbunden und dies veranlaßt seinen relativen Mangel an Beweglichkeit. Der Mittelhandknochen des Zeigefingers hat eine etwas weitere Bewegungsfreiheit. Seine Größe und relativ »gefestigte« Verbindung mit dem Handgelenk macht ihn sozusagen zu einer zweiten Achse der Handfläche. Die »mechanische« Rolle beider Mittelhandknochen besteht darin, daß sie dem Zeige- und Mittelfinger einen stabilen Halt geben.

Die Mittelhandknochen des Ring- und kleinen Fingers haben ein größeres Bewegungsfeld als jene von Zeige- und Mittelfinger. Dies kann man leicht an der eigenen Hand prüfen, wenn man den fünften Mittelhandknochen der linken Hand zwischen Daumen und

Zeigefinger der rechten nimmt: Man kann den Knochen leicht nach oben und unten bewegen. Das gleiche kann, wenn auch in etwas gerigerem Maße, mit dem vierten Mittelhandknochen geschehen; beim zweiten und dritten aber ist es unmöglich. Aus diesem Grund kann sich mit Hilfe einer Bewegung, die den »Hohlraum« im Handinneren entstehen läßt, die ulnare Seite der Handfläche der radialen nähern.

Daß der Mittelhandknochen des Daumens die höchste Beweglichkeit hat, ist offensichtlich, daß es keiner weiteren Erwähnung bedarf.

Der Mechanismus von Handfläche und Fingern befähigt uns, die Hand in eine aktive und eine passive Seite einzuteilen. Die aktive umfaßt den Daumen, den Zeigefinger und Mittelfinger und die Teile der Handfläche, die zu diesen gehören. Die passive Seite umfaßt das übrige: den vierten und fünften Finger und die darunter liegende Handfläche. Wenn man an typische Tätigkeiten denkt wie Schreiben, Zeichnen, Säen, Essen, Rauchen, dann erkennt man, daß es weithin die aktive Seite der Hand ist, die diese Aktionen ausführt.

Die Rolle der passiven Seite ist Unterstützung und Halten des Gleichgewichts. Die aktive Seite schließt in sich die Zonen des Ichs, des Bewußtseins und des sozialen Verhaltens. Die passive Seite umfaßt die Bereiche der Phantasie und des Unbewußten.

Die Muskeln der Handfläche

Die Muskeln der Handfläche sind in zwei Hauptgruppen einzuteilen: in die des Daumens, wobei ein dickes Bündel die Thenar-Erhöhung bildet und in die des kleinen Fingers, die die entgegengesetzte Hypothenar-Erhöhung formt. Der Bereich der Mittelfingerknochen zwischen diesen beiden Seiten hat nicht so starke Muskeln, da er nur die Gruppe einschließt, die als Zwischenknochen oder wurmähnlicher Muskel bekannt ist und auf die ersten Fingerglieder Einfluß hat (Wurzelphalange).

Die Knochen und Muskeln der Thenar- und Hypo-thenar-Erhöhungen sind zuständig für die Beweglich-keit des Daumens und des kleinen Fingers. Es ist inte-ressant festzustellen, daß beide beträchtlichen Verände-rungen unterworfen und bei Degenerierten oft defor-miert sind.

Gewöhnlich sind Muskeln der Handfläche Beugungs-muskeln, jene des Handrückens Streckmuskeln. Je wei-ter sich die Hand von ihrer ursprünglichen Funk-tion, der Fortbewegung, entwickelt hat, um so wert-loser wurden die Streckmuskeln. In der menschlichen Hand ist ihre Aufgabe nur wenig mehr als die Gegen-bewegung zu den Beugemuskeln. Vorwärtsbewe-gungen werden zuerst von den Beugemuskeln veran-laßt, Rückziehbewegungen von den Streckmuskeln.

Im allgemeinen entsprechen Vorwärtsbewegungen den positiven Impulsen und sind mit einem Gefühl von Leichtigkeit und Ausweitung verbunden, wäh-rend Bewegungen des Rückzugs mit Hemmungen und Zurückgezogenheit zusammengehen. Gewohnheits-mäßige Gebärden des Rückzugs zeigen deshalb einen stark hemmenden Mechanismus: Anspannung und Schwere. Natürliche Stellungen der Ruhe weisen auf Entspannung und Wohlbehagen hin. Wenn diese Ei-genschaften aber zur Gewohnheit werden, deuten sie emotionale Schwäche und Gefühlsarmut – ein »träges Herz« – an.

Die Blutzufuhr zur Handfläche

Die Blutzufuhr zur Handfläche ist kunstvoll aus-gedehnt. Arterien-Bogen, die durch die ineinander ge-flochtenen Endzweige der radialen und ulnaren Ar-terien gebildet werden, durchkreuzen sie und enden in den tiefen und den an der Oberfläche liegenden Mus-keln der Innenhand. Aus diesen Bogen entspringen die Arterien der Finger, die im feinen Kapillarnetzwerk der Fingerspitzen enden. Die Zirkulation der Venen ge-hört zu dem gleichen Netz. Sie verbindet sich mit dem

Arteriensystem in dem Kapillarnetz und bildet ein Blutsystem unter den Nägeln, durch das die Wirkstoffe des Stoffwechsels den radialen und ulnaren Venen, und durch diese, den großen Venen zugeführt werden.

Die Nervenzufuhr zur Handfläche

Die Nerven des Armgeflechts beleben die Hand und bringen den ganzen Mechanismus in Tätigkeit. Der radiale Nerv (motorisch und sensibel) ist der Hauptnerv der Streckmuskel-Gruppe. Er wirkt auf der Rückseite der Hand und kontrolliert die Bewegungen des Daumens und einen Teil des Zeige- und Mittelfingers. Er spielt aber nur eine geringe Rolle bei der Empfindung der Hand, die von den Nerven an der Peripherie der Handfläche im mittleren und ulnaren Bereich wahrgenommen werden.

Der mittlere Nervenstrang übt seine Wirkung auf die ganze radiale Seite aus (die Thenar-Erhöhung und den Raum unterhalb des Zeigefingers) ebenso auf die Handfläche der Mitte (den Raum unterhalb des Mittelfingers und die Hälfte des Bereiches unter dem Ringfinger): auf die Zonen, die ich jene des Bewußtseins und des Ichs genannt habe. Derselbe Nerv belebt auch die Finger, die zu diesen Bereichen gehören, die Handflächenseite des Daumens, den Zeigefinger, den Mittelfinger und einen Teil des Ringfingers. Der mittlere Nerv ist der umfassendste der drei Nerven der Hand. Neben seinen motorischen Fasern, die Muskeln und Blutgefäße versorgen, hat er sensorische, die besetzt sind von Paccini'schen Tastkörperchen (dem Mechanismus des Tastsinnes). Er speist alle Funktionen der Empfindung: z. B. den Tastsinn, das Gefühl für Temperatur und Schmerz, den Orientierungssinn, das Gefühl der Empfindlichkeit und den Sinn der Unterscheidung selbständiger Gegenstände (protophatische Sensibilität).

Der ulnare (Ellen-) Nerv ist auf der Ulnarseite des Ringfingers über den ganzen fünften Finger und über den Teil der Handfläche verteilt, der zu diesen gehört. Es ist der Bereich, den ich Zone der Phantasie und des Unbewußten genannt habe. Der ulnare Nerv versorgt alle Formen der Empfindung. Da er aber weniger Paccini'sche Körperteilchen hat als der mittlere, ist er für eine weniger genaue und unterscheidende Empfindsamkeit verantwortlich.

Krankheit oder Verletzung einer der drei Nerven, vor allem aber des mittleren und ulnaren, bringen beträchtliche Veränderungen in der Empfindungsfähigkeit, der Beweglichkeit, der Form und Physiognomie der Hand hervor, die der Persönlichkeit sichtbar schaden. Die ausdrucksvolle Sprache der Hand geht verloren und der Rhythmus ihrer Gestik wird unterbrochen und gestört. Der Verstand erleidet mehr oder weniger ernsthafte Veränderungen, wenn seine Verbindung mit der Außenwelt gehemmt oder verunstaltet wird; die Kräfte des Denkens und der Phantasie verarmen und die Emotionen, denen nun eine ihrer stärksten Ausdrucksmöglichkeiten fehlt, stauen sich. Alle diese Symptome werden bei Amputationen verstärkt, wenn der Verlust der Hand den Arm seines sensitivsten Gliedes beraubt und ihn, wie ein totes Stück Holz, zurückläßt.

Formen der Handfläche

Es gibt vier Hauptformen der Handfläche (vgl. Abb. 12):

1. Die Handfläche mit der verlängerten Hypothenar-Erhöhung.
2. Die Handfläche mit dem betonten Wurzelbereich.
3. Die Handfläche mit dem betonten mittleren Teil.
4. Die Handfläche mit dem betonten oberen Teil.

1. Eine verlängerte Hypothenar-Erhöhung wird bei Menschenaffen und schwanzlosen Affen gefunden. Bei beiden grenzt eine tiefe Faltenlinie diesen Bereich von der übrigen Handfläche ab. Beim Menschen hängt eine

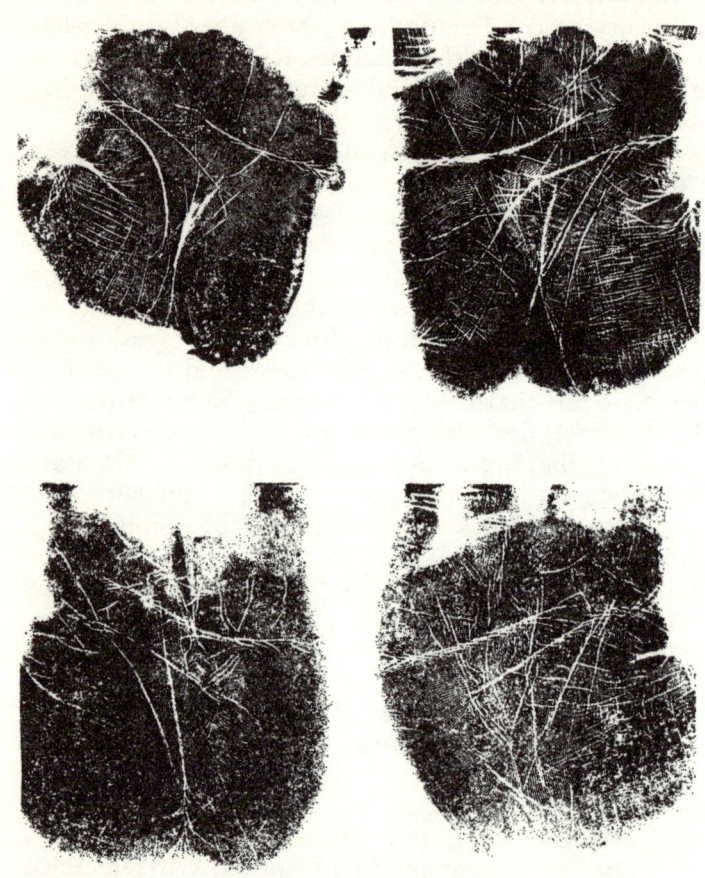

12 — Die vier Hauptformen der Handfläche
li. oben: Betonte Hypothenar-Erhöhung
li. unten: Betonter Wurzelbereich
re. oben: Betonter Bereich unter den Fingern
re. unten: Betonter Mittelbereich

verlängerte Hypothenar-Erhöhung immer mit primitivem Denken und – wie der chiromantische Name »Mondberg« besagt – mit einer starken Phantasie zusammen. Wenn die Hypothenar-Erhöhung in Länge wie Breite ungewöhnlich stark hervortritt, wie dies häufig sowohl in der kleinen wie in der langen sensitiven Hand der Fall ist, dann hat der Bereich des Unbewußten und der Phantasie die Vorherrschaft. Dies zeigt einen Menschen, der, von seinem Unbewußten beherrscht, Opfer seiner Einbildungskraft wird. Es ist leicht möglich, daß ein Mensch mit westlicher Bildung, der eine solche psychische Konstitution besitzt, zu Angstneurosen neigt oder ein hysterischer Typ ist. Denn inmitten einer auf Logik aufgebauten Zivilisation lebt dieser Mensch wie ein Primitiver in einer vorlogischen Welt.

2. Der untere Bereich hat keine sichtbare Demarkationslinie. Seine Begrenzung ist eine vorgestellte. Er beginnt beim Einschnitt des Daumens und läuft gerade durch die Handfläche. Dieser Bereich schließt die Thenar- und Hypothenar-Erhöhungen ein (den Venus- und Mondberg). Ich habe diesen Teil in meinem Buch »Studies on Hand-Reading« die »Zone der Triebregungen« genannt. In elementaren und motorisch fleischigen Händen ist die Thenar-Erhöhung immer gut entwickelt; in sensitiven, die meist bei intellektuellen und nervösen Menschen gefunden werden, ist sie viel weniger ausgeprägt. Eine starke Thenar-Erhöhung mit einer tief einschneidenden Begrenzungslinie (in der Chiromantie: Lebenslinie) läßt einen energischen Menschen erkennen, dessen Tätigkeiten eher körperlicher als intellektueller Art sind.

Eine hervortretende Hypothenar-Erhöhung zeigt einen Menschen an, der seinen Impulsen folgt, ohne diese Kritik oder willentlicher Kontrolle zu unterwerfen. Wenn beide Erhöhungen auffallend entwickelt sind, kennzeichnen sie Menschen von unmittelbarem Verhalten, starker Triebkraft und großer Phantasie, die von beweglicher und energischer Natur sind. Ihre Handlungen werden mehr von Intuition als von Vernunft bestimmt. Die Schwäche solcher Menschen ist ihr tief eingewurzelter Egoismus. Die herrschende Triebfeder ihres Lebens ist die Befriedigung sinnlichen und ehrgeizigen Verlangens.

3. Der Mittelbereich der Handfläche, durch die der Außenrand (in der Chiromantie als Marsberg bekannt) oval geformt ist, tritt meistens in elementaren und motorisch fleischigen Händen hervor. Die Muskeln, die den Marsberg bilden, entwickeln sich auffallend bei pyknischen und athletischen Menschen, vor allem bei jenen, deren Tätigkeit ebenso Greifbewegungen wie eine handwerkliche oder sportliche Aktivität erfordern, die auf der Biegung der Finger beruhen. In solchen Händen ist auch, wie zu erwarten, die Thenar-Erhöhung sehr stark entwickelt. Diese Handflächenform ist typisch für Sportler und tritt im allgemeinen auch bei Bauern, Arbeitern der verschiedensten Berufe und bei Soldaten auf. Findet man diese bei Intellektuellen, dann zeigt sie den aktiven Typ an, nicht jenen, der hinter einem Schreibtisch sitzt, sondern einen Menschen, der auf Außendienst geht und eine starke Antriebskraft besitzt.

In jeder Gesellschaftsschicht finden sich Menschen mit dieser Handform. Sie verfügen über praktische Intelligenz, haben im allgemeinen einen gesunden Menschenverstand und besitzen Ausgeglichenheit und stabiles Temperament. Ein »sportlicher Charakter« vereint sich mit sachlichem Urteilsvermögen, einem Sinn für Realität und Selbstzucht. Diese schließen die Fähigkeit ein, schnelle und geeignete Entscheidungen zu treffen.

Eine solche klare Charakterisierung bezieht sich nur auf Hände des rein elementaren oder motorisch fleischigen Typs. Bei den verschiedensten Mischungen, an denen diese zwei Handtypen teilhaben, verändert die Deutung eines erhöhten Schlagrandes sich entsprechend dem Einfluß, den die beigemischten Elemente auf die beschriebenen Eigenschaften ausüben. In einer Hand, z. B. mit einer fleischigen Handfläche aber mit langen, spitzzulaufenden Fingern schwächen Empfangsbereitschaft und Neigung zur Kontemplation leicht die einfachen Bestrebungen des »reinen« Pyknikers ab. Es darf nicht vergessen werden, daß der Typ des Sportlers nicht den »Star«-Athleten mit umfaßt. Seine Handfläche hat die gleiche ovale Form, aber in der Regel ist diese übertrieben und die Thenar-Erhöhung gewöhnlich überentwickelt. Dies bedeutet, daß physische und geistige Ausgeglichenheit, die bei dem Pykniker deutlich in Erscheinung treten, gestört sind.

4. Die Handfläche mit einem betonten oberen Bereich erinnert an ein Trapezoid, dessen obere Seite die längste ist, während der Außenrand unter dem fünften Finger hervortritt. Diese Form wird am häufigsten in sensitiven kleinen Händen gefunden; sie unterscheidet sich ausgesprochen von der motorischen Handfläche. Eine der Begleiterscheinungen dieser Hand ist ihre Beweglichkeit. Es ist die Hand, die im allgemeinen für »intelligent« gehalten wird, da ihre Bewegungen subtil und anmutig sind.

Die Chiromantie nennt die Erhöhung unter dem kleinen Finger »Merkurberg«. Die Bedeutung dieses Kennzeichens bedarf kaum einer Beschreibung. Denn, ganz abgesehen von der Chiromantie, steht das Wort »merkurial« für einen bestimmten Charaktertyp. Dieser zeigt körperliche wie geistige Gewandtheit, einen gewissen Infantilismus und moralische Unbeständigkeit. »Diplomaten«, »schlaue Lügner«, eine bestimmte Art von Schauspielern und Tänzern, selbst Journalisten könnten »merkurial« genannt werden. Es sind nicht alle, aber bestimmt jene, die als typische Vertreter dieser Gruppen auffallen. Diese Form der Handfläche, die meist in kleinen sensitiven Händen gefunden wird, entspricht einer lebendigen und empfindsamen Persönlichkeit, die mehr von nervlicher Energie als körperlicher Stärke getragen wird.

Der Daumen

Natürlich ist der Daumen ein Finger, aber seine Entwicklung beim Menschen ist so eigenständig, daß ich ihn lieber gesondert behandeln möchte. Er hat auch tatsächlich seit Beginn der Handstudien einen besonderen Platz eingenommen.

Der Daumen trägt die Schlüsselstellung der Hand. Durch seinen winkelförmigen Einschnitt und die sich daraus ergebende Beweglichkeit erleben die Menschen die dreidimensionale Form der Gegenstände und sind dadurch fähig, die Entfernung zwischen zwei Punkten zu beurteilen, eine Fähigkeit, die allen unseren Kenntnissen vom Raum zugrunde liegt. Der Daumen kann mit jedem einzelnen oder mit allen Fingern zusammenarbeiten und seine Form und Beweglichkeit beherrscht das Aussehen der ganzen Hand. Er kann mit Recht der menschlichste Finger genannt werden, denn er erreicht beim Menschen durchaus einen höheren Entwicklungsgrad als bei Menschen- und anderen Affen, deren Daumen meist kleine Stumpen sind, die auf gleicher Ebene arbeiten wie die anderen Finger. Ich habe die »Hände« vieler Affenarten in aller Welt untersucht und nur beim braunen Rollschwanzaffen einen Daumen gefunden, der dem eines Menschen ähnelt. Die Hand dieses kleinen Geschöpfes wird auf Abb. 13, Mitte, gezeigt und man könnte diesen Abdruck für eine vollkommen ausgebildete Miniatur-Menschenhand halten, wäre nicht die verlängerte und hakenförmige Hypothenar-Erhöhung, die die niedrigere tierische Natur verrät, vorhanden. Der menschliche Daumen ist dem des primitiven Affen ähnlicher als dem des Menschenaffen. Einige Degenerierte zeigen einen Rückschritt sowohl zur affenartigen Form wie zum affenartigen Einschnitt des Daumens. Diese Eigentümlichkeit habe ich in Fällen von Schwachsinn niederen Grades und ebenso bei Idioten gefunden. Der dem Menschen eigene Einschnitt und die Muskulatur des Daumens sichern seine besondere Beweglichkeit, die mit dem Sinn der Identität wie mit dem Grad an Kontakt für die Umwelt zusammenhängt.

Bewegliche Daumen entsprechen geschickter Anpassungsfähigkeit, die Tugend wie Laster sein kann. Eine gewisse Quantität bringt harmonischen Kontakt mit der Umgebung, zuviel macht den Menschen durch entgegengesetzte Einflüsse schwankend. Er wird leicht von anderen ausgenutzt. Außergewöhnlich bewegliche Daumen treten sehr häufig in kleinen sensitiven Händen auf. Sie gehören zu nervösen Menschen, die sehr aufnahmefähig für andere sind und für die eine harmonische Umwelt eine Notwendigkeit bedeutet.

Der Gegensatz: Ein steifer oder relativ unbeweglicher Daumen wird meist in elementaren Händen beider Typen gefunden. Mittelmäßige Beweglichkeit ist der motorisch fleischigen Hand und in geringerem Maße der motorisch knochigen zu eigen. Letztere ist die wünschenswerteste, weil sie den rechten Ausgleich zwischen erfolgreichen und harmonischen Kontakten mit anderen und eigener innerer Stabilität erkennen läßt, die vor der Gefahr schützt, von anderen überwältigt zu werden.

Steife Daumen, die meist in elementaren Händen gefunden werden, begleiten eine begrenzte Mentalität, die neuen Ideen verschlossen ist. Sie gehören zu jener engen Welt, die typisch ist für elementare und einfache Menschen, die aber häufig Ausgeglichenheit und Unabhängigkeit entfalten (vgl. einige Bauern). Wenn die Steifheit in eine relative Unbeweglichkeit ausartet, wie dies bei einer gewissen Anzahl elementarer ungleichmäßiger Hände der Fall ist, wird der Mensch mehr oder weniger vom Umgang mit anderen abgesondert sein und ein isoliertes Leben führen. Dieser Zustand, der mit Sicherheit auf eine beschränkte und dumpfe Mentalität schließen läßt, tritt häufig bei schwachsinnigen Menschen auf. Die Ausdruckfähigkeit des Daumens steht in genauem Verhältnis zu seiner Beweglichkeit. In dieser Hinsicht überragt er alle anderen Finger. Diese Eigenschaft verleiht ihm Vorrang in Haltung und Gestik der Hand. Manche von diesen haben eine bestimmte psychologische Bedeutung, wie z. B. eine zusammengepreßte Faust mit ausgestrecktem Daumen, die charakteristisch ist für Menschen, die an Hemmungen leiden und sich darin erschöpfen, gegen diese anzukämpfen oder sie zu verbergen suchen. Es ist ein Zeichen von Verkrampfung bei einem hysterischen oder exhibitionistischen Typ.

Der Daumen, der in der Faust verborgen wird, ist Merkmal eines Zurückgehens in das Kleinkindalter. Es verrät eine tiefe innere Mattigkeit, den Wunsch, den Kampf aufzugeben und sich in die Geborgenheit und Behaglichkeit der Kindheit zurückzuziehen. Während dies eine Haltung der Resignation ist, zeigen Hände, die fest zusammengepreßt sind – eine über der anderen –, dabei aber die Daumen versteckt in den Handflächen halten, einen Zustand akuter Angst, der Depressiven und Melancholikern eigen ist.

Diese Haltungen beziehen sich auf anormale Geisteszustände, die mit einem übersteigerten Selbstbewußtsein oder mit völligem Zusammenbruch der Persönlichkeit und des Willens zusammenhängen. Andere Daumenstellungen aber sind ebenso aufschlußreich. Was drückt die Stellung des »Daumens nach oben« anderes aus als freudige Entschlossenheit, Bewußtsein der Überlegenheit, Vertrauen in den eigenen Weg, in den eigenen Erfolg, der sich niemals dem Weg und dem Willen eines anderen unterwerfen muß? Wie schon erwähnt, drückten die Zuschauer bei den römischen Gladiatorenspielen ihren Willen, daß der erfolglose Kämpfer leben bleiben durfte, durch den erhobenen Daumen aus oder bezeichneten seinen Tod durch die Gebärde des nach unten gerichteten Daumens.

Die christliche Gemeinschaft der Benediktiner pflegte in ihrer Zeichensprache den Tod durch das Legen eines Fingers über den Daumen auszudrücken, wodurch sie diesen mit dem Ich und dem Willen identifizierten. Bestimmte symbolische Handlungen und Ausdrucksweisen geben dem Daumen ähnliche Bedeutung.

In zurückliegenden Zeiten der chinesischen Geschichte wurde der Daumenabdruck als Siegel benutzt, um zu beweisen, daß das Dokument oder die Urkunde, dem dieses Siegel aufgedrückt wurde, dem Willen des Unterzeichnenden entsprach.

Wenn wir mitleidsvoll von einem Menschen sprechen, der »unter dem Daumen« eines anderen steht, meinen wir, daß er dem Willen des anderen unterworfen ist.

Diese Beispiele bezeugen, daß man instinktiv eine Verbindung zwischen Daumen und Willen annimmt; diese intuitive Assoziation wird auch von einer logischen unterstützt: Der Daumen ist, wie ich gezeigt habe, ein nur dem Menschen zugehörender Teil der Hand und persönlicher oder freier Wille ist die besondere Eigenschaft des menschlichen Geistes.

Länge des Daumens

Die Form des Daumens wird durch physiologische Ursachen bestimmt. In elementaren und motorischen fleischigen Händen ist der Daumen gewöhnlich groß, dick und kraftvoll; in motorischen knochigen lang und anmutig; in sensitiven Händen ist er klein, schlank und oft überbiegsam. Messungen des Daumens hängen vom Handtyp ab, zu dem dieser Finger gehört. Im allgemeinen aber läßt sich sagen, daß ein kurzer Daumen nicht die Hälfte des untersten Gliedes des Zeigefingers erreicht. Ein langer Daumen erreicht einen Zentimeter oder mehr über dieser Stelle. Vom Daumen können ebensowenig wie von einem anderen gesonderten Teil der Hand absolute Schlüsse gezogen werden. Unverändert beherrscht die Art der Hand, in der ein bestimmter Daumen auftritt, seine Aussage, so daß ein Daumen, der nicht zu seiner Hand paßt, eine abweichende Bedeutung hat. Ein kurzer schlanker Daumen in einer motorischen Hand zeigt ausgeprägte Willensschwäche, die im Gegensatz zu einem kräftigen Körperbau und starken Trieben steht. In einer sensitiven Hand enthüllt ein mächtiger Daumen eine überraschende Charakterstärke und Willenskraft bei einem Menschen von nervöser Konstitution.

D'Arpentigny, der das Wort »Chirognomie als Deutung für die Form der Hand statt der Chiromantie setzte, legte großen Wert auf die Bedeutung des Daumens als Zeichen für Talent oder Genie. Er stellte fest, daß bedeutende Menschen große Daumen haben und nannte Voltaire, dessen Daumengröße berühmt war. Der Zeitgenosse von d'Arpentigny, Desbarolles, kommt der Wahrheit näher. Auch er verbindet Länge und Form des Daumens mit der Willenskraft und unterstreicht, daß bestimmte Typen bedeutender Menschen große Daumen haben. Vor allem diejenigen, die einen direkten oder aktiven Anteil am menschlichen Geschehen nehmen, die wirklichen Reformer, jene, die sich durch die Ausdauer ihrer Fähigkeit im Kampf für die Höherentwicklung der Menschheit auszeichnen. Unter politischen Reformern erwähnt er Danton und St. Simon, unter Reformern der Philosophie Descartes, Newton und Leibnitz, die alle berühmt für ihren Daumen waren. Auf der anderen Seite berichtet er uns, daß große Künstler häufig schmale Daumen mit einem betont kurzen oberen Glied haben. Als Beispiel hierfür erwähnt er Dürer (den er einen naiven Künstler nennt und der von seiner Frau tyrannisiert wurde), Shakespeare und Montaigne. Es gibt keine Berichte, nach denen man diese Feststellung erhärten kann, mit Ausnahme von Dürer, in dessen berühmtem Selbstbildnis der Daumen genau der Beschreibung entspricht.

Ich kann die immer wiederholte Feststellung der Handleser nicht als Aberglauben verwerfen, daß Länge und Form des Daumens mit der Kraft der Persönlichkeit ganz allgemein und im besonderen mit dem Willen in Beziehung stehen, denn ich bin zu derselben Schlußfolgerung aufgrund von theoretischen Beweisen und der Auslegung bestimmter typischer Gesten gekommen. Gleiche Ergebnisse von Handlesekunst und Handpsychologie sind von besonderem Interesse. So habe ich, um sowohl die chiromantische Annahme als auch meine eigene Theorie über die Entsprechung zwischen Daumen und Willenskraft zu prüfen, eine statistische Untersuchung von 89 berühmten Männern – Schriftstellern, Malern, Musikern und Wissenschaftlern – durchgeführt, von denen viele internationalen Ruf haben. Ich fand bei 75 % normal lange Daumen, bei 10 % einen langen und bei 15 % einen zu kurzen Daumen. Die vorwiegend intellektuellen Schriftsteller wie Aldous Huxley, Gerald Heard, und eine Anzahl von Wissenschaftlern hatten Daumen mit normaler Länge und einem dünnen Endglied. Zu denjenigen, die einen überlangen Daumen mit einer breiten knolligen obersten Phalanx hatten, gehörten die Schriftsteller Antoine de Saint-Exupéry (vgl. Abb. 13, oben) und der Wissenschaftler Professor Henri Wallon, die beide besondere Willenskraft und Initiative besaßen. Ersterer ist gleicherweise bekannt für seine weiten Flüge wie für seine Bücher, letzterer hat ebensoviel für die Verbesserung sozialer Bedingungen wie für den Fortschritt der Psychologie getan. Der Daumen des einzigartigen Nijinsky ist viel zu klein (vgl. Abb. 13, unten), ebenso jener des Komponisten Maurice Ravel. Von beiden weiß man, daß sie nicht fähig waren ihren »Mann zu stehen« und deshalb in fast kindlicher Weise von anderen abhingen. Diese statistische Untersuchung erwies, daß Länge des Daumens wie Form des Endgliedes mit der Willenskraft in Beziehung stehen, in keiner Weise aber mit der Intelligenz.

Dies wird von meiner Beobachtung bestätigt, daß bei Geistesschwachen sowohl zu lange wie zu kurze

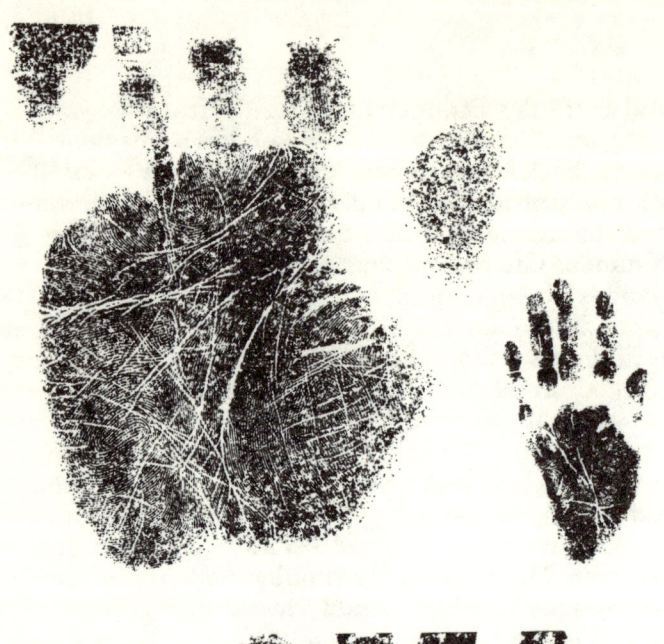

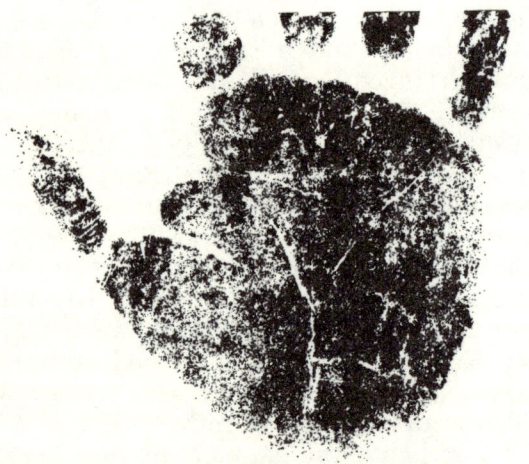

13 — Form und Länge des Daumens
oben: langer keulenförmiger Daumen des
Fliegers und Schriftstellers St. Exupéry
Mitte: »menschenähnliche« Daumen eines
braunen Kapuzineräffchens
unten: anormaler kleiner degenerierter
Daumen des Tänzers Nijinsky

Daumen vorhanden und diese häufig plump und starr sind.

Solche Deutung bezieht sich natürlich nicht nur auf die begabten und außergewöhnlichen Menschen, sondern auch auf die durchschnittlichen hinsichtlich ihrer moralischen und geistigen Fähigkeiten.

Die Wurzelphalanx

Die Wurzelphalanx (das unterste Daumenglied) verbindet die Thenar-Erhöhung, die den Mittelknochen des Daumens umgibt, mit dessen oberstem Glied. Die Thenar-Erhöhung stellt natürliche Antriebskraft und Fülle an Triebvermögen dar; das oberste Glied den Grad an bewußter Energie. Es ist deshalb eine verständliche Annahme, daß das Wurzelglied des Daumens ein Reservoir an latenter Energie darstellt, die Reservekraft über die wir jeden Augenblick im Kampf um unsere Selbstbehauptung verfügen können.

Ein Daumen mit einem kurzen starken Wurzelglied gehört natürlicher Weise zu elementaren und motorischen fleischigen Händen, in denen er einige der Haupteigenschaften des Pyknikers unterstreicht, wie etwa Geduld, Durchhalten und Beständigkeit. Ein gleich kurzes und dickes unteres Daumenglied aber in einer sensitiven Hand würde ganz andere Eigenschaften ausdrücken. Es wäre eine unerwartete und nicht typische Form und ließe erkennen, daß ungewöhnliche Kraft und Zurückhaltung vorhanden sind. Man könnte sogar so weit gehen, diese Daumenbildung in der sensitiven Hand mit einem starken Überlegenheitsgefühl zu verbinden. Das Wurzelglied in motorischen knochigen Händen ist im allgemeinen länger, dünner und taillenförmig. Chirognomiker haben dieser Form des Daumens, unabhängig vom Handtyp, in dem er gefunden wird, Eigenschaften wie Impulsivität und Mangel an Ausdauer zugeschrieben, die charakteristisch sind für den leptosomen Vertreter der schizoiden Temperament-Gruppe.

In der sensitiven Hand einer infantilen und asthenischen Person finden wir die gleiche Form der Wurzelphalanx, doch mit einer zerbrechlicheren Knochenstruktur. Hier begegnen wir ähnlichen Charaktereigenschaften, die aber durch eine zögernde Verhaltensweise hervorgehoben werden. Elementare unregelmäßige Hände weisen sehr häufig mißgestaltete Daumen auf, die Degeneration anzeigen. Solche Merkmale neigen aber eher dazu, an dem obersten als an dem Wurzelglied aufzutreten, das in diesem unförmigen Handtyp sehr verschiedenartig ist. Die psychologische Bedeutung des Wurzelgliedes ist am besten, wenn dieses kurz und dick ist, am schlechtesten bei Kürze und Schmalheit. Ersteres entspricht genügend Energie und Antriebskraft und einer solideren inneren Widerstandsfähigkeit als dies bei dem schizoiden infantilen Menschen vorauszusetzen ist, dem eine solche Hand gewöhnlich angehört. Die zweite Form bedeutet das Gegenteil: Mangel an Energie und innerer Widerstandskraft und eine kindliche Abhängigkeit vom anderen.

Die Endphalanx

Das oberste Glied des Daumens kann als Schaltstelle bezeichnet werden, die die vorhandene ungeformte latente Energie in bewußte umwandelt. Die Endglieder sind Werkzeuge für den Tastsinn und als solche stark mit dem Bewußtsein verbunden. Während die Fingerspitzen den Grad des bewußten Denkens darstellen, drückt das oberste Glied des Daumens den Grad der bewußten Energie aus.

Die kurze verdickte Daumenform – als wäre die Spitze abgestumpft – tritt am deutlichsten bei Mongoloiden und anderen Geistesschwachen in Erscheinung. Eine sehr ähnliche häßliche »Tierform« wird häufig in elementaren unregelmäßigen Händen gefunden. Es ist immer ein Zeichen für degenerative Anlagen und unvernünftiges Verhalten, vor allem für Mangel an Selbstbeherrschung. In solchen primitiven Daumen ist das Gelenk sehr steif, als wäre der Finger aus einem Stück Holz gemacht. Die beschränkte Beweglichkeit entspricht einer geistigen Unbeweglichkeit.

Ein kurz, aber gut geformtes oberstes Glied ist gewöhnlich in elementaren einfachen und häufig in motorischen fleischigen Händen anzutreffen. Es gehört auch zu Mischtypen dieser beiden Handformen. Das Gleichgewicht zwischen vitaler und bewußter Energie, die diese Daumenendung anzeigt, stammt aus geradlinigen und entschiedenen Handlungen. Weder zu stark hemmende noch zu gewaltige Reaktionen stören die klare Sicht und Entschlossenheit.

Ein langes dickes Endglied, das bei einem Teil der motorischen fleischigen Hände auftritt, zeigt einen autoritativen und unternehmenden Menschen an. Die gleiche Form tritt selten in sensitiven Händen auf, in denen sie eine besondere Bedeutung hat: eine kraftvolle und beherrschende Haltung anderen gegenüber.

Eine lange dünne Endphalanx hängt mit einer diplomatischen Anpassung an wechselnde Umstände und mit einem gewissen Opportunismus zusammen. Wie diese Eigenschaften vermuten lassen, gehören sie zu motorischen knochigen Händen.

Ein kurzes schlankes oberstes Glied läßt den Daumen abgeflacht erscheinen. Es gehört zu sensitiven Händen und ist mit der Tendenz verbunden, eher intuitive als rationale Entscheidungen zu treffen. Solche Menschen neigen mehr dazu, Befehle zu empfangen, als zu geben. Diese Form der Endphalanx läßt sich immer weit nach hinten biegen und der Daumen, an dem sie gefunden wird, ist häufig übertrieben gelenkig. Beide Merkmale sind typisch für Beeindruckbarkeit und schwache Willenskraft. Übertriebene Kleinheit und Flachheit des obersten Gliedes zeigen eine überstarke Beeinflußbarkeit an.

Eine kurze, spitz zulaufende Phalanx, das Extrem des vorangehenden Typs, wird sehr selten und nur bei degenerierten Händen gefunden. Ich sah dies häufig bei Geisteskranken und Neurotikern schwacher Mentalität, die unter völligem Mangel an Persönlichkeitsbewußtsein und Willenskraft litten.

Die Finger

Die Finger sind Werkzeuge des Tastsinns und Mittel, mit deren Hilfe wir viele unserer Informationen aus der Außenwelt empfangen. Als solche sind sie einbezogen in die höchsten Funktionen des Menschen: Erkenntnis und Denken. Sie nehmen eine bedeutsame Stellung in der Entwicklung des Menschen' ein wie ihre Länge und die Entwicklung komplexer und verschiedenartiger Muster von Papillarfurchen erkennen lassen. Neben ihrem stark differenzierten Tastsinn, der die Menschenfinger von den Fingern des Menschenaffen unterscheidet, besitzen sie noch einen hohen Grad an Beweglichkeit, der ihnen allein eigentümlich ist. Ihre dreifache Gliederung und ihre unterschiedliche Länge befähigen sie, eine reiche Vielfalt von Bewegungen auszuführen. Sie sind Werkzeuge, die Gedanken und Impulsen sichtbaren Ausdruck verleihen.

Länge der Finger

Die relative Länge der individuellen Finger wurde schon im dritten Kapitel beschrieben, aber es lohnt, sie hier noch einmal zu wiederholen. Der Mittelfinger, der am stabilsten ist, entspricht in normalen Fällen etwa der halben Länge der ganzen Hand. Der Zeigefinger ist verschiedenartiger. Gewöhnlich ist er kürzer als der Ringfinger und wird für unnormal kurz gehalten, wenn er nicht die Hälfte des Endglieds des Mittelfingers erreicht. Die Länge des Ringfingers ist weniger leicht zu bestimmen. Manchmal ist er so lang wie der Zeigefinger, im allgemeinen ist er länger. Ein normal langer fünfter Finger erreicht das Gelenk des obersten Ringfingerglieds.

Nach Carus steht im allgemeinen die Länge der Finger in Beziehung zu der Entwicklung des Intellekts.

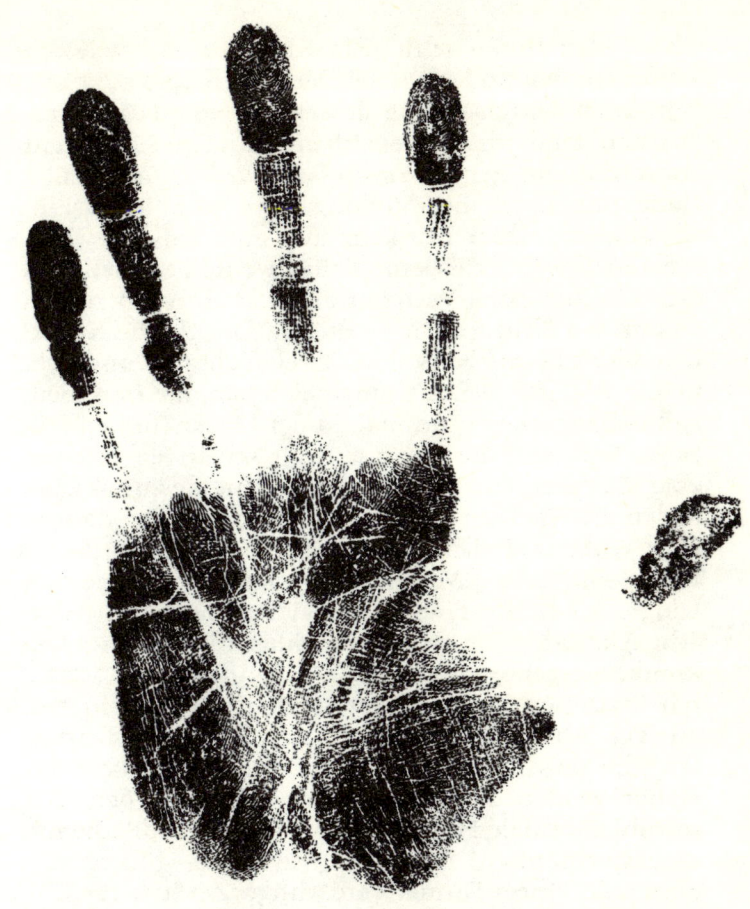

14 — Länge der Finger
Anormal lange Finger einer Nonne

Unnormal lange Finger gehen zusammen mit einem
zu abstrakten Intellekt, der auf Kosten von Vitalität
und Trieb entwickelt ist. Abb. 14 zeigt die Hand
einer Nonne mit typisch schizoiden Zügen. Es sind
die längsten Finger, die ich jemals gesehen habe. Frühe
Meister nahmen Hände mit langen Fingern als Modell
für ihre Heiligenbilder. Diese Hände sind unleugbar

113

schön, aber ihnen fehlt jede Kraft und sie gehören introvertierten und unvitalen Menschen an.

In einer Untersuchung der Hände von 110 Schizophrenen fand ich bei sensitiven Händen 85 Prozent anmutige und gerade Finger, die von der normalen Hand nur durch ihre Stellung, eine auffallende Einschrumpfung ihrer Muskeln und eine äußerste Biegsamkeit abwichen. Es kann kein Zweifel bestehen, daß die krankhaftesten Vertreter dieser Handtypen zu den Opfern der Schizophrenie gehören. Die gleiche Krankheit aber scheint ebenso mit der elementaren ungleichmäßigen Hand in Beziehung zu stehen, die in diesem Fall vollkommene Anormalität der Finger-Formen aufzeigt. Während die Patienten mit sensitiven Händen eher die paranoide Form der Schizophrenie entwickeln, leiden die Kranken mit den untypischen Fingerlängen aller Wahrscheinlichkeit nach an Katatonie. In diesen Fällen sind Zeige-, Mittel- und Ringfinger von gleicher Länge, der fünfte Finger aber viel zu lang. Ich nahm acht Abdrücke von solchen Händen in einer Nervenklinik. Sie gehörten vier Schwachsinnigen mit schweren Psychosen und vier katatonischen Schizophrenen an (vgl. Abb. 15). Aus diesen pathologischen Beispielen, die durch Untersuchungen von Friedemann bestätigt werden, können wir den Schluß ziehen, daß sowohl anormale Fingerlänge bei einer Handfläche mit eingeschrumpften Muskeln wie eine vollkommen anormale Finger-Formel verdächtige Zeichen für Geisteskrankheit sind. Ein geringerer Grad der gleichen Merkmale würde einen schwachen Menschen mit mehr oder weniger von der Norm abweichenden Emotionen kennzeichnen.

Dank des sehr schnellen Fortschritts der Psychologie der letzten Jahrzehnte wurde immer mehr Aufmerksamkeit auf das Übereinstimmen von körperlichen und geistigen Veränderungen gelegt. So wird z. B. im allgemeinen von den zeitgenössischen Psy-

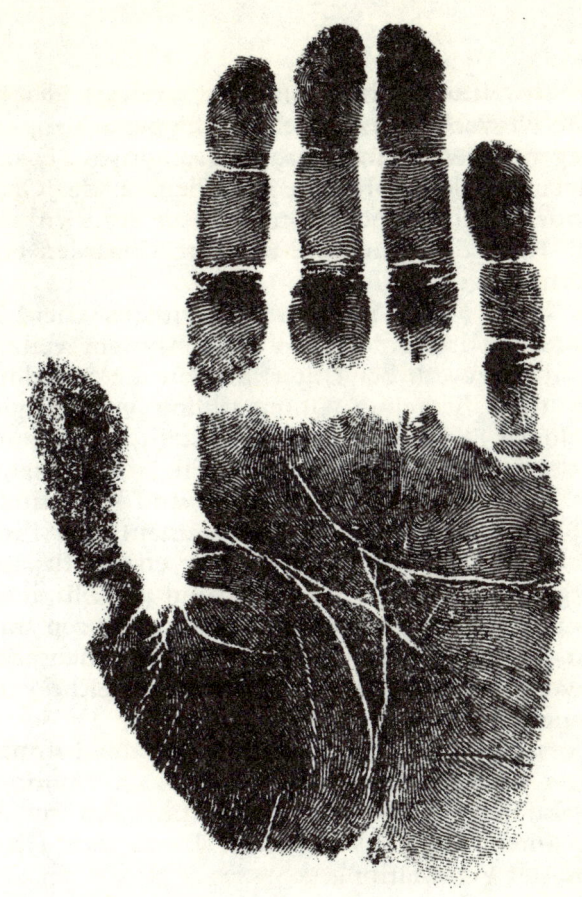

15 — Länge der Finger
Anormale Fingerformel (2., 3. und 4. fast gleich lang, 5. anormal lang) in der Hand eines katatonisch Schizophrenen

chiatern eine biochemische Veränderung für Schizophrenie angenommen.

Organische Veränderungen in den Atmungsorganen, Hirnhautentzündung, ebenso Veränderungen im biochemischen Stoffwechselapparat und im Gehirn werden verantwortlich gemacht für die schwerwiegenden Verschlechterungen der schizophrenen Veranlagung oder sind zumindest ihre Begleiterscheinungen.

115

Der Schweizer Psychiater Bleuler unterscheidet bestimmte Nervenzellen im Gehirn, die bei Schizophrenen degenerieren. Wenn tatsächlich physische Lokalisierungen der Schizophrenie, vor allem in der Großhirnrinde, möglich sind, dann wäre die Rückwirkung auf die Form der Hand wie auf ihre Gebärden eine natürliche Folge.

Daß kurze Finger mit einer anormalen Gleichgewichtsstörung im endokrinen Drüsensystem verbunden sind, zeigt sich bei Unterfunktion der Schilddrüse. Ich habe bei einer Untersuchung von Händen mongoloider Schwachsinniger festgestellt, daß die »introvertierten« Patienten häufig längere Finger besaßen als die »klassischen« Fälle. Letztere sind bekannt für ihr fröhliches emotionales Temperament und ihren lebhaften Kontakt mit der Umwelt: erstere für ihre zurückgezogene, gehemmte Natur und ihr sehr geringes Gefühlsleben. Der Infantile ist im ganzen auch lebhaft in seinen Emotionen, aber er ist unausgeglichen, launisch und leicht erregbar. Das gleiche kann von einem Menschen mit Unterfunktion der Schilddrüse gesagt werden, der aber im allgemeinen sinnenfreudiger und friedlicher ist. Seine Skala emotionaler Reaktionen ist sehr breit und führt ihn zu den Höhen intensivster Lebensfreude wie zu den Tiefen sinnlosester Verzweiflung.

Um die psychologischen Gesetze, die auf das »Normale« anzuwenden sind, zu verstehen, muß man jene erforschen, die das »Anormale« bestimmen. Der Unterschied zwischen Gesundheit und Krankheit ist mehr einer des Grades als der Unähnlichkeit, da Krankheit eine Übersteigerung des normalen Zustands ist. Deshalb können anormale Zustände von Körper und Geist viel aussagen über die normale Verfassung.

Vor etwa zwanzig Jahren hat der französische Wissenschaftler MacAuliffe aufgezeigt, wie stark gewisse kleine Unstimmigkeiten in den endokrinen Drüsenfunktionen die Erscheinung »normaler Menschen« bestimmen. So erwähnte er den »Verdauungstyp«, der dem Pykniker durch eine Neigung zur Unterfunktion der Schilddrüse ähnlich ist. Der Pykniker besitzt entweder eine elementare oder eine motorische fleischige Hand mit kurzen dicken Fingern – ist also ein Mensch, in dem starke Emotionen im allgemeinen mit einer Durchschnitts-Intelligenz verbunden sind. Menschen mit motorischen knochigen und sensitiven langen Händen, die charakteristisch lange Finger haben, neigen zu einer Überfunktion der Schilddrüse. Sie gehören zu der schizoiden Gruppe und ihre hoch entwickelte Intelligenz ist mit einem gewissen überspannten Temperament und Charakter gekoppelt. Bei dem aktiven und sportlichen Besitzer der motorischen knochigen Hand werden diese Nachteile bis zu einem gewissen Grad ausgeglichen. Der Überästhetische aber, der eine lange sensitive Hand besitzt, wird ihnen völlig zum Opfer fallen.

Diese Beispiele deuten darauf hin, daß im allgemeinen kurze Finger mit einem lebhaft emotionalen Temperament und einer relativ sinnenhaften Natur zusammengehen; lange Finger mit einem gefühlsarmen oder überspannten Temperament und phantasiereicher Verhaltensweise. Länge und Entwicklung der Handfläche müssen natürlich mit einbezogen werden, um das Gleichgewicht zwischen den vitalen Reserven und den Abweichungen in Temperament und Mentalität zu bemessen.

Die Wurzelphalanx (das unterste Glied)
Die wurstförmige Wurzelphalanx der Menschen mit einer Unterfunktion und die knochige bei Überfunktion der Schildldrüse zeigen eine Verwandtschaft zwischen diesen Gliedern und dem endokrinen Drüsensystem auf. In elementaren und motorischen fleischigen Händen sind die untersten Glieder im allgemeinen dick, kurz und fleischig. Dies läßt auf eine Neigung zur Unterfunktion der Schilddrüsen

117

schließen. In sensitiven kleinen Händen sind sie häufig verbreitet und mit zu kleinen Fingern verbunden, ein Symptom ungenügender Funktion der Geschlechtsdrüsen. In sensitiven langen Händen sind sie oft sogar dünner als in motorischen knochigen Händen und in beiden sind sie mit einer Überfunktion der Schilddrüse verbunden.

Die mittlere Phalanx (das mittlere Glied)

Auch hier besteht eine gewisse Verbindung zwischen dem Glied und der Gesundheit. Bei Menschen, die an Tuberkulose leiden, sind die Mittelfinger oft so dünn, daß sie fast nur wie Knochen erscheinen. Der »Hippokrates«-Finger hat diese Deformation, zu der noch eine bestimmte Nagelform hinzukommt. Hippokrates, der, wie schon erwähnt, als erster diese Handsymptome mit Lungenkrankheiten in Verbindung brachte, beobachtete auch als erster, daß die Mittelphalanx des Zeigefingers hierbei besonders betroffen wird. Bei Schwindsucht sind die Mittelglieder aller Finger in dieser Weise in Mitleidenschaft gezogen.

Die Endphalanx (das oberste Glied)

Durch die Menge der Paccini'schen Tastkörperchen auf den »Trauben« der Sensibilität sind die Fingerspitzen Sitz des zartesten und höchst differenzierten Tastsinns. Sie sind verantwortlich für die Blutzufuhr zu den Nägeln.

Die Länge der obersten Glieder wechselt dem Typ der Hand entsprechend. Friedemann bemerkt, daß im Bereich geistig anormaler Menschen die obersten Glieder bei Schizophrenen länger sind als bei manisch Depressiven. Nach meinen Beobachtungen sind die Fingerspitzen insgesamt kürzer in elementaren und motorischen fleischigen Händen als in sensitiven und motorischen knochigen. Die Papillarfurchen auf den Fingerspitzen haben die größte Bedeutung. Eine ganze Wissenschaft beruht auf dem Studium ihrer Zeichnung, die sich von der Geburt bis zum Tod nicht verändert und deshalb ein äußerst verläßliches Zeichen der Identifizierung ist. Der Physiologe Kollmann nannte sie in seinem Buch »The Sense of Touch in the Human Hand in Respect of its Evolution and Distribution« »Gyri«-Windungen der Haut, nicht nur um mit diesem Namen ihre Verbindung mit den Windungen der Großhirnoberfläche, sondern auch ihre Ähnlichkeit mit dieser zu unterstreichen. Er rechtfertigt dies durch die Betonung, daß der Tastsinn eine der wichtigsten Verbindungen zwischen Gehirn und Außenwelt ist. In vielen Arbeiten wurden Vergleiche zwischen den Fingerabdrücken von Menschen und Menschenaffen gezogen. Dieses Thema verdient auch anthropologisches wie psychologisches Studium.

Thomas Huxley könnte der Vater solcher Untersuchungen genannt werden. Sein Buch »Evidence as to Man's Place in Nature« (1863) inspirierte viele Studien über die Extremitäten von Mensch und Affe, vor allem die Arbeiten der französischen Anthropologen Broca, Alice und Gratiolet. Später machten der irische Anatom Hepburn und, zu Beginn dieses Jahrhunderts, der deutsche Wissenschaftler Schlaginhaufen genaue Vergleichsstudien zwischen den Fingerabdrücken von Menschen- und anderen Affen, mit denen von Menschen, während vor kurzem der Amerikaner Harold Cummings von der Tulane Universität mit mir zusammen einige Beobachtungen durchführte. Bei Affen sind die Fingerspitzen relativ viel kürzer als bei den Menschen. Ich habe in »A Comparative Study of the Form and Dermatoglyphs of the Extremities of Primates« und in anderen Vergleichsstudien über Schimpansen aufgezeigt, daß die Fingerspitzen der Gorillas in gewissem Sinn länger als die der Schimpansen und der menschlichen Hand viel ähnlicher sind. Dennoch entdeckte ich, daß in Hinsicht auf die Länge der Endglieder nur die braunen Rollaffen wirkliche Ähnlichkeit mit dem Menschen haben. Diese und andere

119

Merkmale, die ich beobachtete, scheinen mir die Bestätigung zu geben, daß der Mensch nicht von Menschenaffen stammt, sondern von einem früheren Stamm Affen aus der Neuen Welt, die von beiden die Vorläufer waren.

Die Endglieder sind offensichtlich von größter Bedeutung. Sie können viel über die menschliche Hirntätigkeit aussagen. Lange Fingerspitzen, die gewöhnlich in langen sensitiven und knochigen motorischen Händen vorkommen – in Händen also, die am weitesten vom primitiven Typ entfernt sind –, zeigen eine hohe Entwicklung auf der Skala: Empfindsamkeit und Intelligenz an. Solche Hände mit langen oberen Gliedern haben auch ausgesprochene »Beeren« der Empfindsamkeit und gutgeformte Nägel. Kurze Fingerspitzen, die in elementaren Händen gefunden werden, zeigen entgegengesetzte Eigenschaften an. Ihre Nägel sind oft kurz und unentwickelt.

Form der Endphalangen (der obersten Glieder)
Es können vier Typen unterschieden werden: eckige, spatelförmige, konische und spitze Formen. Die Chirologie bezieht sich bei ihrer Einstufung der Hände auf die Form der Fingerspitzen und benutzt die gleichen Bezeichnungen: viereckig, spatelförmig, konisch, spitz. Dies ist jedoch eine künstliche Eingliederung, da nur wenige Hände alle Finger gleichförmig haben. Gemischte Formen sind viel allgemeiner. Zeigefinger und kleiner Finger sind fast immer konisch, während Daumen, dritter und vierter Finger individuelle Unterschiede aufzeigen. Nur bei einem reinen Typ, bei der langen sensitiven Hand mit ihren Mischformen findet man alle Fingerspitzen mit gleicher konischer Endung.

Viereckige Fingerspitzen werden am meisten in den elementaren, motorischen fleischigen und in den sensitiven kleinen Händen gefunden; sehr viel seltener aber in sensitiven langen Händen. Chirologen deuten viereckige Fingerspitzen als Zeichen von Aktivität,

Kritik, Urteilsfähigkeit und Disziplin. Diese Eigenschaften gehören zu Menschen, die ihr Leben lang einen klaren Weg verfolgen.

Wir können diese chirologische Deutung für die motorisch fleischigen Hände – ihrer allgemeinen Bedeutung nach – annehmen, nicht aber für viereckige Fingerspitzen in elementaren oder infantilen Händen. Die Handleser sind hier ihrem gewöhnlichen Irrtum verfallen, daß sie einzelnen Handmerkmalen eine absolute Bedeutung beimessen, ohne die Wirkung der ganzen Hand einzubeziehen, die die Qualifizierung gibt.

Spatelförmige Finger sind weniger allgemein als viereckige, zumindest bei Franzosen, Engländern und Deutschen. Sie können eine medizinische Bedeutung haben. Friedemann fand sie bei 62 Prozent katatonischer Schizophrener. Sie werden aber auch außerhalb von psychiatrischen Kliniken angetroffen, vor allem bei elementaren gleichmäßigen und bei motorischen knochigen Händen, die beide zu Menschen mit gewissen überspannten Eigenschaften gehören und immer mit einem schizoiden Temperament verbunden sind. Menschen mit solchen Händen sind häufig Opfer von Neurosen mit typischem Verfolgungswahn, der ein Zustand zwischen geistiger Gesundheit und Geisteskrankheit sein kann. Bei normalen Menschen können spatelförmige Fingerspitzen Deformierungen sein, die durch ihren Beruf entstanden sind. So bei Pianisten und Musikern, die ein Streichinstrument spielen; bei Bildhauern und Handwerkern oder bei jenen, deren Arbeit einen Druck auf die obersten Fingerglieder ausübt.

Konische Finger laufen an der Spitze schmal zu. Sie sind gewöhnlich lang und typisch für sensitive Hände. Man hält sie für Zeichen der Schönheit und sie wurden viel von Renaissance-Malern dargestellt, deren Ideal von physischer Schönheit sehr verschieden war von dem der frühen griechischen Bildhauer. Diese suchten kräftigere Typen und gaben ihren Statuen elementare oder motorisch fleischige Hände mit eckigen Fingern. Die Renaissance-Maler idealisierten den Madonnentyp der Frau, die griechischen Bildhauer den männlichen Gott oder die reife Jungfrau, die beide kräftig, aktiv und auf eine irdische Weise schön waren. Diese ästhetischen Vorzüge entsprechen einer wirklichen Verschiedenheit in der äußeren Form und seelischen Verhaltensweise.

Konische Finger zeigen eine phantasievolle und intuitive Natur und einen hohen Grad an Empfindsamkeit an. Sie sind oft mit einer Überempfindsamkeit verbunden und kommen mehr in Frauen als in Männerhänden vor. Bei Männern muß ihr Wert besonders betont werden. Wenn alle Finger, einschließlich des Daumens, konisch geformt sind, ist dies ein Zeichen von schwachem Willen und von Beeinflußbarkeit. Ich habe diese Handform oft bei Schauspielern beiderlei Geschlechts und bei Tänzern gefunden.

Der Zeigefinger

Es hat bei Anthropologen und Anatomikern viele Diskussionen über die Sonderstellung des Zeigefingers beim Menschen gegeben, in dessen Entwicklung er eine wichtige Rolle spielt. Denn er ermöglicht eine Unabhängigkeit der Bewegungen, die bei keinem Tier gefunden wird. Hierdurch unterscheidet er sich deutlich vom Mittel- und Ringfinger. Dank der besonderen Muskulatur des Zeigefingers endet die obere Querlinie der Handfläche, die beim Affen ganz gerade von einer Seite zur anderen verläuft, beim Menschen gewöhnlich zwischen Zeige- und Mittelfinger.

Der hohe Grad an Beweglichkeit des Zeigefingers, der durch seine besondere Muskulatur entsteht, geht mit Bewegungsarten zusammen, die überhaupt nicht mit denen der Menschenaffen vergleichbar sind. Denn diese sind nicht fähig, den Zeigefinger gesondert zu benutzen. Es ist auch keine zufällige Erscheinung,

daß die typischen Stellungen und Gesten des Zeigefingers den Ausdruck von bewußtem Denken und
Überzeugungskraft hervorrufen. Die Gebärde des Zei-
gens (die ihm den Namen gibt) wird von Kindheit an
das ganze Leben geübt. Die gebieterische Gebärde des
»Schulmeisters« deutet auf einen besonderen Gegenstand oder betont mit einer fast drohenden Gewichtig-
keit der Überzeugung eine Meinung, die anderen mit-
geteilt werden soll. Die Selbstbehauptung, die durch
Gesten des Zeigefingers ausgedrückt wird, ist von in-
tellektuellerer Art als jene der Daumgebärde.

Zu seiner Beweglichkeit kommt noch die Länge
hinzu, die in der menschlichen Hand eine der auffallendsten Merkmale des Zeigefingers ist. Bei allen Affen sind die Zeigefinger viel kürzer als die des Menschen und reichen im allgemeinen nicht über die mittlere Phalanx des Mittelfingers hinaus. Es ist aber interessant festzustellen, daß bei einer Anzahl von
Schwachsinnigen und Mongoloiden diese Ähnlichkeit
mit Menschenaffen hervortritt.

Das kurze Endglied läßt diese Hände wie abgestumpft erscheinen und ist anzutreffen mit einem Daumen, der dem des Menschenaffen in gleicher Weise
ähnlich ist. Beides: die typischen Gesten und die Länge
zeigen die Verbindung des Zeigefingers mit Bewußtsein und Selbstbehauptung.

Ich habe schon erwähnt, daß in etwa 10 Prozent
von Händen der Zeigefinger länger ist als der Ringfinger, wodurch folgende, für die menschlichen Finger eigentümliche Formel entsteht: 3, 2, 4, 5, 1. Jones
Wood betonte, daß ein langer Zeigefinger immer mit
einem langen und gut entwickelten Daumen zusammengeht. Diese beiden Finger beherrschen den Bereich
des Ichs und des Bewußtseins. Wenn beide sehr lang
sind, wie dies oft in motorischen knochigen Händen
der Fall ist, wird ihr Besitzer stärker von logischen
Schlußfolgerungen als von Unmittelbarkeit und Phantasie beherrscht. Das Gefühl gehorcht dem Denken.

Solche Menschen besitzen Beobachtungskraft und einen starken Sinn für Realität. Sie sind oft große Egoisten, die ihren eigenen Willen anderen aufdrängen.

Menschen mit kurzen Daumen und Zeigefingern, das heißt meistens Menschen mit sensitiven Händen können viel weniger ihren eigenen Weg durchsetzen. Bei ihnen beherrscht das Gefühl den Verstand. Diese Beobachtungen stimmen überein mit der Annahme der Chirologen, daß der Zeigefinger der Sitz von Egoismus und Ehrgeiz ist. In der Chirologie wird der Zeigefinger Jupiterfinger genannt. Dieser Name gibt eine gewisse Vorstellung von den ihm zugeschriebenen Eigenschaften. Unter allen Fingern gaben Ärzte allein dem Zeigefinger eine bestimmte medizinische Bedeutung. Hippokrates brachte die Mißbildung des Zeigefingers mit Lungenkrankheiten in Verbindung. Ich folge nur einer überkommenen medizinischen Vorstellung, wenn ich feststelle, daß der Zeigefinger sehr wahrscheinlich Beziehung zum Atmungssystem hat.

Der Mittelfinger

Der Mittelfinger nimmt an den meisten der sehr verschiedenartigen Bewegungen der Finger teil. Dies geschieht aber in einer mehr mittelbaren und weniger betonten Weise als es Daumen und Zeigefinger tun. Wahrscheinlich hängt dies mit den inneren Organen zusammen und würde mit der Behauptung der Chirologen übereinstimmen, daß ein langer Mittelfinger Melancholie ausdrückt. Denn ein kranker Leib fördert in starkem Maß Depressionen. Ein langer Mittelfinger kommt relativ häufig in sensitiven langen Händen vor, deren Besitzer eine melancholische Veranlagung und Neigung zu Krankheiten der inneren Organe wie des lymphatischen Systems haben.

Der Ringfinger

Während die ersten drei Finger willentliche Handlungen ausführen, wie Schreiben, künstlerische und handwerkliche Arbeit, und dadurch die mehr demon-strativen Finger in der Gestik der Hand darstellen, sind die anderen beiden die mehr ausschmückenden und pas-siven: Sie tragen die Ringe. Der vierte Finger, der im be-sonderen Maße dekorativ ist, wurde von allen Chiro-logen mit Liebe zur Schönheit und zu den Künsten verbunden. Diese behaupten, daß der ästhetische Sinn ebenso wie die Stärke des Gefühls und der Phantasie die Kraft des logischen Urteils überwiegen, wenn der Ringfinger gut geformt ist und den Zeigefinger in sei-ner Länge übersteigt, besonders auch, wenn die Hand durch eine lange und breite Hypothenar-Erhöhung ge-kennzeichnet ist. Diese Annahme entspricht meinen eigenen Entdeckungen, daß der äußere Teil der Hand, einschließlich Ring- und kleinem Finger, den phanta-siebetonten und unbewußten Teil der Persönlichkeit darstellen.

Der kleine Finger

Der kleine Finger ist in der Verschiedenartigkeit seiner Form dem Daumen gleich, trotzdem er viel un-beweglicher ist. In der Medizin wird ein deformierter kleiner Finger mit einem steifen Gelenk als eines der allgemeinsten Degenerationsmerkmale betrachtet. Die Länge scheint eine besondere medizinische Bedeutung zu haben. Friedemann fand sie häufig anormal groß bei Schizophrenen. Ich habe bei der gleichen Krankheit sowohl zu lange wie zu kurze kleine Fin-ger gefunden. Die sehr langen waren charakteristisch für katatonische, die sehr kurzen für paranoide Patien-ten.

Ein zu kurzer kleiner Finger tritt vor allem in sen-sitiven kleinen Händen auf und scheint auf Infanti-lismus hinzuweisen. Es ist deshalb nicht überraschend, daß wir anormale Kürze bei einer großen Anzahl von paranoiden Schizophrenen finden, die sehr oft sexuell unterentwickelt sind. Eine anormale Länge ist meist bei elementaren ungleichmäßigen Händen zu finden und bei den Mischformen dieses Typs. Bei Mongoloismus und anderen endokrinen Drüsenstörungen ist der fünfte Finger nicht nur zu kurz, sondern oft auch spitz. Es wird mit Recht eine Beziehung dieses fünften Fingers zu den Hormondrüsen, vor allem den Geschlechtsdrüsen, angenommen. Nur noch einen Schritt weiter und man kann die Rückwirkungen auf Temperament und Persönlichkeit mit einschließen, die ein besonderes Verhalten endokriner Drüsen begleiten. Wir sollten deshalb nicht nur die Geschlechtsdrüsen, sondern bis zu einem gewissen Grad auch das Geschlechtsleben mit der Form oder Unförmigkeit des kleinen Fingers in Beziehung setzen.

Ebenso wie der Ringfinger gehört auch der kleine Finger auf die passive Seite der Hand, in den Bereich des Unbewußten und der Phantasie, die beide zutiefst mit der Funktion der Geschlechtsdrüsen verbunden sind. Dem kleinen Finger sind bestimmte Gebärden eigen: Die affektierte Art z. B., eine Teetasse mit erhobenem kleinen Finger zu halten, soll die Aufmerksamkeit der anderen anziehen. Wenn der Finger nach innen gebogen wird, ist dies eine Stellung des Rückzugs, die Unbehagen, Scheu und Mangel an Selbstvertrauen zum Ausdruck bringt.

In einigen Händen finden wir eine relative Einschrumpfung des vierten und fünften Fingers und eine Überbetonung der anderen drei. Diese Entwicklung gibt der Hand eine unharmonische Form und Erscheinung. Ich habe eine solche Gespaltenheit bei einer Anzahl von »emanzipierten« Frauen gesehen. Die Bedeutung mag eine Überentwicklung des Selbstbewußtseins sein, die auf Kosten der unbewußten und phantasiebetonten Fähigkeiten geht.

V. *Kapitel*

KÖRPERLICHE EIGENSCHAFTEN DER HAND

Der Inhalt dieses Kapitels beschäftigt sich weitgehend mit Fragen, die der Medizin wohlbekannt sind und bei ihrer Diagnose einen breiten Raum einnehmen, die aber auch einen rechtmäßigen Platz in diesem Buch beanspruchen können:

Temperatur, Feuchtigkeit, Farbe und Beweglichkeit, die vier körperlichen Eigenschaften der Hand, sind eng miteinander verbunden und ihre Bedeutung ist ebenso psychischer Art wie bezeichnend für die physische Gesundheit.

Farbe und Temperatur der Hand stehen unter dem Einfluß des autonomen Nervensystems, das die Erweiterung und Verengung der Blutgefäße und des Kapillarsystems der Hand und der Schweißdrüsen in der Handfläche kontrolliert. Es registriert die Feuchtigkeit sehr genau, da die Nerven und die Schweißdrüsen in der Handfläche eng beieinander liegen. Ich kann aber hier nicht auf die sehr wesentlichen Funktionen des autonomen Nervensystems im allgemeinen eingehen. Die beiden Nervensysteme, der Sympaticus und der Parasympaticus mit ihren vielen Ganglien arbeiten in Gemeinschaft oder entgegengesetzt und eine ausführliche Beschreibung dieser komplizierten Gesamtheit würde mich weit von meinem Thema fortführen.

Die normale oder anormale Funktion des autonomen Nervensystems, die sich in der Hand zeigt, gibt wertvolle Hinweise auf den Geisteszustand eines Menschen. Unter »anormal« verstehe ich aber nicht Schädigungen des autonomen Nervensystems an sich wie Erfrierungen oder die Reynaud'sche Krankheit, bei denen die Hände beständig eiskalt, weiß oder blau sind. Die Fingerspitzen sind manchmal eingeschrumpft und die Haut verhärtet, so daß sie wie Leder wirkt. Die natürliche Farbe der Hand ist rosig gelb und ihre normale Konsistenz warm und trocken. Dieser Zustand schließt auch ein gewisses Wohlbehagen und ausgeglichene Stimmung ein. Hände, die im Gegensatz hierzu gewöhnlich weiß oder bläulich und kalt sind, erweisen sich bei einem jeden, der nicht an Herz- oder Zirkulationsstörungen leidet, als Symptom für Melancholie, Depression oder für Psychosen.

In diesen Fällen ist die Handfläche in der Regel auch feucht. Die anormalen Zustände können zeitweilig auftreten oder chronisch sein. Funktionelle und organische Störungen der Leber und der Eingeweide verursachen Depressionen und Reizbarkeit der Nerven. Hierbei sind auch die Hände kalt, weiß und feucht. Aber die warme, trockene und rosafarbige Beschaffenheit kehrt mit wiedergewonnener Gesundheit zurück. Hände, die als Antwort auf Gefühlsregungen leicht in Schweiß geraten, bezeugen eine emotionale Irritierbarkeit, die zeitweilig auftaucht oder immer vorhanden ist. Bei Heranwachsenden ist dies gewöhnlich der Fall; in der Pubertätszeit ist es sogar das Normale, da zu dieser Zeit das Gefühlsleben beunruhigt ist und die Persönlichkeit sich verändert. In einer Schule habe ich unter 30 Heranwachsenden 25 zwischen 14 und 20 Jahren gefunden, die nasse Hände hatten, im Universitäts-College, London, hatte ich ähnliche Ergebnisse. Es traf für beide Geschlechter zu. Bei Jungen und Mädchen zwischen 16 und 20 Jahren traten diese Symptome am häufigsten auf. Handschweiß und Gefäßerweiterung sind im wesentlichen Folge eines Gemütszustandes ängstlicher Erwartung, die das autonome Nervensystem erregt.

Bestimmte Krankheiten lösen Anormalitäten der körperlichen Hand-Beschaffenheit aus. Störungen im Blutkreislauf und Bleichsucht gehen gewöhnlich mit weißen und kalten Händen zusammen; bestimmte Herzkrankheiten mit blauen, kalten Händen und verdickten Fingerspitzen; zeitweilig auftretender oder chronischer hoher Blutdruck mit ungewöhnlich roten Händen; endokrine Erkrankungen, besonders eine Überfunktion der Schilddrüse, sind mit leicht schwitzenden Händen verbunden.

Man braucht kaum zu erwähnen, daß zeitweilige oder chronische Infektionen Farbe, Temperatur und Feuchtigkeit der Hand beeinflussen. Sehr trockene Hände treten bei rheumatischer oder tuberkuloser Veranlagung und bei einigen anderen krankhaften Zuständen auf, auch bei mongoloiden Schwachsinnigen, die oft Opfer der Tuberkulose sind.

Sehr geschmeidige Hände bezeichnen niederen Blutdruck. Diese Biegsamkeit, die vierte der körperlichen Eigenschaften der Hand, hat aber mehr psychologische als physiologische Bedeutung. Sie hängt weitgehend von der Entwicklung, der Form und den Muskeln ab. Sensitive Hände sind im allgemeinen biegsamer als elementare und motorische. Uneingeschränkte Geschmeidigkeit der Hände wird meist bei allgemein großer Beweglichkeit der gesamten Gelenke gefunden. Man muß Biegsamkeit der Handfläche in Längsrichtung von der waagerechten der Finger unterscheiden. Die Geschmeidigkeit der Finger ist der Grad, bis zu dem sie rückwärts gebogen werden können. Eine übertriebene Geschmeidigkeit, die man in zerbrechlichen Händen des langen sensitiven Typs findet – sie können fast in einem rechten Winkel zur Handfläche zurückgebogen werden –, ist bei Abendländern ein Zeichen der Degeneration.

Die Ausdruckskraft der Hände steht in unmittelbarem Verhältnis zu ihrer Geschmeidigkeit. Orientalen haben, wie zu erwarten, eine weit geschmeidigere Handfläche und beweglichere Finger als nördliche Rassen. Bei ihnen tritt unter Männern und Frauen gleicherweise der feinempfindsame sensitive Handtyp häufiger auf als der motorische. Die stärkere Gestik ihrer Hände zeigt sich nicht nur in ihrer bereitwilligen Gestikulation, sondern auch in dem bewußten Einsatz und der künstlerischen Ausbildung ihrer Handgebärden wie z. B. in mimischen Darstellungen und im Tanz.

VI. Kapitel

NÄGEL

Schon seit den Tagen des Hippokrates wurde den Nägeln ein diagnostischer Wert zugesprochen. Ihr Studium ist eines der wenigen Kapitel in der Medizin, in
denen Merkmale der Hand, wenn auch noch in sehr
geringem Umfang, mit in Rechenschaft gezogen werden.
Nagelerkrankungen gehören nicht zu meinem Thema. Sie bilden einen ausgedehnten Zweig der Haut-
krankheiten, die selbstverständlich intensiv von Spezialisten erforscht wurden. Meine Aufgabe ist es nur,
die Beziehungen der Nägel zu Krankheiten anderer
Organe und zu geistigen Störungen aufzuzeigen. Diese
Untersuchungen werden leider nur in sehr geringem
Umfang gemacht und ihre Ergebnisse zum größten
Teil in hochspezialisierten Abhandlungen verstreut
veröffentlicht. Nur ein Buch hat den Versuch gemacht,
sich systematisch mit diesem gesamten Thema zu befassen: »The Diseases of the nails« von V. Pardo-Castello, einem Professor der Dermatologie an der Universität Havanna (1936). In einem Vorwort zu diesem
Buch hat der amerikanische Professor der Dermatologie Howard Fox über die Unzulänglichkeit der Literatur gesprochen, die man über dieses Thema in eng-
lisch findet und betont, daß sehr wenige Ärzte eine an-
gemessene Kenntnis, selbst der eigentlichen Nagel-
krankheiten, besitzen.
In diesem Kapitel stütze ich mich auf das Buch von
Pardo-Castello als Hauptquelle der gegenwärtigen
Kenntnis der Nägel und füge aus eigenen Untersuchungen bestimmte Tatsachen hinzu, die unser Wissen um die Anormalitäten der Nägel bei endokrinen
Störungen und geistiger Unzulänglichkeit erweitern
können. Diesen habe ich mich, wie der Leser bemerkt

haben wird, mit besonderer Aufmerksamkeit in meiner Arbeit zugewendet. Ich habe nicht die Absicht, dieses Kapitel zu einer allgemeinen Abhandlung über Nägel zu machen, sondern will nur jene Verbindungen umreißen, die eine ernsthafte statistische Grundlage haben. Dies wird hilfreich sein für allgemeine medizinische Diagnosen und dem Laien ein weiteres Beispiel geben für den praktischen Wert der eingehenden Deutung der Hand.

Um den Platz zu verstehen, den die Nägel in der Medizin einnehmen, muß man etwas über ihre Entwicklung, ihre Anatomie und ihre chemische Zusammensetzung wissen.

Entwicklung

Manche Chirologen meinen, daß die abgeflachten Nägel der Menschen von den Klauen stammen, die bei vielen Arten von Affen angetroffen werden. Nach Jones Wood aber ist die Entwicklung des Nagels weit von einer so einfachen Auslegung entfernt, da viele primitive Affen entweder flache Nägel oder Klauen haben. Die primitivste Gruppe von Lemuren hat flache Nägel. Die Entwicklung der Nägel hängt von der Funktion ab, die sie zu spielen haben. Bei Tieren dienen sie als Angriffs- und Greiforgane. Beim Menschen sind diese Funktionen verkümmert. Tatsächlich sind unsere Nägel zwar noch immer in geringem Maße Greiforgane – z. B. wenn wir sie zum Aufheben von Nadeln oder anderen kleinen Gegenständen benutzen –, im allgemeinen aber sind sie nur ein wenig mehr als ein Schild, um die Fingerspitzen zu schützen. In der individuellen Entwicklung des Menschen sind die Nägel die ersten Anhanggebilde der Körperoberfläche die sich formieren. Sie erscheinen schon in der neunten Woche des vorgeburtlichen Lebens. Zu Beginn liegen sie genau auf den Fingerspitzen, von denen aus sie sich sozusagen allmählich abwärts bewegen, um dann für immer auf der Rückseite der Finger zu

vgl. Fußnägel

bleiben. Der Nagel des Embryo ist von dem des Erwachsenen auch in seiner äußeren Beschaffenheit verschieden. Er ist zart, durchsichtig und ohne Monde.

Anatomie

Die Nägel sind Horngebilde der Haut. Sie bestehen *Extremitäten-enden* aus der Nagelfläche (-platte), die man im gewöhnlichen Sprachgebrauch für den gesamten Nagel hält, aus dem Mond, dem Nagelbett – dem Mutterboden –, der Nagelwurzel und dem Nagelwall. In Struktur und Substanz ähneln sie dem Haar. Beide, Haar wie Nägel, verlieren ihren Glanz, wenn die Vitalität geschwächt ist. Die Nagelplatte ist der Hornhautteil, der am stärksten an den Spitzen und am schwächsten an der Wurzel ausgebildet ist.

Der Mond ist der weiße Halbkreis über der Stelle, an der die Nagelwurzel in den Nagelfalz eingelassen ist. Hier ist die Hornbildung nicht mehr vollständig und dies bringt die charakteristische Durchsichtigkeit des Mondes hervor.

Das Nagelbett stellt das Zellgewebe dar, auf dem die Nagelplatte liegt. Unter diesem ist der wichtigste Teil der Mutterboden. Dieser ermöglicht, dank seines reproduktiven Mechanismus, das Entstehen der Nagelflächensubstanz. Seine Zellen, die nach außen wachsen, sammeln an den Nagelspitzen den Hornstoff, der den Nagel hart macht.

Die Wurzel ist ganz einfach der Beginn des Nagels. Der Nagelwall bedeckt sie.

Es besteht eine große Unterschiedlichkeit in der Nagellänge bei den einzelnen Menschen. Die Größe hängt weitgehend von der Form der Hand ab, zu der sie gehören. In langen Händen, z. B. der motorischen knochigen und der langen sensitiven Hand, sind sie im allgemeinen länglich; bei anderen typischen Handformen, vor allem bei der elementaren, sind sie breit und kurz. Der Daumennagel ist von Natur aus immer der breiteste, der des kleinen Fingers der schmalste. Der gleiche Unterschied besteht bei den Monden, die allmählich vom Daumen bis zum kleinen Finger abnehmen; der letztere hat häufig überhaupt keinen Mond. Dies zeigt, daß der Daumennagel am schnellsten wächst.

Jones Wood beobachtete, daß sich bei Rechtshändern die Nägel der rechten Hand schneller entwickeln als bei Linkshändern. Der ganze Nagel erneuert sich in 130 bis 160 Tagen. Nach Dreißig nimmt diese Zeitspanne ab. Diese Tatsache zeigt, daß allgemeine Vitalität und ein vollkommenes Funktionieren der Hauptquellen der Gesundheit sich in den Nägeln wiederspiegeln. Die Nägel wachsen unterschiedlich schnell, der des Daumens am schnellsten. Dies ist eine beachtenswerte Bestätigung der alten chiromantischen Annahme, daß vor allem der Daumen mit der Vitalität verbunden ist. Nachdem sein Nagel am schnellsten wächst, muß er tatsächlich am besten die Impulse zum Wachstum aufnehmen, die Ergebnisse der Vitalität und allgemeinen Gesundheit sind. Langgeformte Nägel mit großen Monden wachsen schneller als kurze Nägel mit kleinen oder überhaupt keinen Monden. Bei gut entwickelten Nägeln sind die Monde entsprechend entwickelt und die Nagelfläche ist fest und solide, ein Beweis gesunder Hornbildung der Zellen.

Diese Hornbildung ist offensichtlich von wesentlichster Bedeutung für die Hauptfunktion des menschlichen Nagels. Sie ist der Schutz der Fingerspitzen.

Die Blutzufuhr des Nagelbettes ist sehr reich und zuständig für die Regulierung der Blutzufuhr der Hände. Der Vorrat an Lymphgefäßen ist in den Nagelbetten feiner und reicher als an irgendeiner anderen Stelle des Körpers. Auch das Nervensystem ist äußerst sorgfältig entwickelt, sowohl im Nagelbett wie selbstverständlich auch an den Enden, den Fingerspitzen, auf denen die Nägel am härtesten sind, um ihre Nervenfasern zu schützen. So hat die Natur eine wirksame Methode entwickelt, um den Tastsinn zu behüten.

134

Chemische Zusammensetzung

Die chemische Zusammensetzung der Nagelsubstanz hat einen direkten Einfluß auf Wachstum und Form der Nägel. In der Nagelfläche liegen Hornhautzellen mit Schwefel, der abnimmt, wenn der Nagel verkümmert oder zerstört wird. Neben Cholesterin, das der Aufrechterhaltung der Geschmeidigkeit und dem Zusammenhalt der Zellen dient, besitzt die Nagelsustanz etwa 14 % Wasser, Calciumphosphate und Karbonate, auch eine geringe Menge Arsen. Die Kapillarographie hat gezeigt, daß Sekretion der Schilddrüse und der Hypophyse, zweier endokriner Drüsen, im Blutstrom der Nägel vorhanden sind. Dies mag gewisse Gefäßstörungen in Hand und Nägeln erklären, wie z. B. bei der Reynaud'schen Krankheit. Die chemische Beschaffenheit der Nägel bestätigt ohne Zweifel ihre Verbindung mit den endokrinen Drüsen, den Veränderungen der Zellen und den Mineralsalzen des Körpers.

Der normale Nagel

Anormalitäten der Nägel bestehen entweder in Dystrophie (deformiertes Wachstum) oder Atrophie (Verkümmerung). Ein normaler Nagel von mittlerer Größe, den man in motorischen fleischigen und sensitiven kleinen Händen findet, hat eine Länge von 12 bis 13 mm. Die Breite ist bei jedem Finger verschieden.

16   17

Die Abbildungen 16 und 17 zeigen einen Nagel von mittlerer Größe. An einer längeren Hand des motorischen knochigen Typs wäre ein längerer Nagel normal.

Die Wurzel eines solchen Nagels liegt gut im Nagelbett. Die Nagelfläche ist gleichmäßig ausgebildet und zeigt keine Mängel in der Substanz. Der Mond auf dem Zeigefinger ist etwa 1,3 mm.

Die Nägel bei Lungen- und Herzerkrankungen
An erster Stelle sei die »klassische« Dystrophie des Hippokrates-Nagel gezeigt (Abbildung 18 und 19). Jeder

18   19

Medizinstudent kennt seine Bedeutung. Er tritt bei Lungentuberkulose, Lungentumor und bei chronischen Herzkrankheiten auf. Bei diesen ist er an Trommelschlegel-Fingern anzutreffen, die im allgemeinen blau gefärbt sind. Dies ist symptomatisch für Kreislaufstörungen. Der Hippokrates-Nagel ähnelt einem Uhrglas. Er ist rund, betont konvex und hat einen großen Mond. Es ist nicht überraschend, daß seine Substanz und Form häufig fehlerhaft sind (Abbildung 20). Die

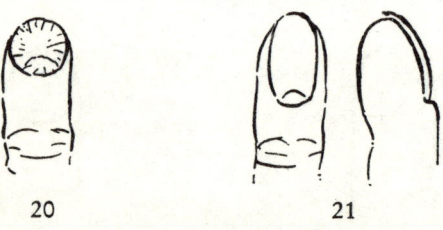

20   21

Verbindung von Hippokrates-Nagel und Lungentuberkulose wird durch die Tatsache bewiesen, die Pardo-Castello berichtet hat: daß nämlich in mehreren Fällen die Nägel wieder ihre alte Form und frühere

136

Beschaffenheit zurückerlangten, nachdem die Krankheit überwunden war.

Natürlich habe ich den Hippokrates-Nagel in Fällen von Lungentuberkulose gesehen, aber ich habe auch in Verbindung mit dieser Krankheit einen ganz anderen Nageltyp beobachtet: einen langen schmalen Nagel mit einem ausgesprochenen Konvexprofil, der einer Klaue ähnelt. Er tritt am häufigsten bei langen Fingern in motorischen knochigen Händen auf. Diese gehören, wie ich im zweiten Kapitel erwähnte, zu großen schlanken Menschen, die leicht von Tuberkulose befallen werden (Abbildung 21).

Nägel bei akuten Infektionen und Verletzungen
Fast ebenso bekannt wie der Hippokrates-Nagel ist in der Medizin der Nagel, auf dem eine oder mehrere »Beau«-Linien liegen. Diese Anormalität hat ihren Namen nach dem französischen Arzt, der sie als erster 1846 beschrieb. Beau-Linien bestehen aus horizontalen Wellen, die zuerst an der Wurzel erscheinen und mit dem Wachstum des Nagels mitgehen, bis sie nach etwa 160 Tagen verschwinden. Der auf diese Weise angegriffene Nagel wirkt wellenförmig (Abbildung 22).

22   23

Beau-Linien sind immer mit einer akuten Erkrankung verbunden, in deren Verlauf das Wachstum der Nagelwurzel aufgehalten wird. Nachdem wir wissen, daß die Nägel von der Wurzel bis zur Spitze wachsen, ist aus ihrer Lage zu jeder Zeit leicht das annähernde

Datum festzustellen, an dem die Krankheit entstand, die diese Wellen hervorrief. Infektionen wie Scharlach, Typhus und Influenza sind am besten geeignet, Beau-Linien zu verursachen; ebenso Verletzungen wie gebrochene Gliedmaßen. Im Ersten Weltkrieg benutzten Chirurgen oft die Beau-Linien für die Diagnose des Datums, an dem der Soldat verletzt wurde. Auch nervöse Schocks werden als Ursache erwähnt.

Nägel bei Störungen der inneren Organe und bei Rheumatismus

Längsfurchen auf dem Nagel sind noch häufiger als Beau-Linien. Sie sind Folge chronischer Infektionen und bleiben deshalb so lange bestehen wie die Krankheit dauert – manchmal Jahre. Ich habe sie häufig in Fällen chronischen Dickdarmkatarrhs beobachtet. In ernsten Fällen splittern diese Längsfurchen (Abbildung 23). Dieses Symptom, das häufig nach der Mitte des Lebens auftritt, läßt Rheumatismus erkennen, dessen Infektionsherd in den Zähnen oder im Darm liegt. Längslinien auf den Nägeln können erblich sein und zeigen dann Neigung zu Rheumatismus innerhalb der Familie an.

Nägel bei »akuter« Nervosität

Alle, die über Nägel schreiben, sprechen von den Veränderungen, die »akute« Nervosität begleiten. Hierunter verstehe ich den »nervösen Zusammenbruch« aus Überforderung. Die Nägel eines Menschen, der an nervöser Erschöpfung leidet, verlieren ihren Glanz; die Monde verdunkeln sich und die Nagelfläche wird brüchig.

Das gewöhnlichste und bekannteste Nagelsymptom in diesem Zustand aber sind die sogenannten »weißen Flecken«. Nach Pardo-Castello treten sie, zumindest in kleiner Zahl, in den Händen von 85 % Männern und 75 % Frauen auf. Ärzte und Chirologen stimmen überein, daß sie bei müden, erschöpften, nervösen Menschen zu finden sind. Weiße Flecken können auch einen Kalkmangel im Organismus anzeigen, da sie oft mit weichen, brüchigen Nägeln zusammen auftreten. Sie erscheinen mit beachtenswerter Häufigkeit in Händen von Kindern und Heranwachsenden, die vor allem unter Kalkmangel der Zellen leiden. Da Kalzium in seinen verschiedenen Verbindungen die Stabilität des autonomen Nervensystems beeinflußt, scheint es klar zu sein, daß weiße Flecken sowohl einen Mangel an Kalk wie an Widerstandskraft der Nerven zum Ausdruck bringen.

Nägel bei endokrinen Störungen

Diesen Aspekt der Nägel halte ich für besonders interessant und wichtig. Hier kann ich auch den Schlußfolgerungen von Pardo-Castello einige eigene Beobachtungen hinzufügen, die meiner Meinung nach die diagnostischen Möglichkeiten klären helfen. Ich kann in diesem Buch nicht den Versuch machen, mich irgendwie systematisch mit Gesundheitsverhältnissen zu befassen, ich kann nur auf einige Krankheiten und Zustände hinweisen, die vor allem mit der Hand in Beziehung zu stehen scheinen. Zu diesen gehören endokrine Störungen und ich möchte hinzufügen, daß ich mehrere Male das mangelhafte Funktionieren von Hypophyse und Schilddrüse aus den Nägeln diagnostiziert habe, als noch keine klinischen Symptome vorhanden waren. Viel später, als die Symptome auftraten und besondere Tests angewendet wurden, fanden meine Angaben Bestätigung.

Die medizinische Literatur, selbst das Buch von Pardo-Castello, bringt wenig und eher widersprechende Einzelheiten über die Nägel bei endokrinen Störungen. Die Informationen beziehen sich hauptsächlich auf Schilddrüse und Hypophyse, die beiden Drüsen, die ich selbst am sichersten in Verbindung mit Nageldeformationen antraf. Pardo-Castello teilt Brüchigkeit und Furchen der Nägel einer Unterfunktion der

Schilddrüse zu und findet diese Zustände typisch für Wucherungen des schleimhaften Bindegewebes, mit denen trockene Kopfhaut und teilweiser Haarverlust zusammengehen. Diese dünnen, zerbrechlichen Nägel, die im allgemeinen von infantiler Form sind, sind atrophisch und langsam im Wachstum. Manchmal sind sie sehr weich und haben Fächerform. Der gleiche Typ eines unterentwickelten infantilen Nagels soll, nach anderen Aussagen, symptomatisch für eine Unterentwicklung der Geschlechtsdrüsen sein. Hollander, den Pardo-Castello zitiert, spricht von Hypertrophie der Nägel bei Unterfunktion der Hypophyse, ich selbst habe dies niemals beobachtet. Ich habe sogar (was Pardo-Castello bestätigt) das Gegenteil festgestellt, daß nämlich bei Unausgeglichenheit der Schilddrüse und Hypophyse – also bei ihrer Überfunktion – die Nägel sehr gut entwickelt und voller Glanz und schnellem Wuchs waren.

Dies war alles, was ich in der vorhandenen Literatur über Nägel bei Krankheiten des endokrinen Drüsensystems gefunden habe. Meine eigenen Forschungen können wie folgt zusammengefaßt werden:

1. Der dünne, brüchige, kurze, mondlose Nagel ist charakteristisch für eine Unterentwicklung der Schilddrüse, der Geschlechtsdrüsen und der Hypophyse. Langsamer Stoffwechsel, wie z. B. bei einer Unterfunktion der Schilddrüse, verlangsamt das Wachstum und läßt die Nägel klein und ohne Mond. Um festzustellen, welche der drei endokrinen Drüsen die Ursache ist, müssen Hand- und Fingerform überprüft werden:
'a) In einer breiten schwammigen Hand mit einer kleinen Handfläche und wurstähnlicher Fingerform, bei der der fünfte Finger im allgemeinen spitz ist, bedeutet eine Anormalität der Nägel Unterfunktion der Schilddrüse (Abb. 24 und 25). Zeitweilig wird ein fächerförmiger Nagel bei Schleimgeschwulsten gefunden (Abbildung 26).

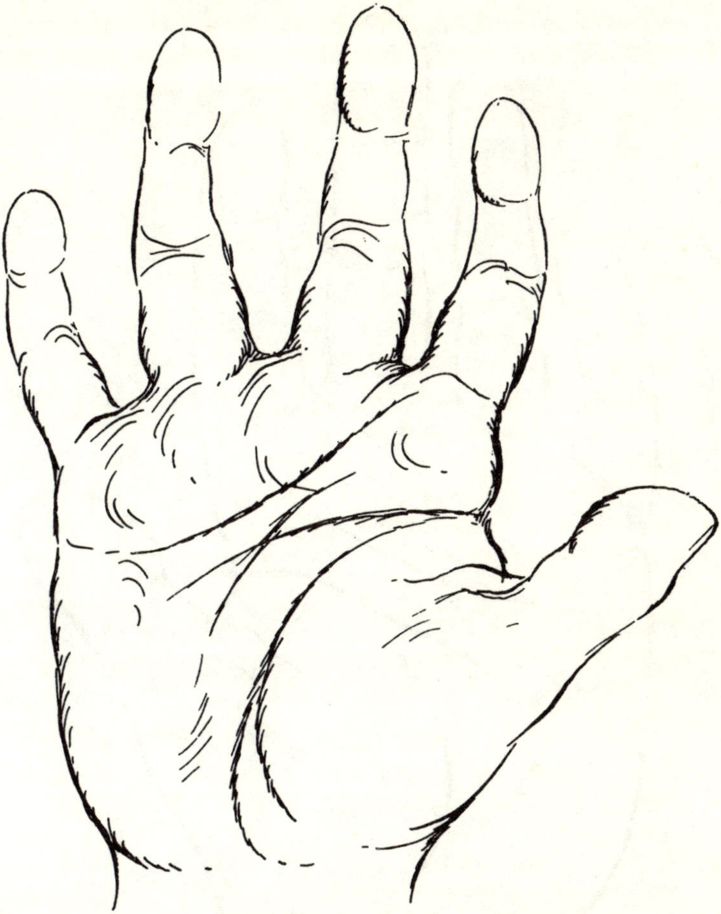

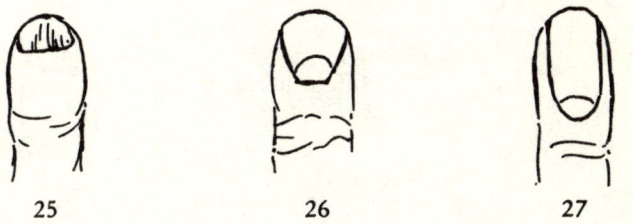

24 — Hand mit Unterfunktion der Schilddrüse

25   26   27

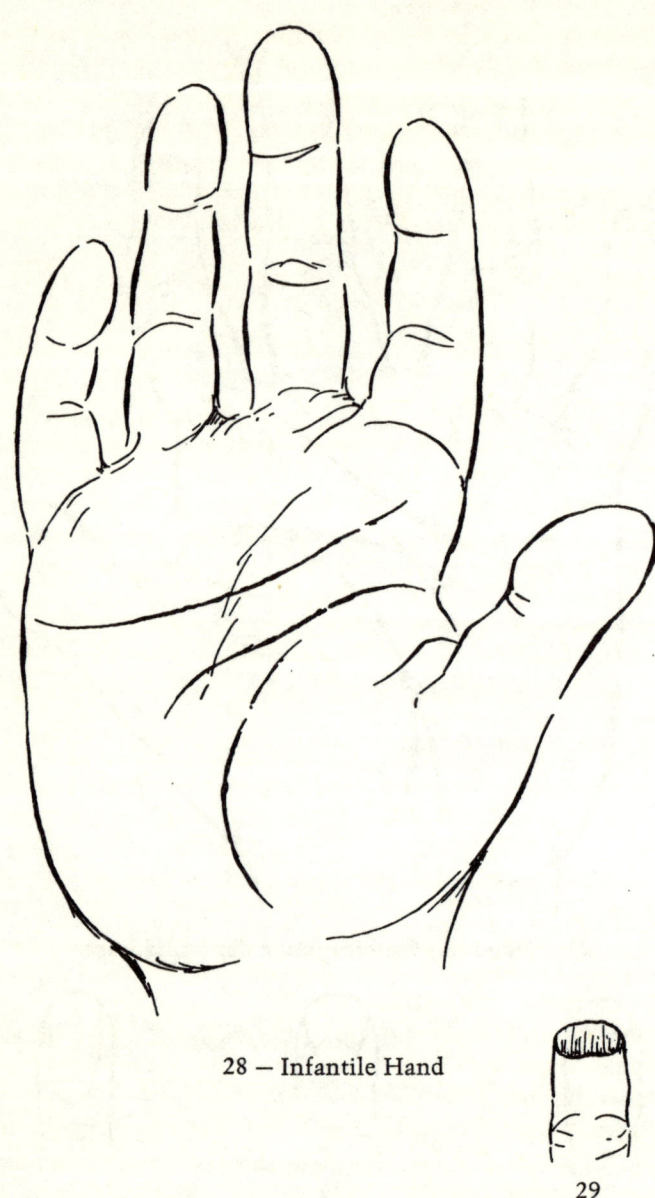

28 — Infantile Hand

29

b) In einer Hand mit »infantiler« Handfläche, in der der fünfte Finger oft deformiert oder kurz ist, bedeutet die gleiche Nagel-Dystrophie Unterfunktion der Geschlechtsdrüsen (Abbildung 28 und 29).

c) In einer Hand mit breiter, viereckiger und sehr geschmeidiger Handfläche und mit Fingern, die im Verhältnis viel zu kurz sind, besagt die gleiche Nagel-Dystrophie Unterfunktion der Hypophyse (Abbildung 30 und 31).

2. Der lange, schmale, glänzende Nagel mit einem langen trüben Mond (Abbildung 27), der eine Überfunktion der Schilddrüse darstellt, kann besser bestimmt werden, als dies Prado-Castello tut. Er ist dem Tuberkulose-Nagel ähnlich, von dem er sich aber leicht durch sein flaches – nicht gekrümmtes – Profil und seine gesunde, glänzende Nagelfläche unterscheidet. Beide Nageltypen werden an den langen Fingern der motorisch knochigen Hände gefunden, deren Besitzer zeitweilig Opfer von Tuberkulose oder Überfunktion der Schilddrüse sind. Bei solchen Menschen ist der Stoffwechsel beschleunigt und bewirkt ein schnelles Wachstum, das lange Nägel mit großem Mond hervorbringt. Es ist interessant festzustellen, daß dieser Typ einer endokrinen Störung oft mit einer lebendigen, selbst brillierenden Intelligenz zusammengeht. Dies ist ein charakteristischer Zug der Leptosomen mit ihrer motorisch knochigen Hand.

3. Der lange, gut entwickelte glänzende Nagel, Zeichen für Überfunktion der Hypophyse, ist im Gegensatz zu dem vorhergehenden sehr breit, übergroß mit einem breiten langen Mond (Abbildung 32). Solche Nägel treten auf den dicken Fingern einer übergroßen Hand bei Überfunktion der Hypophyse auf. Somit sind sie ganz anders geformt als die Nägel bei Überfunktion der Schilddrüse, mit denen sie manchmal verwechselt werden.

143

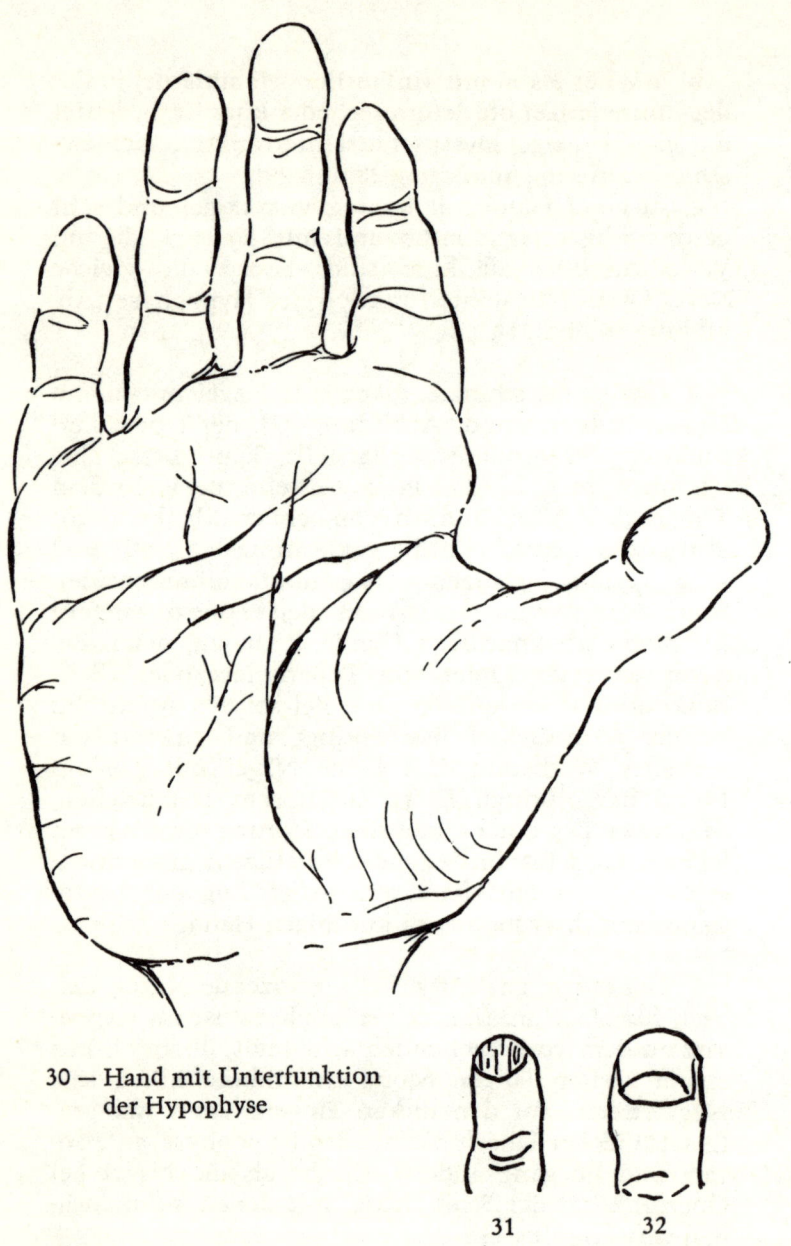

30 — Hand mit Unterfunktion
der Hypophyse

31

32

Nägel bei krankhafter Erbmasse

Ich behandle dieses Thema hier, weil es der Diskussion vorangehen muß, mit der dieses Kapitel schließt, nämlich der Frage nach den Nägeln bei Geisteskrankheit oder Schwachsinn. Denn diese beiden Störungen haben so oft eine Familiengeschichte und vererbte Deformationen der Nägel können deshalb mithelfen, anderweitig verborgene Ursachen für Geistesstörungen aufzufinden.

Zuerst muß festgestellt werden, daß schlechte Entwicklung der Nägel in einer Familie gewöhnlich von kranken Zähnen und dürftigem Haarwuchs begleitet ist, was keine andere Bedeutung hat als Mangel an Vitalität. Vollkommene Atrophie der Nägel aber ist eine ganz andere Sache. Sie tritt sehr selten auf und erscheint in stark anormalen Familien. Es wurde darüber nur in Fällen von Vielfingrigkeit berichtet, einem Symptom für Degeneration, das nur in einem außergewöhnlich geringen Prozentsatz vorkommt. Ich habe zwei Fälle gesehen; beidesmal waren es Geisteskranke.

Der sehr kurze oder embryonale Nagel (Abbildung 33) ist ebenso selten. Seine Anormalität besteht nicht nur in der geschwächten Nagelsubstanz, sondern in seiner Lage, die sogar auf der Handflächenseite statt auf dem Rücken der Hand sein kann. Ich habe nur einmal einen embryonalen Nagel bei einem Geistesgestörten gesehen.

Syphilis, die entweder mit einer übermäßigen Vergrößerung oder mit Schwund der Nägel zusammengeht, hat häufig Epilepsie und Geistesstörung zur Ur-

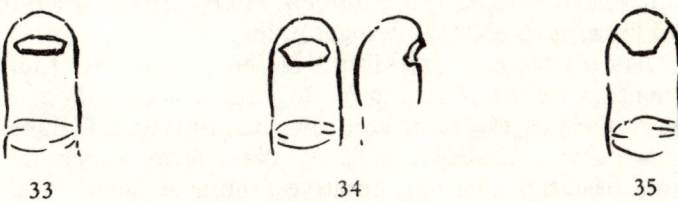

33   34   35

sache. Sie bringt im allgemeinen einen weichen, kurzen Nagel mit einem konkaven Profil hervor, der »Löffelnagel« genannt wird (Abbildung 34). Ich habe ihn bei einem großen Prozentsatz von Geisteskranken beobachtet. In mehreren Fällen brachte die Familiengeschichte Syphillis zutage, in anderen nicht. Genaue Statistiken aber sind schwierig zu bekommen, ·weil Geschlechtskrankheiten so oft geleugnet oder von den Verwandten des Patienten verschwiegen werden.

Der schwache, fächerförmige Nagel (Abbildung 35) wird auch recht oft in anormalen Händen gefunden. Er zeigt eine degenerierte nervliche Erbmasse an, wahrscheinlich auch vererbte endokrine Störungen. Man hat ihn in Händen von Geistesgestörten gefunden, die an Schleimgeschwulsten litten·

Der Nagel bei Geisteskrankheit und Schwachsinn
Verschiedene Mißbildungen der Nägel wurden von Beobachtern bei Psychosen festgestellt, aber keine Einzelheiten gegeben.

Ich habe bei Schizophrenie häufig normale Nägel gefunden, öfter noch als bei manisch Depressiven. Man kann sogar behaupten, daß bei Schizophrenie die Nägel im allgemeinen lang und gut entwickelt sind, während bei manisch depressiven Psychosen anscheinend jede Art von Dystrophie auftritt. Ich habe aber bisher noch keine Gelegenheit für eine statistische Nagelstudie bei Psychotikern gehabt.

Bei geistiger Unzulänglichkeit steht die Anormalität der Nägel außer Frage. Es besteht eine Neigung zu Atrophie (Verkümmerung). Selten findet man ganz entwickelte Nägel mit Monden. Hiervor habe ich nur 10 Prozent in 650 Händen gefunden.

Anormal kleine, verkümmerte Nägel, die ich »rudimentär« nenne (Abbildung 36) kamen bei 25 Prozent von Geistesgestörten vor, die ich untersucht habe. Nach Pardo-Castello ist diese Nagelform angeboren und bestätigt eine degenerative Erbmasse. Seiner Mei-

 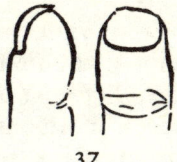 

36   37   38

nung nach aber tritt diese Form nur sehr selten auf. Ich führe dies auf die Annahme zurück, daß diese besondere Gruppe von Patienten, die in seiner Reichweite war, vor allem aus Menschen bestand, die an Haut- und Geschlechtskrankheiten litten.

Der von mir als primitiv bezeichnete Nagel (Abbildung 37), eine andere kurze, breite Nagelform ohne Mond, tritt noch mehr bei Geistesgestörten auf. Er kann kaum als anormal angesehen werden, aber er ist sicher sehr unterentwickelt. Normale Menschen von einfacher Mentalität, z. B· jene, die elementare einfache Hände haben, besitzen einen solchen Nagel. Ich habe beobachtet, daß er bei Geistesstörungen oft flacher ist als gekrümmt (Abbildung 38).

Ich glaube nicht, daß ich zu weit gehe, wenn ich sage, daß nur teilweise oder unterentwickelte Nägel einer der auffallendsten Züge in den Händen geistig Gestörter ist. Da diese Störung häufig auf kranker Erbmasse beruht, werden die Dystrophien und Atrophien der Nägel, die mit Syphilis und vererbten endokrinen Störungen zusammenhängen, nicht in Händen dieser Patienten gefunden.

Der Körperbau geistig Gestörter ist häufig unterentwickelt und ihre endokrine Funktion zu einem hohen Prozentsatz anormal. Gewöhnlich besteht diese Anormalität in der Unterentwicklung einer oder mehrerer endokriner Drüsen. Dies ist ein anderer Grund dafür, daß Schwachsinnige schweren Grades oft Nägel besitzen, die typisch sind für die Unterfunktion endokriner Drüsen.

Der Leser wird meinen, daß die Nageldiagnose nicht sehr beachtlich ist, wenn dies das ganze Ergebnis ihrer

Aussagen darstellt. Sehr viele allgemeine Krankheiten wurden überhaupt nicht in Beziehung zu Nagel-Dystrophien erwähnt. Dies ist auf die Unvollkommenheit der bisherigen Untersuchungen zu diesem Thema zurückzuführen. Es scheinen viele Entsprechungen neben den von mir aufgezeigten zu existieren, aber sie sind bisher noch nicht geprüft worden. Die Nageldiagnose steckt noch in ihren Anfängen und viel interessante Forschungsarbeit bleibt Ärzten und Psychiatern noch zu erschließen.

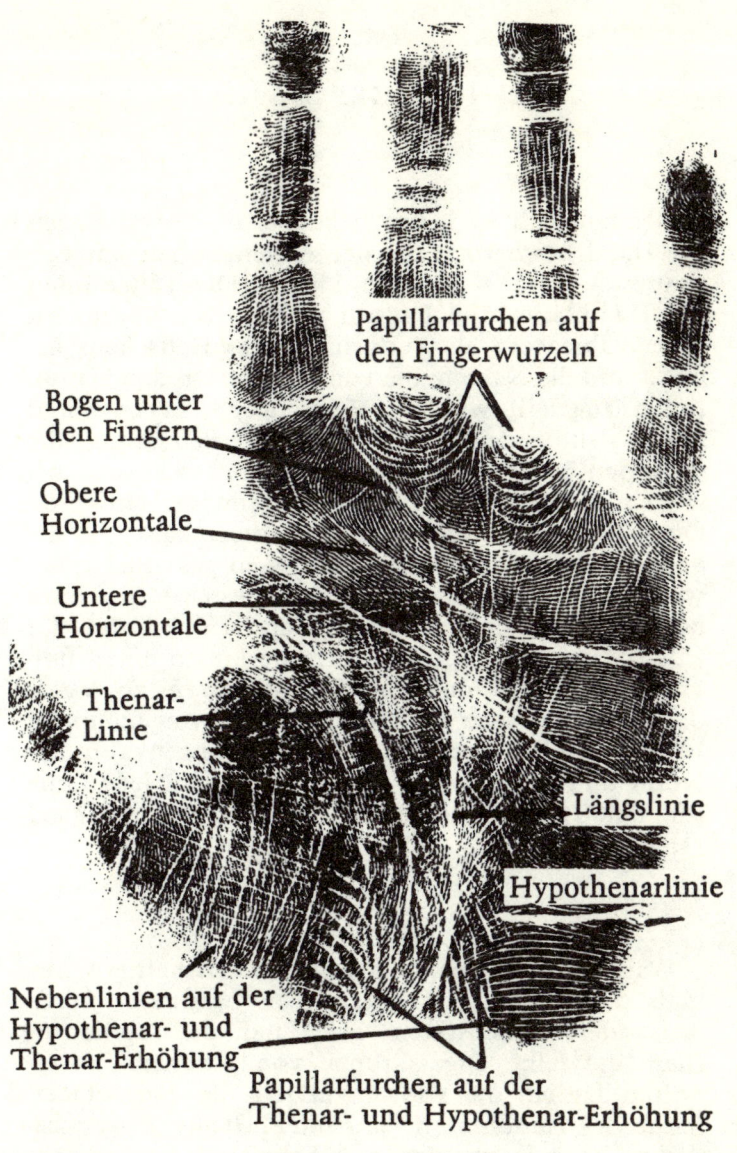

Papillarfurchen auf
den Fingerwurzeln

Bogen unter
den Fingern

Obere
Horizontale

Untere
Horizontale

Thenar-
Linie

Längslinie

Hypothenarlinie

Nebenlinien auf der
Hypothenar- und
Thenar-Erhöhung

Papillarfurchen auf der
Thenar- und Hypothenar-Erhöhung

39 — Die Linien der Hand

LINIEN DER HAND

Bisher habe ich mich nur nebenbei mit jenen Zügen der Hand beschäftigt, die der Allgemeinheit am vertrautesten sind – mit den Linien. Die Faltenlinien auf Handfläche und Fingern werden von Zigeunern und Wahrsagern als Vermittler ihres Hellsehens benutzt und die Namen, die von Handlesern den Hauptlinien zugeteilt wurden: Herz-, Kopf-, Lebens- und Schicksalslinie zeigen die gewichtige Bedeutung, die sie ihnen zusprechen. Die Faltenlinien aber sind bei weitem nicht so wichtig wie die allgemeine Handform. Ohne deren vollständige Einbeziehung kann die Bedeutung der Linien nicht angemessen gekennzeichnet werden. Man kann sogar sagen, daß es eine Art Norm oder ein allgemeines Muster der Furchenlinien für jeden Handtyp gibt, denen sich die Linien einer individuellen Hand annähern. Richtiger wäre zu sagen, daß Deutungen der Linien einer Hand vorgenommen werden sollten nach ihren Abweichungen von der Norm und nicht nach der Annahme, daß jede Linie für eine psychologische Eigenschaft oder Neigung »steht«.

Die Papillarfurchen
Während die Mehrzahl von Wissenschaftlern niemals das System der Faltenlinien beachtete, wurde das andere Liniensystem der Hand, die Papillarfurchen, die feine enge Gruppe von gleichmäßig verteilten Linien, die wie eingraviert die ganze Oberfläche des Handinnern, einschließlich der Finger, bedecken, zum faszinierenden Gegenstand wissenschaftlicher Forschung. Und dies seit den Tagen des Mal-

pighi im 17. Jahrhundert. Die Ergebnisse dieser Untersuchungen haben ein neues Licht auf die Entwicklungsgeschichte der Menschheit geworfen, ebenso auf die Gerichtsmedizin und Kriminologie. Es wurden sehr kluge Methoden herausgearbeitet, um Personen nach ihren Fingerabdrücken zu identifizieren.

Die Papillarlinien durchkreuzen die Handfläche in mehreren Richtungen und bilden unterschiedliche Muster auf ihren Erhöhungen an den Fingerwurzeln und in größerer Vielfalt auf den Fingerspitzen. Wo sie auf Handfläche und Fingerspitzen an die Oberfläche treten, sammeln sich Nervenzellen, die sogenannten Paccini'schen Tastkörperchen, in großer Anzahl und bilden den Vermittler für den Tastsinn.

Die Papillarfurchen in den Händen von Affen geben wichtige Hinweise. Jeder Vergleich zwischen Händen von Menschen und Menschenaffen ist wertvoll für die Hand-Psychologie, weil er zur Identifizierung atavistischer Merkmale beiträgt und uns dadurch hilft, eine krankhafte Erbmasse festzustellen, die oftmals Grund für Fehlentwicklungen ist. Zusammengefaßte Musterungen wie Schleifen und Wirbel, ähnlich denen in menschlichen Händen, werden auch in den Händen von Affen gefunden. Diese aber sind nicht konzentriert auf die Fingerspitzen, sondern über die Erhöhungen der Handfläche, einschließlich der Thenar- und Hypothenar-Erhöhung, verstreut. Die Fingerspitzen aber haben ein bemerkenswert einfaches Papillarfurchenmuster. Man findet niemals Wirbel auf den Wurzelgliedern menschlicher Finger, aber ich habe sie in Händen von braunen Kapuzineraffen gefunden. Bei den Affen sind Handfläche und Finger in ihrer Funktion nicht voneinander getrennt und der Tastsinn, der am schärfsten dort ist, wo die Papillarlinien am meisten zusammengefaßt sind, ist viel stärker als beim Menschen. Die Papillarfurchen an den Fingerspitzen von Schimpansen ähneln ein wenig denen des Menschen, wie dies Dr. Cummings in einer Abhandlung gezeigt hat. Ich selbst habe den Daumenabdruck eines Gorillas veröffentlicht, der das Papillarlinienmuster eines Menschen zeigte. In diesem gesonderten Fall aber blieb die Ähnlichkeit auf den Daumen beschränkt, während die Finger einfachere Muster aufwiesen als bei Menschen oder Schimpansen. Es besteht kein Unterschied zwischen den Affenfingern, da alle fünf das gleiche Muster aufzeigen. Nach Dr. Cummings haben etwa 25 Prozent Menschen solche einförmigen Hände, ich selbst aber habe sie weit seltener gesehen und nur bei unterdurchschnittlichen Menschen.

Wir können, meiner Meinung nach, den Schluß ziehen, daß einförmige Hände und Schlingen wie Wirbel auf den Thenar- und Hypothenar-Erhöhungen Merkmale von menschenähnlichen Affen sind, die auf eine Art Anormalität hinweisen.

Da Merkmale von menschenähnlichen Affenhänden im allgemeinen und von Papillarlinen-Mustern im besonderen gemeinsam bei Schwachsinnigen und schwer Geisteskranken auftreten, kann man sie auf Gehirnschäden zurückführen. Ich habe affenartige Papillarfurchen bei verschiedenen Handtypen gefunden, am meisten bei elementaren ungleichmäßigen Händen, die unterdurchschnittlichen Menschen gehören und anormalen neurotischen Künstlern und Sonderlingen. Die seltsame Tatsache, daß hochentwickelte, aber anormale Menschen ähnliche Handmerkmale haben wie sehr Unterentwickelte wird auch bewiesen durch das Phänomen der Linkshändigkeit. Viele »Stars« auf verschiedenen Gebieten – Sport, Theater, Wissenschaft etc. – sind Linkshänder, ebenso aber auch viele Schwachsinnige und Epileptiker. Der Grund muß wohl der gleiche sein: krankhafte Erbmassen, die, wie man weiß, sowohl den Unempfindlichen und Unterdurchschnittlichen wie den Überempfindsamen und Anormalen hervorbringt. Infolgedessen muß ich den Leser warnen, nicht zu schnelle Schlußfolgerungen zu ziehen, wenn er in seiner eigenen Hand oder in der eines anderen Menschen atavistische Merkmale findet. In unserer Zeit sind, gleichgültig in welcher gesellschaftlichen Schicht, nur wenige – wenn überhaupt – ohne gewisse Merkmale von Degeneration. Ein oder zwei Symptome sind in jeder Hand zu erwarten, ohne daß deren Besitzer neurotisch oder schwachsinnig ist. Man muß aus der gesamten Hand das Gleichgewicht zwischen den geistigen und den auflösenden Kräften beurteilen. Atavistische Merkmale können auch auf eine Zunahme und Differenziertheit der Empfindsamkeit oder auf einen dumpfen und negativen Einfluß hinweisen. Ein fachkundiger Deuter steht vor dem Problem, daß er abschätzen muß, wo und mit welcher Wirkung Degenerations-Merkmale im gesamten Wesen des Betreffenden auftreten.

Normalerweise ist das Muster der Papillarfurchen auf den Fingerspitzen beim Menschen sehr verschiedenartig. Vaschide stellte fest, daß die Neigungen zu morphologischen Verschiedenheiten des Tastsinnes vom kleinen Finger bis zum Daumen zunehmen. Diese Tatsache verdient Aufmerksamkeit. Wenn wir uns an die Funktionen des Daumens, des Zeigefingers und des Mittelfingers erinnern, dann sind diesen, die am meisten unter den fünf Fingern entwickelt sind, viele besondere Tätigkeiten aufgetragen, an denen die anderen wenig oder gar keinen Anteil haben. So das Zeigen, Schreiben, Zeichnen, Malen etc. Man wird erkennen, daß Vaschides Beobachtung meine Theorie bestärkt, nämlich, daß die Zone von Daumen und Zeigefinger mit dem bewußten Denken und dem Ich in Beziehung steht. Hoch differenzierte und umfassende Fähigkeiten des menschlichen Gehirns benutzen Daumen, Zeigefinger und Mittelfinger, besonders die beiden ersten, als Werkzeuge ihrer Ausdrucksmöglichkeit. In früheren Kapiteln haben wir gesehen, daß Daumen und Zeigefinger am beweglichsten sind. Jetzt erfahren wir, daß diese auch den schärfsten Tastsinn besitzen. Bei den Affen ist der radiale Bereich nicht getrennt von der übrigen Hand, da bei ihnen Daumen und Zeigefinger weder in ihrer Beweglichkeit noch im Tastsinn den anderen Fingern überlegen sind·

Der hohe Grad an unterschiedlichen Finger-Abdrucken hat diese für die Identifizierung eines Menschen geeignet gemacht. Die Methode des Fingerabdrucks, die die Polizei in der ganzen Welt benutzt, ist vor allem das Werk von Galton, Forgeot und Féré. Galton unterschied zehn Haupttypen. Es ist nicht meine Aufgabe, auf Einzelheiten dieser Methode einzugehen, die bei wissenschaftlichen Forschungen und in der Praxis in weiter Verbreitung angewendet wird. Es muß aber zugegeben werden, daß beim Untersuchen der Fingerabdrucke kaum die psychologischen Folgerungen mit in Betracht gezogen wurden. Hier möchte ich nur die Autoren anführen, die unmittelbar unser Wissen über die Vererbung oder die psychologischen Aussagen aus den Fingerabdrucken erweitert haben.

Féré fand heraus, daß die Fingerabdrucke von Degenerierten ungleicher waren als die der Normalen, und daß diese zugleich progressive wie regressive Formen entwickelten. Dies ist eine sehr interessante Beobachtung. Denn wir wissen, daß körperliche Asymmetrie eines der betontesten Merkmale von Degeneration ist. Dies also wirft ein Licht auf die ganze Lage der Anormalen oder Degenerierten in der menschlichen Entwicklung. Meiner Meinung nach müssen wir einen tatsächlichen Unterschied zwischen beiden Arten von Degeneration feststellen. Es gibt die fortschrittliche Art, die zu besonderer Sensitivität und erweitertem Bewußtsein führt und die rückläufige, aus der mangelnde Empfindsamkeit und ein beschränktes Bewußtsein folgen. Die Vermischung also von progressiven und regressiven Mustern der Papillarfurchen in den Händen Degenerierter findet ihre Parallele in einer ähnlichen Diskrepanz ihrer psychologischen Verfassung. Es gibt eine Richtung nach vorwärts zu höherer Differenzierung einiger Fähigkeiten, wie etwa der Intelligenz, und eine nach rückwärts zu den primitiven Impulsen: den Trieben und Emotionen.

Alix, ein französischer Anthropologe, beschrieb als eine der allgemeinsten und bedeutsamsten Formen der Rückläufigkeit die einfachen Dreiecke. Diese werden zeitweilig auf menschlichen Fingern beobachtet, vor allem auf den drei ersten, und sind immer auf den Fingern von Menschenaffen zu finden. Alix beschreibt sie als Furchen, die zuerst parallel zu den Beugungslinien der Gelenke an den Endgliedern der Finger verlaufen, dann in mehr oder weniger schräger Richtung, bis sie auf den Fingerspitzen die Form der Ellipse annehmen. Diese einfache Bogen- oder Dreiecksform wurde auch von Galton und Féré beschrieben als das primitivste Muster von Papillarlinien, das bei Menschen vorkommt. Ich habe es niemals bei irgendeiner Art von Affen gesehen. Bei ihnen entdeckte ich nur gerade Längslinien bis zur Krümmung der Fingerspitze hinauf, wo sie die Form von Ellipsen annahmen.

Die Urform, die von Alix beschrieben wird, gehört häufig zu Schwachsinnigen niederen Grades. Ich fand sie bei 30 von 112 Händen Geistesschwacher. In 20 Fällen trat dieses Muster an Daumen, Zeige- und Mittelfinger auf und in zwei Fällen bei allen fünf Fingern. Die Abb. 40 und 41 zeigen die Hände von zwei Idioten mit dem Primitivmuster von Papillarfurchen. Daneben habe ich zum Vergleich den Handabdruck eines Gorillas gestellt (Abb. 42). In allen 30 Fällen wurden diese Furchen von anderen Merkmalen der Menschenaffen begleitet. Abb. 40 zeigt die sehr primitive Hand eines 28jährigen männlichen Idioten. Im Vergleich mit dem Gorilla scheint der Idiot der weniger Differenzierte und Entwickelte zu sein. Tatsächlich war eine große Ähnlichkeit im Blick beider zu erkennen, eine Tatsache, die mich dazu führte, die Hände zu vergleichen.

Man kann beobachten, daß die Hand eines männlichen Idioten primitiver ist als die eines weiblichen. Sie hat im ganzen nur vier Linien:

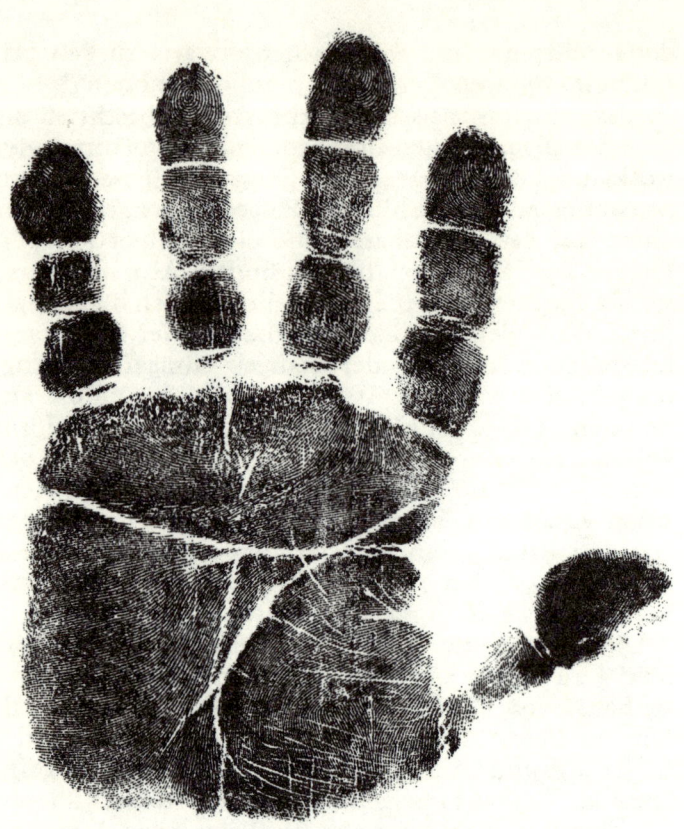

40 — Die Hand eines männlichen Idioten
Diese Hand erinnert an die des Gorillas. Man beachte die primitive Zeichnung der Finger, die Affenlinie und den mißgestalteten Daumen

1. Die typische Affenquerfurche; 2. die Thenarlinie; 3. eine Nebenlinie auf der Thenar-Erhöhung; 4. die untere Hälfte der langen Senkrechten. Die Form des Daumens gleicht dem des Menschenaffen. Auch die Hand der Frau zeigt diese Affenlinie und einen äußerst kleinen Daumen, hat aber mehr Hauptlinien. Man kann hieraus schließen, daß sowohl die Papillarfurchen wie die Hauptlinien der Hand in ernsten

Fällen von Degeneration Veränderungen zum Primitiven hin aufzeigen.

Die Hauptlinien (Faltenlinien)

Die Möglichkeit einer psychologischen Deutung der Faltenlinien wurde stets von Wissenschaftlern bestritten – aus demselben Grund, der sie vor dem ganzen Handthema zurückscheuen ließ: aus Furcht, in Berührung mit Scharlatanen zu kommen. Sie haben sich niemals darum gekümmert, ob nicht ein anderes wissenschaftliches System anstelle der Chiromantie für die Handdeutung gefunden werden könnte. Ich zögere nicht dem zuzustimmen, daß die Chiromantie, das heißt das auf Aberglauben beruhende Lesen der Handlinien, die als symbolischer Ausdruck von Schicksal und Charakter betrachtet werden, keine wissenschaftliche Grundlage besitzt. Einiges aber aus der chiromantischen Tradition, das seine Erklärung im Physiologischen finden kann, ist wertvoll. Dennoch ist die chiromantische Methode insgesamt, die bestrebt ist jedem Zentimeter und jeder nur mikroskopisch sichtbaren Rinne der Handfläche psychologische oder geheimnisvolle Bedeutungen zu geben, absurd.

Vaschides Konzeption des motorischen Bildes, »image motorique«, das in den Faltenlinien-Mustern auf Handfläche und Fingern wiedergegeben wird – ich habe es im zweiten Kapitel beschrieben –, war der wertvolle Beginn für eine neue Methode. Vaschide aber hat nicht selbst die praktische Beweisführung dieser Theorie unternommen. Darum beschäftigt sich meine Arbeit mit der Durchführung dieser notwendigen prakitschen Arbeit und der Erweiterung seiner Theorie.

Der Schlüssel zur Deutung der Handlinien muß stets das Muster sein, das sie gemeinsam bilden; zur Analyse aber ist eine gewisse Einteilung der Linien notwendig. Glücklicherweise gibt es eine sehr einfache, die jedem erkennbar ist. Diese betrifft die vier Hauptlinien, die

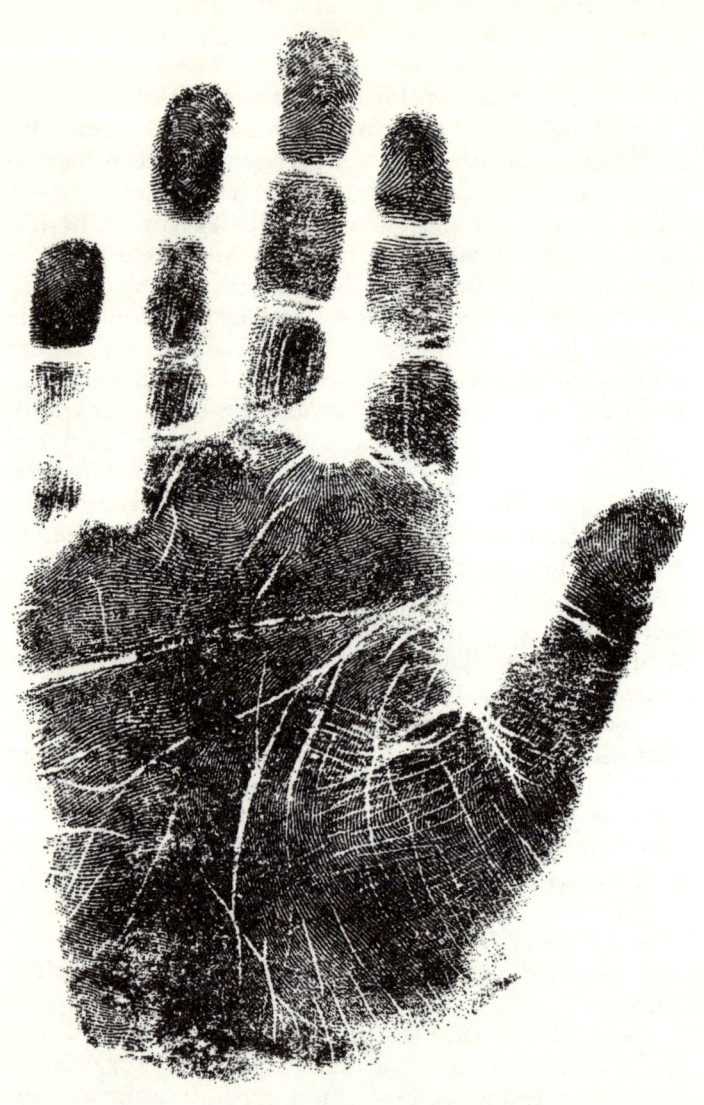

41 – Hand eines weiblichen Idioten
Beachte die primitive Zeichnung der Finger und die Affenlinie

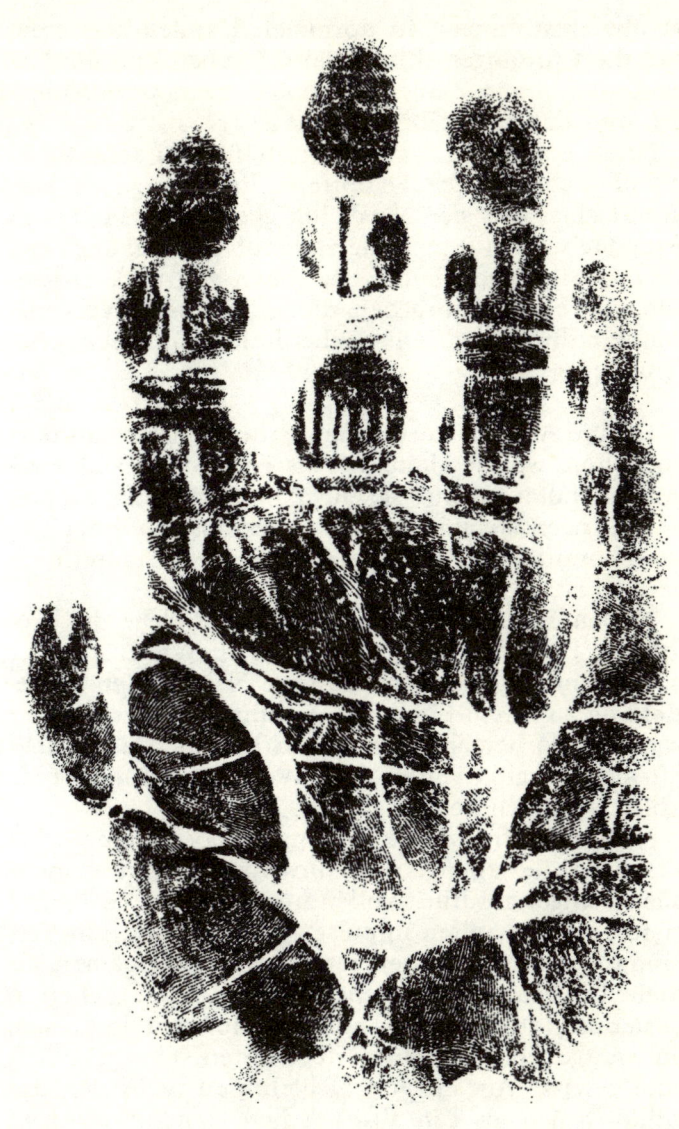

42 — Hand eines Gorillas

so übereinstimmend in normalen Händen auftreten, daß die Chirologen ihnen Namen gaben und die Nebenlinien, die in Zahl, Tiefe und Lage so unterschiedlich sind, daß fast keine benannt ist.

Diese Einteilung ist nicht zufällig, sondern funktionell bedingt. Die Hauptfaltenlinien ergaben sich unmittelbar aus der Muskeltätigkeit von Hand und Arm. Sie sind in Beziehung zu den Gelenken angelegt, aber Qualität und Dicke des ihnen zugrunde liegenden Gewebes verursachen die individuelle Verschiedenheit ihrer Lage. Die Nebenlinien umfassen zwei Gruppen:

1. Eine Anzahl von kleinen Falten, die überall dort entstehen, wo die Haut sich als Folge der Handbewegungen faltet. Wenn sie auch in Beziehung zu den Bewegungen stehen, geschieht dies doch in einer weniger unmittelbaren Weise als es bei den Hauptlinien der Fall ist.

2. Den Rest der Nebenlinien, auf welche die motorische Erklärung nicht zutrifft. Kein Wissenschaftler hat, meiner Meinung nach, diese Nebenlinien in Beziehung zu ihrem Ursprung und ihrer Bedeutung klar von den vorhergehenden unterschieden. Da sie aber für mein Thema von größter Wichtigkeit sind, werde ich sie ausführlicher behandeln.

Man muß freiwillige und mehr oder weniger beabsichtigte Bewegungen von unwillkürlichen und mehr oder weniger ausdrucksvollen unterscheiden. Während erstere mit bewußten Impulsen und Gedanken in Verbindung stehen, können letztere im allgemeinen als Reflexbewegungen angesehen werden. Diese stehen in Beziehung zu nervösen und emotionalen Impulsen, die weitgehend aus dem Unbewußten stammen. Daß eine gewisse Anzahl von Nebenlinien mehr den unwillkürlichen als den absichtlichen Handbewegungen zugehören, mag durch folgende Erklärung verständlich werden:

Die Nebenlinien stehen nicht im Verhältnis zur Handtätigkeit. Im Gegenteil sind »träge« Hände am reichsten in ihrem Linienbild. Die Hände von intellektuellen und nervösen Menschen – sensitive und bis zu einem gewissen Grad motorische knochige Hände – werden sehr wenig zur Handarbeit benutzt. Aber gerade in diesen finden wir ein enges Netz von Nebenlinien. Man kann annehmen, daß in ihnen die zugrunde liegenden Gewebe lockerer sind als in den elementaren und motorischen fleischigen Händen von Menschen, die mit der Hand arbeiten. Dies aber ist nur die halbe Wahrheit. Je sensitiver ein Mensch ist, um so größer ist sein Verlangen, sich auszudrücken und desto größer der Reichtum seiner Gestik. Die Gebärde umfaßt zusammenhängende übersensible Bewegungen, die ein großes Maß an Geschmeidigkeit der Hand verlangen und viele Nebenlinien hervorbringen. Die Bedeutung der Gestik ist rein psychologisch. Sie ist zutiefst mit nervösen und emotionalen Reaktionen verbunden und nur bis zu einem gewissen Grad mit Antrieben durch Gedanken.

In einer statistischen Übersicht von 1600 Händen, die alle Rechtshändern gehörten, fand ich in der linken Hand mehr Nebenlinien als in der rechten. Hierfür kann es vernünftigerweise keine mechanische Erklärung geben. Es ist eine Tatsache, die ohne Zweifel erläutert, daß die Nebenlinien anders einzustufen sind als einfache Zweck-Bewegungen.

Je häufiger und vielseitiger die nervösen und emotionalen Erregungen eines Menschen sind, umso mehr emotionale Spannung und Nervosität entwickeln sich in ihm. Diese beeinflussen die Skala und Verschiedenheit seiner unabsichtlichen Bewegungen und Gesten, was in den Nebenlinien der Hand registriert wird. Es besteht deshalb eine Beziehung zwischen der Anzahl von Nebenfaltenlinien und dem nervlichen Befinden.

Hierfür fand ich auch negative Beweise. In 32 Händen von Boxern und Ringern – alle vom elementaren

Typ –, deren Abdrucke ich nahm, fand ich jedesmal ein Minimum an Nebenlinien. Das gleiche ergab sich aus den Händen Schwachsinniger in einem L. C. C. Hospital für Geisteskranke. Dr. Earle bestätigte mir vor kurzem, daß er unter schwergradig Schwachsinnigen in seinem privaten Krankenhaus »die Boxer-Hand« entdeckt habe und auch eine gewisse Anormalität an Nebenlinien in vielen Fällen, »in denen keine andere Störung der Formen« gefunden werden konnte. Neben diesem Erfahrungsbeweis gibt es einen theoretischen. Dieser bezieht sich auf den Ursprung dieser Linien und schaltet die Ansicht aus, daß es Hautfalten sind, die indirekt durch absichtliche Bewegungen entstehen.

Auf jeder Handfläche, die zusammenhängende Muster von Papillarlinien – Schleifen, Wirbeln oder Schlingen auf den Thenar- und Hypothenar-Erhöhungen – besitzt, findet man Anhäufungen von kleinen Nebenlinien, die zentripetal zu diesen verlaufen. Ich habe schon erklärt, daß diese Ansammlungen der Papillarfurchen Zentren des Tastsinnes sind; die Nebenlinien, die zu ihnen hinlaufen, scheinen deshalb unmittelbar mit der Empfindsamkeit zusammenzuhängen.

Dies verlangt psychologisches Verständnis und ich möchte, um meinen Standpunkt klarer zu zeigen, den Leser auf die Abbildungen 43, 44 und 45 hinweisen, die Abdrucke von drei Händen wiedergeben.

Abb. 43 ist die Hand eines höchst intelligenten jungen Mannes, die dennoch einige Degenerationszüge aufweist. Ein motorisch fleischiger und motorisch knochiger Typ ist hier vermischt. In der linken Hand liegen die Nebenlinien vor allem auf der Hypothenar-Erhöhung und auf der radialen Seite der Handfläche, während dieser Bereich in der rechten Hand fast linienlos ist. In der Mitte der ulnaren Zone (dem Bereich der Phantasie und des Unbewußten) der linken Hand gibt es einen sehr beachtlichen Wirbel und es ist offensichtlich, daß alle Nebenfaltenlinien in seiner Nachbarschaft in Beziehung zu ihm angelegt sind.

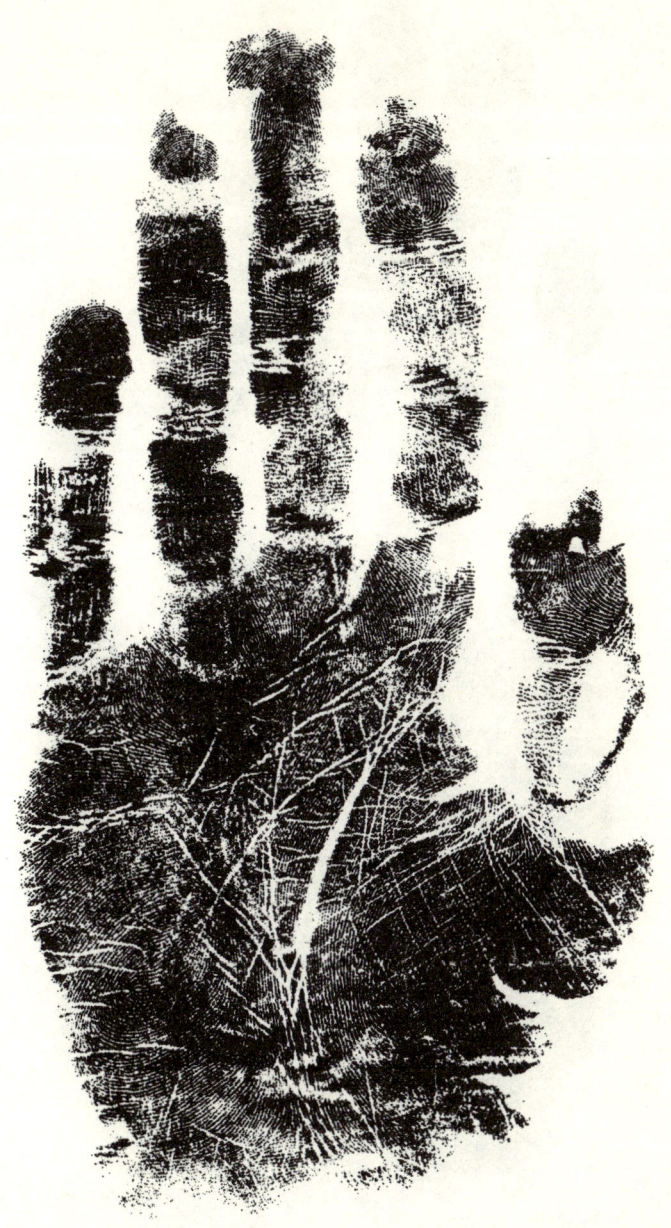

43 — Hand eines neurotischen jungen Mannes

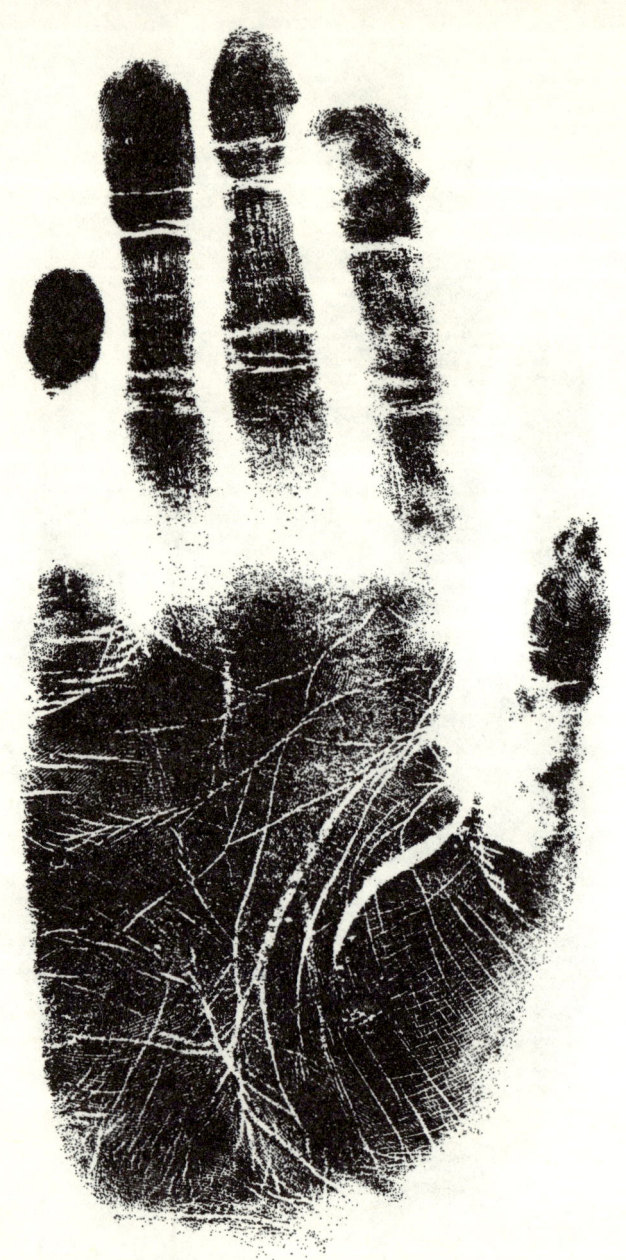

44 — Hand eines paranoiden Schizophrenen

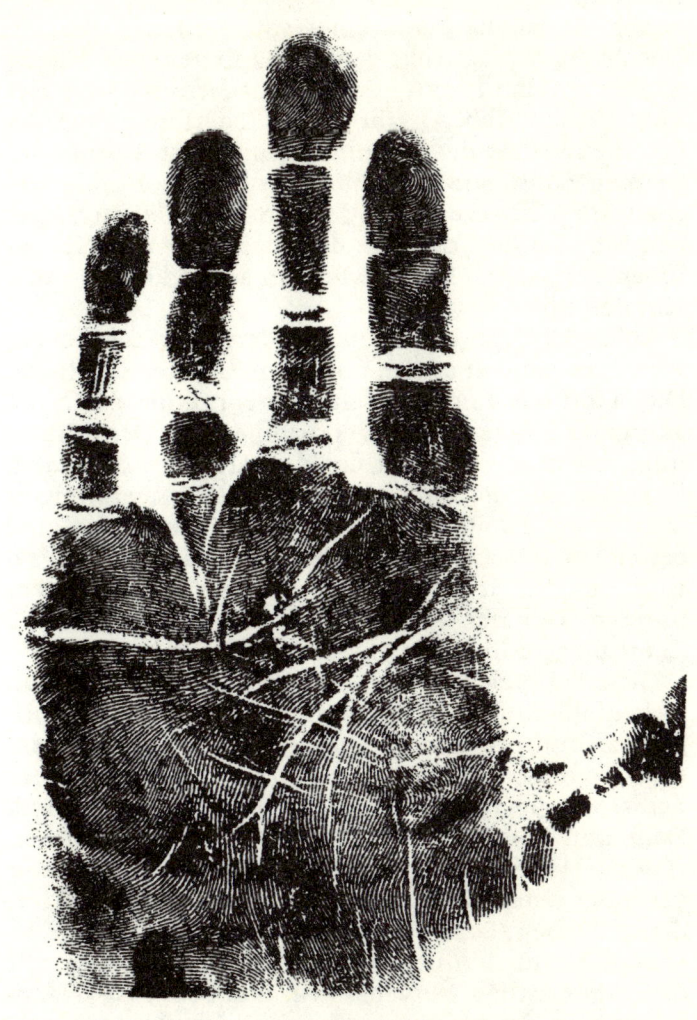

45 — Hand eines katatonischen Schizophrenen
Beachte das verzweigte Muster der Papillarlinien auf der Thenar-
Erhöhung und die dorthin laufenden Nebenlinien. Beachte auch
die völlig anormale Fingerlänge und die »Leere« der Handfläche

Ein Wirbel an dieser Stelle ist ein Zeichen von Atavismus.

Abb. 44 ist die Hand eines schizophrenen Jungen. Der Abdruck zeigt sehr genau das Extrem der langen sensitiven Handform – lang, »knochenlos« und elegant. Wie in Abb. 43 gibt es drei Querlinien, von denen die mittlere der Affenlinie ähnlich ist. Fast an der gleichen Stelle wie bei Abb. 43 ist in der Handfläche ein Wirbel eingezeichnet, der von Nebenfalten umgeben ist. Tatsächlich liegt die Mehrzahl der Nebenlinien der ganzen Hand, wie man sehen kann, in diesem Bereich.

Abb. 45 ist die Hand eines anderen Schizophrenen. Aber hier handelt es sich um einen Fall von Katatonie. Die Hand hat eine sehr seltsame Form, die durch die anormale Länge der Finger bedingt ist. Der Mittelfinger ist relativ zu lang, der kleine Finger viel zu lang. In bezug auf die Linien ist ein seltenes, verzweigtes Muster von Papillarfurchen auf der Thenar-Erhöhung besonders interessant. Mehrere Nebenlinien, die sowohl aus der Handmitte kommen, wie auch aus dem unteren Teil der Thenar-Erhöhung, sind um dieses Zentrum geordnet. Die übrige Handfläche ist »leer«.

Diese Beispiele helfen, den Ursprung dieses Typs von Nebenfaltenlinien zu erklären, deren Bildung deutlich in Beziehung zu den Papillarfurchen steht, vor allem dort, wo diese in Wirbeln und Schleifen auftreten. Das heißt, wo die taktilen Nervenzellen gesammelt sind. Kollmann nannte solche Muster von Papillarfurchen »Gyri«, Hautwindungen der Großhirnrinde. Denn er vermutete, daß sie in unmittelbarer Verbindung mit diesen stehen. Solche Nebenlinien registrieren, wahrscheinlich durch ihre unmittelbare Verbindung mit dem sensorischen Nervensystem und den Tast-»Handbildern« in der Gehirnrinde, nervöse und emotionale Reaktionen von mehr oder weniger rezeptiver Art. Nachdem wir gesehen haben, daß die besonderen Muster der Papillarfurchen in der Handfläche, mit der diese Reaktionen in unmittelbarer Verbindung stehen, normalerweise nicht in Menschenhänden gefunden werden, können wir sicher sein, daß sie sich auf irgendeine psychische Anormalität beziehen.

In diesem Zusammenhang können wir von den drei Händen auf den Abbildungen nur die erste besprechen, da die anderen beiden aus der Norm fallenden Menschen zugehören. Wenn auch der Besitzer der Hand auf Abb. 43 Neurotiker ist, so ist er doch körperlich normal und von hoher Intelligenz. Die sehr starke breite Handfläche gehört zum motorischen Typ. Hieraus können wir auf beträchtliche Vitalität und Antriebskraft schließen. Der Daumen ist dick und kräftig und gehört zu einem eigenwilligen und impulsiven Menschen. Die allgemeine Anordnung der Faltenlinien ist klar und gut verteilt. Trotz dieser Merkmale, die alle auf Energie und kräftige physische Konstitution deuten, ist die Querlinie an der Wurzel der Finger der Linie der Menschenaffen ähnlich. Es liegt auch ein Wirbel auf der Hypothenar-Erhöhung von der Art, die in Affenhänden zu finden ist. Dies sind deutliche atavistische Merkmale und lassen auf neurotische Veranlagung schließen.

Wenn auch bei den anderen beiden Händen keine psychologische Deutung versucht werden kann, so lohnt doch der Hinweis, daß jeder Laie sie von den Händen normaler Menschen unterscheiden kann – nicht nur durch das Vorhandensein von Wirbeln, sondern auch durch deutliche Anormalitäten in Form und Länge der Finger.

Die drei Abdrucke zeigen, daß der Ursprung gewisser Nebenfaltenlinien in direkter Verbindung zum Tastsinn und durch ihn zum sensorischen Nervensystem steht. Dies bedeutet, daß die Bewegungen, die diese Linien hervorrufen, den Charakter von Reflexen haben. Man muß dennoch darauf achten, daß man den taktilen Ursprung nicht nur auf die Linien begrenzt, die sich um ein anormales Muster von Papillarfurchen zentrieren. (Ich habe extreme Fälle ausgesucht, um die Beziehungen möglichst klar zu machen.) In Wirklichkeit besteht an allen »Kreuzungen« der Papillarfurchen, an denen sich verschiedene Richtungen treffen, eine Konzentration der Tast-Empfindsamkeit und der Nebenfaltenlinien, die ich vorschlagen würde, »taktile Fältchen« zu nennen. Die psychologische Deutung ändert sich dementsprechend für normale Hände.

Um auf die Erklärung der Faltenlinien zurückzukommen: Ihr Muster kann niemals von der allgemeinen Handform getrennt werden, in der sie auftreten. Diese Tatsache hat auch Dr. Cummings beobachtet. Eine bestimmte Gruppe von Hauptlinien gehört zu einem bestimmten Handtyp. Dies fügt ihre Bedeutung einem System ein. »Reine« Gruppen von Faltenlinien sind so selten wie »reine« Handformen. Man findet in neun von zehn Fällen Mischformen. Wenn die Faltenlinien zum Teil oder im ganzen unharmonisch zur Handform sind, dann zeigen sie unerwartete oder anormale Charakterzüge an.

Die Handform deutet auch auf die Zone hin, in der man die Konzentration der Nebenfaltenlinien erwarten kann. So hat die sensitive kleine Hand die Mehrzahl ihrer Nebenlinien auf der Hypothenar-Erhöhung, die der betonteste Teil dieses Handtyps ist. Eine motorisch fleischige Hand hat ihre hauptsächliche Konzentration von Linien entweder auf der Thenar-Erhöhung oder auf dem »Schlagrand«, die beide die zustärkst entwickelten Teile in diesem Handtyp sind. In einer motorisch knochigen Hand finden wir die Nebenlinien über die ganze Handfläche verteilt, oft aber in der Mittelzone und dem obersten Bereich konzentriert. In der elementaren ungleichmäßigen Hand sind sie, wenn überhaupt vorhanden, in höchst unregelmäßiger Weise angelegt, wie das in einem solchen Handtyp zu erwarten ist.

Die Faltenlinien können als Zeichen unterschiedlicher Individualität gelten. Selbst in den Händen der langweiligsten, gewöhnlichsten Menschen gibt es immer einige Abweichungen von dem Muster, der ihrem Handtyp zueigen ist. Man könnte einwenden, daß solche Unterschiede sehr selten sind, aber in Wirklichkeit gibt es erstaunlich wenig Hände, die nicht zumindest den einen oder anderen untypischen Zug im System ihrer Faltenlinien aufweisen.

Eine zusammengehörige Gruppe von Faltenlinien kann harmonisch genannt werden, wenn ihre charakteristischen Merkmale den Formelementen der Hand entsprechen. Sie ist unharmonisch, wenn es eine Unstimmigkeit gibt.

Merkmale der Faltenlinien stehen, ebenso wie ihre Breite oder Feinheit und die allgemeine Richtung, in der sie verlaufen, physiologisch in Beziehung zu dem Handtyp, in dem sie auftreten. Breite und in der Hauptsache horizontale Linien können normalerweise in elementaren und motorischen fleischigen Händen erwartet werden; sehr feine und flache, die in verschiedene Richtungen verlaufen, in sensitiven Händen, vor allem des kleinen Typs.

Die psychologische Bedeutung der Faltenlinien besteht ganz allgemein in der Wiederholung der Eigenschaften, die aus der Handform entnommen werden. Dabei liegt die Betonung auf den ganz persönlichen Charakterzügen. Offensichtlich falsch ist, daß eine ins einzelne gehende Bedeutung jeder besonderen Linie zugeteilt werden kann, wie es die Chiromantie vorgibt. Aber dies heißt nicht, daß die kleinen Linien bedeutungslos sind. Jeder, der eine große Anzahl von Handflächen geprüft hat, wird erkannt haben, daß nicht ein Linienmuster einem anderen genau gleicht und daß die ausgesprochensten Unterschiede in den Nebenlinien liegen. Selbst rechte und linke Hand sind bei dem gleichen Menschen niemals identisch.

Wie aber kann man stärker verborgene Charakterzüge aus diesen einfachen Furchen der Handfläche erkennen? Nach dem, was ich insbesondere von den drei

169

Händen auf Abb. 43, 44 und 45 gesagt habe, kann man, wie jeder zustimmen wird, leicht pathologische Fälle diagnostizieren. Fast ebenso leicht sind Sonderlinge herauszufinden. Die schwierigere Aufgabe liegt in der Unterscheidung charakteristischer Merkmale bei durchschnittlichen Männern und Frauen. Es verlangt eine lange Erfahrung und Schulung, um die kleinen Abweichungen vom »Normalen«, die das Wesen eines solchen farblosen Menschen enthüllen, herauszufinden und zu deuten. Einige Verallgemeinerungen mögen sich als nützlich erweisen.

A. Nebenlinien

Die vollkommene Abwesenheit von Neben-Faltenlinien bedeutet, selbst in einer elementaren Hand, Mangel an Empfindsamkeit. Eine Überfülle zeigt, sogar in einer sensitiven Hand, einen sehr nervösen, aufnahmebereiten Menschen. Mangel an Nebenlinien in Verbindung mit anderen atavistischen Zügen wie etwa einer elementar ungleichmäßigen Hand, geht zusammen mit einer unausgeglichenen, emotionalen Verfassung, die wahrscheinlich an Verfolgungswahn grenzt, da die Aufnahmefähigkeit und natürliche emotionale Ausdrucksmöglichkeit ernsthaft gehemmt, wenn nicht beinahe ganz blockiert sind. Eine Überfülle an Faltenlinien besagt immer ein hohes Maß an Empfangsbereitschaft und eine geringe Widerstandsfähigkeit der Nerven. Die zu leichte Registrierung störender Einflüsse verursacht Angst.

B. Lokalisierung der Nebenlinien
mit besonderer Berücksichtigung ihrer Verschiebungen

Die Bedeutung dieser Abweichungen steht in Beziehung zu dem Bereich, auf dem sich die Nebenlinien befinden. Sie sind z. B. am falschen Platz, wenn sie auf der Hypothenar-Erhöhung einer motorischen Hand, vor allem eines fleischigen Typs, auftreten. Dann müssen sie als schwächende Einflüsse der Phantasie und des

Unbewußten gelten, die sich in die einfache Natür-
lichkeit dieses Menschentyps einmischen. Die gleiche
Verschiebung in einer motorischen knochigen Hand
würde nicht den gleichen Grad an Gestörtheit bedeu-
ten. Denn die motorische knochige Hand gehört auf
jeden Fall zu einem nervösen Typ und die Abweichung
würde nur einen Zug von Absonderlichkeit unterstreichen.

Soviel über die veränderlichen Nebenlinien. Im weiteren sollen die breiteren, stabileren hauptsächlichen
Falten, die Hauptlinien beschrieben werden.

Die Thenarlinie

Die Thenarlinie umgrenzt die Thenar-Erhöhung und
entwickelt sich im Verhältnis zu ihr. Bei einer starken
und muskulösen Thenar-Erhöhung ist die Thenarlinie
tief und klar. Ist sie wenig entwickelt, dann ist die
Thenarlinie schwach oder gebrochen. Ich habe niemals
eine Hand gesehen, bei der sie überhaupt fehlte.

Die chirologische Tradition, die mit der Thenar-
Erhöhung Triebkräfte und mit der Thenarlinie Vitalität und physische Gesundheit verbindet, wendet hierbei unabsichtlich eine psychologische Idee an.

Rudolf Martin hat festgestellt, daß sich die Thenarlinie als erste im Embryo entfaltet. Höchstwahrscheinlich verändert sie sich nicht im Leben. Zeichnung,
Länge, Tiefe und Verlauf dieser Linie zeigen die Art
der Vitalität des Betreffenden. Eine gut entwickelte
Thenarlinie wird allgemein in elementaren und motorischen fleischigen Händen – in den Händen körperlich starker und aktiver Menschen – gefunden. In diesen ist sie tief und ungebrochen. Hierzu im Gegensatz
ist eine kurze, zittrige oder unterbrochene Thenarlinie
meist in sensitiven Handtypen zu finden und wird von
einer nervösen Art Vitalität und einer asthenischen
Konstitution begleitet.

Die untere Querlinie

Dies ist die Kopflinie der Chiromantie. Sie entspringt am gleichen Ort wie die Thenarlinie oder in deren Nähe und läuft im allgemeinen in einer kleinen Abwärtskurve zum äußeren Handrand hin. Sie ist viel verschiedenartiger als die Thenarlinie. Manchmal geht sie in die Hypothenar-Erhöhung herunter; sehr selten zur oberen Querlinie hinauf. Bei etwa 2 % der Menschen durchquert sie die ganze Handfläche in horizontaler Richtung vom inneren zum äußeren Handrand. In diesem Fall wird sie Affenlinie genannt. Dies ist, wie ich schon erwähnt habe, eins der häufigsten atavistischen Merkmale in menschlichen Händen. Die untere Querlinie wird Vierfingerfurche genannt. Dieser Name illustriert ihren Ursprung. Sie ist Ergebnis der Beugebewegungen der vier Finger. Die Funktion der Muskeln, die die entsprechenden Finger in Bewegung setzen, ist beim Menschen viel differenzierter als beim Affen. Vor allem hat der Zeigefinger hoch spezialisierte Muskeln. Dies verursacht die größere Verschiedenartigkeit und die gebogene Zeichnung der menschlichen Vierfingerfurche im Vergleich zur Affenfurche.

Die Chiromantie verbindet die untere Querlinie mit Intelligenz. Für diese Annahme bestehen tatsächlich auch Gründe durch die schon angeführte Beziehung von Daumen und Zeigefinger zum Ich und Bewußtsein. Die Intelligenz entwickelt sich mit der Bewußtwerdung. Deshalb scheint es eine Verbindung zwischen Intelligenz und den Beugungslinien zu geben, die von den besonderen Muskeln des Zeigefingers abhängen. Statistische Untersuchungen stärken diese Annahme. Miß E. Wilson von der Columbia Universität in New York untersuchte Lage und Fehler der unteren Querlinie in den Händen von 50 Studenten, 50 Schizophrenen und 47 Geistesschwachen. Sie entdeckte aus der Norm fallende Lage und Fehler wie Inseln, Fächerungen und Unterbrechungen häufiger in Händen von

Anormalen als bei normalen Menschen. Unter den Geistesschwachen wiesen 45 % den einen oder anderen Fehler in dieser Linie auf. Meine eigenen Untersuchungen, die 650 Geistesschwache umfassen und eine gleiche Zahl normaler Menschen, zeigen bei den Geistesschwachen einen erstaunlich hohen Prozentsatz von Fehlern in Lage, Länge und Zeichnung der unteren Querlinie. Es waren 70 % im Vergleich zu 30 % bei den Normalen. Zusätzliche erwähnenswerte Erkenntnisse sind Anormalitäten der unteren Querlinie, die gewöhnlich mehr in leichteren Fällen von Geistesschwäche und Idiotie vorkamen als bei Schwachsinnigen und hochgradigen Geistesschwachen. Es sind: anormale Kürze, die ein sehr allgemeines Merkmal der unteren Querlinie bei niederen Graden von Geistesschwachen sind. Bei ihnen beginnt die Linie oft erst unter dem Mittelfinger.

Aus diesen Beispielen läßt sich feststellen, daß die untere Querlinie vernünftigerweise auf dieser oder jener Art mit Intelligenz in Beziehung gebracht werden. kann. Es ist aber nicht möglich, diese Linie einer besonderen Fähigkeit der Intelligenz zuzuordnen. Bei jeder Deutung muß sie mit anderen Zügen der Hand verglichen werden, wie etwa mit der Klarheit der gesamten Anordnung der Linien und mit der Form der Finger, vor allem ihrer Endglieder.

Die obere Querlinie

Diese Linie ist in der Chiromantie als Herzlinie bekannt. Sie entspringt auf dem ulnaren Rand der Handfläche (der Kleinfingerseite), verläuft in einer leichten Aufwärtskurve und endet mit einiger Verschiedenartigkeit entweder zwischen Zeige- und Mittelfinger oder mit einem oder mehreren Zweigen unterhalb des Zeigefingers. In manchen Händen biegt sie sich zu der unteren Querlinie herab oder trifft sich sogar mit ihr. Sie hat mit der unteren Querlinie an den Beugebewegungen aller vier Finger teil, aber nicht in gleicher

Weise. Sie hängt mehr von den Bewegungen des Mittel-, Ring- und kleinen Fingers als von denen des Zeigefingers ab. Daß sie überhaupt vorhanden ist, verdankt sie der starken Sonderstellung des Zeigefingers. Denn die meisten Affen, in deren Händen diese Sonderstellung fehlt, haben nur eine einzige Hauptquerlinie. Bei Geistesschwachen weist diese Linie weniger Anormalitäten in Lage, Länge und Fehlern auf als die untere Querlinie.

Welche psychologische Bedeutung diese Linie auch haben mag, sie muß in Verbindung zu der unteren Querlinie gesehen, wenn nicht sogar mit ihr identifiziert werden. Denn beide Linien greifen ineinander über und bei manchen ergänzt die eine die andere. Es gibt so viele Beispiele für eine Beziehung dieser beiden Querlinien, vor allem der unteren, mit der Intelligenz, daß man dies voreilig als bewiesen annehmen kann. Ich aber bin nicht ganz überzeugt, daß sie ausschließlich Intelligenz bezeugen. Es gibt ein Argument dagegen. Dieses beruht auf der Tatsache, daß bei manchen Geistesschwachen sowohl die motorische als auch die Denk-Funktion gestört sind. Ihre schwerfälligen Bewegungen, abrupten Gesten und ihre gehemmte Gehweise sind wohlbekannt.

Im allgemeinen entwickelt sich das motorische Zusammenspiel, wie Professor Henri Wallon unterstrichen hat, in Verbindung mit der Intelligenz. Selbst sehr intelligente Menschen haben, nach Wallons Überzeugung, eine fehlerhafte Intelligenz, wenn ihre Bewegungen nicht aufeinander abgestimmt sind. Geringe Intelligenz geht mit motorischen Störungen zusammen. Dies wissen wir. Deshalb sind fehlerhafte Faltenlinien zu erwarten, wenn die Art der Impulse, Gedanken und Bewegungen gestört ist und zugleich die Aufnahmefähigkeit und emotionale Antwort degeneriert oder verarmt.

Anormalitäten der oberen und unteren Querlinie, die so häufig in Händen von Geistesschwachen gefunden werden, sollten deshalb mit ihrem ganzen anormalen Befund in Beziehung gesetzt werden: mit den Nervenreflexen und emotionalen Reaktionen.

Es ist also noch nicht möglich, die Verbindungen der oberen und unteren Querlinie mit der Intelligenz allein herauszustellen. Aber es sprechen viele Beispiele hierfür, so daß weitere Forschungen bei normalen Menschen verschiedener Typen und Intelligenzgrade gerechtfertigt erscheinen und unterstützt werden sollten. Auf diese Weise könnte man herausfinden, ob sich diese Linien bei verschiedenem Intelligenzniveau durchweg unterscheiden.

Beide Linien sind schon vorgeburtlich eingezeichnet und verändern sich nur selten während des Lebens.

Die lange senkrechte Linie (Longitudinal-Linie)

Diese Linie ist längst nicht so festgelegt wie die drei anderen schon beschriebenen Hauptfalten. In einigen Händen fehlt sie ganz. Es ist die letzte der vier hauptsächlichen Beugelinien und verändert sich während des Lebens. Aus meinen eigenen Erfahrungen möchte ich sagen, daß sie sich am meisten vor dem 16. Lebensjahr ändert. Die Chiromantie nennt diese Senkrechte die Linie des Schicksals und der geheimnisvolle Klang dieses Namens übt noch immer Macht auf die Abergläubischen aus.

Wie ich im zweiten Kapitel erklärt habe, ist sie Ergebnis der Längsfaltung der Hand, die den Hohlraum der Handmitte hervorbringt. Ich habe in diesem Kapitel dargelegt, welche Rolle diese Linie in der Psychologie der Hand spielt und warum ich sie Linie des sozialen Verhaltens nenne. Dieser theoretischen Erklärung möchte ich einige statistische Beweise hinzufügen. Hände, in denen die Längslinie ganz fehlt, sind zumeist anormale Hände – Hände des elementaren und ungleichmäßigen Typs. Man beachte, daß es die gleichen Hände sind, in denen die Affenfurche auftritt. Im allgemeinen fehlt die lange Senkrechte dort, wo eine der beiden Querlinien nicht vorhanden ist, oder sie ist in einer solchen Hand sehr fehlerhaft entwickelt.

Ein bestimmtes »psychologisches Modell« ist diesen beiden Handmerkmalen zueigen. Die Beziehung der langen Senkrechten und – zu einem gewissen Grad – der Affenfurche mit dem sozialen Verhalten erweist sich durch die Tatsache, daß ein äußerst hoher Prozentsatz von Schwachsinnigen leichteren und schweren Grades ebenso wie »Rebellen« jeder Art diese Linie nicht besitzen. Bei 532 Geistesschwachen fand ich:

a) Fehlen der langen Senkrechten in 224 Fällen – etwa 40 Prozent.
b) Die Affenlinie (neben dem Fehlen einer der Haupt-Querlinien) in 50 Fällen – etwa 10 Prozent.

Bei einer Untersuchung in kleinerem Umfang beobachtete ich die Häufigkeit dieser beiden Merkmale in den Händen von 45 moralisch degenerierten französischen Jungen in einer Pariser Klinik. Sie waren zwischen 15 und 19 Jahren, alle von einem Jugendgericht verurteilt. In den Händen von 20 dieser Jungen (etwa 40 %) fehlte die lange Senkrechte vollständig. Bei den übrigen war sie unvollkommen entwickelt. In fünf Fällen fehlte gleichzeitig eine der Haupt-Querlinien.

Ein Vergleich der beiden unnatürlichen Merkmale in Händen anormaler wie normaler Menschen gibt weitere Hinweise auf die Bedeutung der Longitudinal-Linie.

Fehlen der großen Längslinie:
Bei normalen Menschen 0,5 %
Bei anormalen Menschen (geistig und moralisch) 40 %

Vorhandensein der Affenlinie:
Bei normalen Menschen 0,5 %
Bei anormalen Menschen (geistig und moralisch) 10 %

Bei Menschen mit der elementaren ungleichmäßigen Hand – einer Hand des asozialen Verhaltens, wie man sie nennen könnte – findet man sehr häufig Handstellungen atavistischer Art. Dies ist leicht verständlich; denn das Vorhandensein der Affenlinie bedeutet, daß der Zeigefinger sich nicht leicht ohne die anderen Finger bewegen kann (die Ähnlichkeit mit der Hand eines menschenähnlichen Affen). Das Fehlen einer langen Senkrechten schließt noch eine andere Beschränkung der Beweglichkeit ein – die Möglichkeit, die Längsbiegung zu vollziehen, die die Vertiefung der Hand verursacht.

Man kann Menschen mit diesen Handfehlern finden, die entgegen ihrem Bildungsniveau Messer und Gabel mit der Faust halten. Denn die elementaren ungleichmäßigen Hände gehören nicht allein den Stumpfsinnigen und Einfachen. Viele hoch intellektuelle aber neurotische Menschen haben sie. Ein Maler-Freund von mir legte seinen Pinsel mit größter Unbeholfenheit in die Faust und schrieb in kindlicher Weise, indem er den Zeigefinger nicht gesondert benutzte. Dies ist ein typisches Beispiel, und es wäre sehr interessant, die Handschrift von sehr intelligenten und gebildeten Menschen mit einer solchen strukturellen Anormalität in der Hand zu prüfen. Aus meinen Beobachtungen einzelner Fälle möchte ich schließen, daß immer ein linkischer und gehemmter Zug in ihrer Handschrift liegt und diese niemals Merkmale von Leichtigkeit und Fluß erkennen läßt.

Daß elementare Handhaltungen wahrscheinlich stärker mit sozialem Verhalten als mit Intelligenz verbunden sind, ergibt sich aus der Tatsache, daß intelligente Neurotiker und moralisch unausgeglichene Menschen sie in gleicher Weise zum Ausdruck bringen wie Geistesschwache.

Allgemein müssen Länge und Tiefe der Längslinie in Verbindung mit der Handform betrachtet werden, in der sie liegt. Normalerweise ist sie kürzer und we-

niger deutlich in elementaren und motorisch fleischigen Händen gezeichnet, in denen die horizontale
Linie am stärksten ausgeprägt ist. In motorischen
knochigen und in beiden Typen von sensitiven Händen ist die lange Senkrechte im allgemeinen gut gezeichnet. Sie bildet in diesen Händen die wahre Achse
der Hand. Sensitive Hände, die oftmals eine Überfülle
an Nebenlinien besitzen, gehören Menschen, die zu
nervösen Störungen neigen, da ihre Empfänglichkeit
ungebührlich entwickelt ist, so daß Rückschläge aus
der Umwelt ihre zarte Nervenkonstitution überwältigen und unnatürliche Reaktionen hervorrufen können. In diesen Händen, die mehr bei Frauen als bei
Männern vorkommen, ist diese lange Senkrechte sehr
stark gezeichnet.

Dies klingt paradox. Warum sollte die Linie des
sozialen Verhaltens besonders ausgeprägt sein in Händen nervöser Menschen, sogar bei denen, die ein stark
introvertiertes Temperament haben und weniger in
den Händen unbekümmerter elementarer und py-
knischer Menschen, die ganz offensichtlich keine Mühe
haben, sich ihrer Umwelt anzupassen? Die Antwort
lautet, daß letztere leicht mit sich selbst zufrieden sind,
sowohl mit ihrem unmittelbaren Milieu wie auch mit
der weiteren Umwelt, der sie zugehören. Ihr Gefühl
für die Menschheit übersteigt kaum ein egoistisches
Stammes-Interesse. Zweifellos treten selbstlose Bestrebungen eher bei sensitiven und intellektuellen Menschen auf als bei primitiven und egoistischen. Der
Nervöse ist sicher oft egozentrisch, aber er sucht nach
Zusammenarbeit mit anderen Menschen und nach
einem wirksamen Über-Ich, während der Pykniker, der
ebenso ichhaft und nachsichtig mit sich selbst ist wie
großzügig gegenüber den anderen, ein schwaches Über-
Ich besitzt und leicht mit einem primitiven Leben
zufrieden ist. Dem Pykniker könnten dennoch – dem
Anschein nach – Zeiten der Gefahr von Vorteil sein,
da seine Reaktionen nicht von Anpassungsschwierig-

keiten behindert werden. Die Erfahrung aber hat gezeigt, daß eher das Gegenteil zutrifft. Zum Beispiel bringen nervöse und introvertierte Menschen in Kriegszeiten bemerkenswerte Selbstopfer und zeigen Mut und Gruppengeist, während der Pykniker weniger fähig ist, schwierige und verwickelte Situationen zu meistern. Die Bildung der »Linie des sozialen Verhaltens« geht zusammen mit dem Kampf des Über-Ichs, der oft verbunden ist mit der Frage der Anpassung an die unmittelbare Umwelt. Das wirkliche Ziel des Über-Ichs aber ist die Anpassung an die Menschheit insgesamt.

Wir können nun den Schluß ziehen, daß Menschen, in deren Händen die lange Senkrechte sehr tief gezeichnet und die vorherrschende Linie ist, selbstlose Ziele und ein Über-Ich besitzen. Aber es fällt ihnen schwer, sich schnell anzupassen. Dies ist auf den Konflikt zwischen primitiven Instinkten und den Forderungen der Umwelt zurückzuführen.

Die Bewertung dieser Linie hängt, wie alle Handdeutung, von den gesamten charakteristischen Merkmalen in Form und Linienmuster der Hand ab, in der sie auftreten.

Der obere Bogen

Die halbkreisförmige Falte an der Wurzel der Finger, die in der Chiromantie »Venusgürtel« genannt wird, ist weniger allgemein als die vier Hauptlinien, die wir beschrieben haben. Sie ist auf die gesonderten Bewegungen des Mittel- und Ringfingers zurückzuführen und tritt am häufigsten in sehr beweglichen Händen auf. In elementaren oder motorisch fleischigen Händen ist dieser Bogen kaum zu finden, wogegen er gewöhnlich in sensitiven und motorisch knochigen Händen liegt. Manchmal erscheint er in elementaren ungleichmäßigen Händen, wo er gewöhnlich von einer Affenlinie begleitet wird.

Er tritt in vielen psychiatrischen Fällen auf, z. B. in Händen von Schizophrenen und Geistesschwachen mit endogener Psychose oder bei anormalen Menschen, die seltsame Stellungen einnehmen und geheimnisvolle Gesten machen. Dr. Earl hat sie in einer Abhandlung beschrieben. Die virtuose Geschicklichkeit, die solche Patienten im Bewegen des Mittel- und Ringfingers entfalten, wobei sie oft mit endloser Wiederholung Wolle balancieren und aufwickeln, gleicht der Vorstellung eines Taschenspielers. Kein normaler Mensch könnte jemals das verwickelte Muster und die Schnelligkeit dieser Gesten nachahmen. Wie der Name »Venusgürtel« erkennen läßt, verbindet die Chiromantic diesen Bogen mit erotischen Neigungen. Erinnern wir uns an den alten Namen des Mittelfingers: »impudicus«, dann werden wir wahrscheinlich nicht fehlgehen in der Annahme, daß verfeinertes Spiel des Sexus und autoerotische Neigungen mit Recht diesem Bogen zugesprochen werden.

Die Hypothenar-Linie

Diese Linie grenzt eine stark entwickelte und tief eingeschnittene Hypothenar-Erhöhung ab. Deshalb ist sie selten in elementaren und motorischen Händen vorhanden, in denen die Hypothenar-Erhöhung in der Regel relativ klein ist, sondern oft in sensitiven Händen, in denen sie groß angelegt ist. Die Hypothenar-Linie erscheint häufiger in der linken als in der rechten Hand. Sie bleibt das ganze Leben hindurch völlig unverändert. Da sie am meisten in Händen mit affenähnlicher Hypothenar-Erhöhung gefunden wird, ist sie als atavistisches Merkmal zu betrachten.

Die Hypothenar-Linie ist die physiologische Folge einer überentwickelten Erhöhung und unterstreicht deren psychologische Bedeutung: die überentwickelte Phantasie, die häufig eine unangepaßte Wirklichkeitsbeziehung und neurotische wie hysterische Störungen verursacht. Das Ich eines solchen Menschen ist schwach und wird leicht durch verdrängte Einflüsse aus dem Unbewußten gespalten.

Fehler

Fehler verschiedener Linien wurden schon öfter erwähnt. Ich muß aber hier noch ein Wort hinzufügen über ihre mögliche psychologische Bedeutung, ehe ich zu einer Zusammenfassung der Faltenlinien-Muster in Beziehung zu den sechs Handtypen übergehe. Fehler in den Linien sind Zeichen gestörter Entwicklung. Sie treten gewöhnlich in Händen anormaler Menschen auf, vor allem bei Geistesschwachen, das heißt bei Menschen, bei denen motorisches, emotionales und geistiges Aufeinanderabgestimmtsein fehlt. Seltener werden sie bei normalen Menschen gefunden, bei denen sie – allem Anschein nach – auf widerstreitende und hemmende Impulse zurückzuführen sind. Nach Vaschide bildet sich der Charakter des Menschen aus dem Kampf zwischen vorwärtstreibenden und hemmenden Impulsen. Eine Hand mit einem Linienmuster, das viele Fehler aufweist, vermittelt den Eindruck von Unsicherheit; Klarheit und Entschiedenheit fehlen. Wenn ein solches Linienmuster in einer anderen als der offensichtlich anormalen Hand auftritt, bedeutet es einen Widerstreit der von Nerven wie von Emotionen oder Gedanken gesteuerten Antriebe.

Es wird für den Leser von Nutzen sein, die folgenden Angaben über die Faltenlinien, die in den sechs Grundformen der Hand zu finden sind, zusammen mit den entsprechenden Bemerkungen über die Formen dieser Hände aus Kap. III zu studieren. Die Aufzeichnungen sind sinnvolle Verallgemeinerungen.

I. In der *elementar* einfachen Hand sind die Linien:
a) Wenig
b) Eher horizontal als vertikal
c) Tief und breit
d) Selten unterbrochen und fehlerhaft
e) Auffallende Nebenlinien auf der Thenar-Erhöhung und dem Schlagrand der Handfläche
f) Einfach und klar in der allgemeinen Anordnung.

II. In der *elementar ungleichmäßigen Hand* sind die Linien:
a) Wenig
b) Vorherrschend horizontal
c) Weniger tief und breit als in der elementaren einfachen Hand
d) Stärker unterbrochen und fehlerhafter als in der elementaren einfachen Hand
e) Oft fehlen die Nebenlinien vollständig
f) Einfach aber ungewöhnlich in ihrer allgemeinen Anordnung entweder durch Fehler oder unnatürliche Lage der Nebenlinien oder durch das Vorhandensein atavistischer Beugungslinien wie der Affenfurche oder der Hypothenar-Linie.

III. In der *motorisch fleischigen Hand* sind die Linien:
a) Wenig, wenn auch mehr als in der elementaren Hand
b) Eher horizontal als vertikal
c) Tief und breit, in der Zeichnung aber mehr ausgeprägt als bei den elementaren Händen
d) Relativ frei von Unterbrechungen und anderen Fehlern
e) Gekennzeichnet durch das Vorhandensein von Nebenlinien auf der Thenar-Erhöhung und dem Schlagrand der Handfläche
f) Differenzierter in ihrer Anordnung als in der elementaren Hand, aber noch klar und einfach.

IV. In der *motorisch knochigen Hand* sind die Linien:
a) Viel
b) Mehr senkrecht als horizontal
c) Feiner und oberflächlicher als in der motorisch fleischigen Hand
d) Von Fehlern mannigfaltigster Art gekennzeichnet
e) Weniger festgelegt in der Lage der Nebenlinien als in der fleischig motorischen Hand
f) Verzweigt aber klar in ihrer allgemeinen Anordnung.

V. In der *sensitiven kleinen* Hand sind die Linien:
a) Sehr viel
b) In jede mögliche Richtung verteilt, aber oft auf die Thenar- und Hypothenar-Erhöhung konzentriert
c) Im allgemeinen oberflächlich und eng
d) Häufig durch Unterbrechungen und Fehler jeder Art gekennzeichnet
e) In der allgemeinen Anordnung sehr verzweigt und viel weniger klar als in den vorhergehenden Handtypen. Manchmal so verschlungen wie ein Spinnennetz.

VI. In der *sensitiven langen Hand* sind die Linien:
a) Viel, aber weniger als in der sensitiven kleinen Hand
b) Vorherrschend Längslinien
c) Fein aber weniger oberflächlich als in der sensitiven kleinen Hand
d) Häufig gekennzeichnet durch Fehler jeder Art
e) Wie die sensitive kleine Hand gekennzeichnet durch Nebenlinien in jedem Teil der Handfläche, aber unterschieden durch deren häufige Konzentrierung im oberen Bereich
f) Im Gesamtbild verzweigt aber vorwiegend klar.

VIII. Kapitel

RECHTE UND LINKE HAND

Es ist eine alte, allgemein bejahte Annahme der Chiromantie, daß die linke Hand das anzeigt, was wir im Grunde sind, die rechte Hand, was wir als Ergebnis unserer Entwicklung geworden sind. Man hat dies aber niemals wissenschaftlich untersucht. Für die Handpsychologie ist die Unterscheidung der beiden Hände von allerwichtigster Bedeutung; wir müssen deshalb dieses Phänomen näher prüfen. Dies kann auf zweierlei Weise geschehen: durch Theorie und durch Erfahrung. Beide Wege werde ich verfolgen:

Theorie

Die meisten Menschen sind Rechtshänder. In unseren Tagen sind nicht mehr als 2 bis 3 % der Bevölkerung Linkshänder. Man hielt diese Linkshändigkeit ihrer Seltenheit wegen früher für unnatürlich. Deshalb zog sie wissenschaftliche Neugier und Untersuchungen auf sich. In Medizin und Psychologie hielt man sie für Zeichen von Degeneration. Denn sie erscheint weit öfter bei Geistesschwachen und Neurotikern als bei normalen Menschen. Sie wurde auch bei einem hohen Prozentsatz von Epileptikern gefunden, die entweder geistesschwach oder im Gefühl unausgeglichen sind.

Es gibt eine reiche Literatur über Linkshändigkeit. Da diese mein Thema aber nur insoweit betrifft als sie sich auf die Lokalisierung verschiedener Eigenschaften in der rechten oder linken Hand bezieht, will ich nur ein Buch angeben: »Handedness, Right and Left« von Ira S. Wile (1936). Die Seiten dieses Buches, die sich mit der Entwicklung der Rechtshändigkeit und dem theoretischen Verständnis beider Hände beschäftigen, tragen etwas bei zu der Frage, die dieses Kapitel aufwirft.

Einhändigkeit – mag sie rechts oder links sein – ist ein Ergebnis der Entwicklung. Affen sind beidhändig; ebenso der Primitive. Das Kleinkind wiederholt bis zu zwei Jahren dieses frühe Entwicklungsstadium, indem es beide Hände gleichzeitig benutzt. Danach wird es mehr oder weniger ausgesprochen einhändig. In früheren Geschichtsperioden benutzte eine Mehrzahl von Menschen die linke Hand ausgiebiger als heute. Man nimmt an, daß die Hebräer vorherrschend linkshändig waren, weil ihre Schrift von rechts nach links verläuft. Im alten Griechenland dagegen muß Linkshändigkeit, ebenso wie noch vor kurzem bei uns, als unnatürlich angesehen worden sein. Wile zitiert Platos Ausspruch, daß Linkshändigkeit der falschen Kinderpflege der Frauen zuzuschreiben sei, die ihre Babies auf dem linken Arm trugen. Dadurch legten sie ihre linke Hand anstelle der rechten frei und begünstigten ihre stärkere Ausbildung und Beweglichkeit. Anscheinend war Plato überzeugt, daß jeder Mensch als Rechtshänder geboren wird.

Welche Theorien auch herbeigezogen werden, eins ist sicher: In der menschlichen Entwicklung hat die rechte Hand fortschreitend eine immer stärkere Rolle gespielt. Beidhändigkeit oder Linkshändigkeit werden deshalb mit Recht als atavistische Züge gewertet. Diese Ansicht wird noch unterstützt durch die Tatsache, daß dieses Merkmal erblich ist und – Wile zufolge – nach dem Mendel'schen Gesetz in Familien auftritt, die Degenerationsmerkmale aufweisen. Ich kann hier nicht die interessante Frage erörtern, ob etwa die Anlage zu Zwillingsgeburten Zeichen von Degeneration ist, aber es beschäftigt mich die Feststellung, daß Linkshändigkeit zu 18 % oder mehr bei Zwillingen auftritt. Manche Gelehrte haben diese Theorie dahin ausgebaut, daß diese Linkshändigkeit auf die Lage des Kindes in der Gebärmutter zurückzuführen ist. Gewöhnlich hat eins der Zwillinge eine unnatürliche vorgeburtliche Lage. In normalen Fällen liegt die linke Hand fest am Rükken, um der rechten größeren Spielraum zu lassen. Bei falscher Lage, die leicht bei einem oder bei beiden Zwillingen auftreten kann, ist die linke Hand frei und empfängt dadurch eine größere Beweglichkeit und stärkere Muskelentwicklung.

Andere Theorien über die Linkshändigkeit muß irch übergehen.

Erfahrungsgemäß läßt die Entwicklung darauf schließen, daß Rechtshändigkeit mit der Entwicklung der menschlichen Intelligenz zusammenhängt, was sich an der Topographie und Physiologie des Gehirns erweist. Wir wissen, daß sich die Großhirnrinde des Menschen fortschreitend entwickelt hat und daß die am stärksten ausgebildete Hemisphäre im allgemeinen die linke ist, die in Beziehung zur rechten Hand steht. Da die meisten Menschen Rechtshänder sind, ist die linke Hemisphäre vorherrschend und wird dementsprechend die Haupt-Hirnhemisphäre genannt. Sie ist nicht nur in ihrer Funktion von der rechten Hemisphäre verschieden, sondern auch schwerer im Gewicht. Alle wichtigen Zentren der Erkenntnis – z. B. des Lesens und Schreibens – werden bei Rechtshändern in der linken Hemisphäre des Großhirnrinde gefunden. Bei Linkshändern ist es umgekehrt. Da aber die linke Hälfte eine allgemeine Evolutionstendenz zur stärkeren Entwicklung aufweist, gleichgültig ob es sich um einen Rechts- oder Linkshänder handelt, sind wir auf der Spur der Begründung, warum Linkshänder oft anormale Züge aufweisen. Es wurde beobachtet, daß ein relativ hoher Prozentsatz von Kindern mit Linkshändigkeit Schwierigkeiten im Lesen und im Behalten von Buchstaben und Zahlen haben. Viele von ihnen übten Spiegelschrift und schrieben ihrer Anlage nach von rechts nach links. Auch noch als Erwachsene sind sie langsam im Lesen und Rechnen. Manche Verschiebung des Erkenntniszentrums im Gehirn mag schuld an der oft langsamen geistigen Entwicklung, sogar an ihrer häufigen Geistesschwäche sein.

Dennoch ist es keine Regel, daß Linkshänder von geringer oder langsamer Intelligenz sind. Es gehören sehr begabte Menschen zu ihnen: Sportchampions, Schauspieler, Schriftsteller, Maler. Leonardo da Vinci benutzte seine linke Hand zum Zeichnen und seine rechte zum Malen. Dies aber schließt Degeneration als Ursache der Linkshändigkeit nicht aus. Es besteht, wie ich schon in einem anderen Zusammenhang erwähnt habe, eine Anlage bei degenerierten Familien, sowohl Kinder mit schwacher wie mit sehr hoher Intelligenz und besonderen Begabungen hervorzubringen. Letztere aber haben eine Anlage zu Neurosen. Bei begabten Neurotikern kann die Linkshändigkeit nur eine Parallele zu anderen Degenerationserscheinungen sein oder sie veranlaßt unmittelbar selbst emotionales Verhalten. Im zweiten Kapitel habe ich die komplizierten Nervenbahnen von der Oberfläche des Körpers bis zum Gehirn beschrieben und die Kommunikation der Zentren des willkürlichen Verhaltens (Medulla oblongata und Thalamus) mit der Großhirnrinde unterstrichen. Ich habe auch ihre Verbindung mit der Hand dargelegt. Die Verlagerungen des Lokalisations-Vermögens bei Linkshändern haben wahrscheinlich bis zu einem gewissen Grad einen desorientierenden Einfluß nicht nur auf die Zentren des Erkenntnisvermögens und Denkens, sondern auch auf die Nervenbahnen, die vom Thalamus-Bereich zur Großhirnrinde führen. Dies könnte gut die Anormalität im »Gefühlston« und im emotionalen Benehmen verursachen. Die fraglos anormalen Symptome, die an der Linkshändigkeit haften, machen offensichtlich, daß die physiologische Entwicklung des Gehirns der rechten Hand den vorherrschenden Platz zugeteilt hat.

Es versteht sich von selbst, daß die rechte Hand die aktivere und die linke mehr die passive und unterstützende ist. Solche Etikettierung aber betrifft nur eine motorische Vorstellung, während tatsächlich die Verbindung zwischen Hand und Gehirn noch auf das

Vorhandensein weiterer Einprägungen gewisser Eigenschaften in sie hinweisen. Die linke Hirnhemisphäre registriert die höchsten menschlichen Fähigkeiten – Intelligenz und Urteil – und ihre Übertragung durch Schreiben, Lesen, Sprechen und künstlerische Darstellungen. So ist es die rechte Hand, die wahrscheinlich die motorischen und Tast-Bilder enthält, die mit diesen Fähigkeiten zusammenhängen. Wir können also sagen, daß die rechte Hand nicht nur die aktive und praktische, sondern auch die intelligente Hand ist.

Aber dies genügt noch nicht. Gedanke und Unterscheidungsvermögen bilden das Über-Ich, das unsere Beziehungen zu den Mitmenschen kontrolliert. Die weniger ichgebundenen höheren Gefühle – Gemeinschaft, Kameradschaft, Brüderlichkeit und Mitleid – sind die Auswirkungen unserer Gefühlshaltung, die das Über-Ich hervorruft. Motorische und Tast-Bilder, die mit solchen subtilen Gefühlen in Beziehung stehen, prägen sich lieber in die rechte als in die linke Hand ein. So können wir zu den Eigenschaften der absichtlichen Handlungen und der Intelligenz, die in die rechte Hand eingetragen sind, noch die der Gefühle hinzufügen.

Die passive und unterstützende Rolle der linken Hand macht diese zum Gefäß der Aufnahmefähigkeit. Dies kann jeder prüfen. Bei Rechtshändern sieht die linke Hand immer zarter aus als die rechte. Sie ist oft blasser und im allgemeinen geschmeidiger als die rechte. Dies trifft selbst für sensitive Hände zu. Es gibt keinen unmittelbaren Beweis dafür, daß die linke Hand mit besonderen geistigen Eigenschaften in Verbindung steht. Aus unserer Kenntnis der geistigen Fähigkeiten, die vor allem in der anderen Hand lokalisiert sind, können wir aber folgenden Schluß ziehen:

1. Auf der mentalen Ebene registriert die Hand jene motorischen und Tast-Bilder, die mit der vorlogischen Phantasie und dem Unbewußten in Verbindung stehen. 2. Auf der emotionalen Ebene sind vor allem die

motorischen und Tast-Bilder eingeprägt, die mit der Triebsphäre, mit den mehr körperlichen, gröberen Emotionen, insbesondere den sexuellen im weitesten Sinn und mit Empfindungten expansiver Freude, Leiden, Angst, Wut etc. in Beziehung stehen. So können wir die linke Hand die unterstützende, passive, phantasiebetonte Hand nennen, auch die Hand der primitiven Emotionen.

Natürlich gilt das umgekehrte bei dem Linkshänder. Dieser kann leicht erkannt werden, ohne daß man sein Handhaben der Dinge beobachtet. Die linke Hand ist bei ihm in den Muskeln stärker entwickelt und oft von lebhafterer Farbe. Es ist dennoch wichtig zu beachten, daß die Eintragung verschiedener Eigenschaften in keiner Hand ausschließlich, sondern nur vorherrschend ist. Die Hand-Psychologie ist kein mechanisches Studium. Für Beidhänder ist keine unterschiedliche Deutung der Hände möglich und bei gewöhnlichen Einhändern können wir das geistige Modell, das der Natur des Betreffenden zugrunde liegt, in beiden Händen finden. Wenn nur eine Hand zur Verfügung steht, dann ist die linke aufschlußreicher, da sie im ganzen mehr von den tiefer liegenden Emotionen enthüllt und deshalb stärker die Schwierigkeiten und Konflikte des Menschen anzeigt.

Erfahrungstatsachen

Da es mehr theoretische als statistische Beweise für die Einprägung bestimmter Eigenschaften in die rechte Hand, aber mehr statistische als theoretische für die Ortsbestimmung in der linken gibt, will ich hier zuerst über die linke Hand sprechen. Zu Beginn muß ich wieder das alte Argument forträumen, daß die Hauptlinien allein auf zweckdienliche Tätigkeiten zurückzuführen sind und daß sie in keiner Hand psychologische Bedeutung haben. Wäre dieses Argument richtig, dann hätten Rechtshänder, vor allem aber mit der Hand Arbeitende, mehr Faltenlinien in der rechten

189

Hand als in der linken. In einer Statistik über Hände von 2000 Menschen jeder sozialen Schicht – Aristokraten, Arbeiter, Boxer – fand ich 78 % mit mehr Faltenlinien in der linken als in der rechten Hand.

Hier stehen wir vor einer Tatsache von größter Bedeutung für die Hand-Psychologie. Denn dies besagt, daß nicht nur einige Nebenlinien auf Tätigkeiten zurückzuführen sind, die nicht zweckgesteuert sind, also psychisch bedingt sein müssen, sondern daß sie auch den theoretischen Beweis bestätigen, daß die linke Hand die aufnehmende und die Hand der primitiven Emotionen ist. Die höheren Emotionen, die dem Gefühl viel näher stehen, lassen gewöhnlich nicht solche bestimmten oder klaren Zeichen zurück – weder im Gedächtnis des Gehirns, noch in den motorischen oder Tast-Bildern der Hand.

Zweitens fand ich bei einer Untersuchung von 660 Händen des sensitiven Typs, daß 100 % die ulnare Zone (den Bereich der Phantasie und des Unbewußten) stärker in der linken als in der rechten Hand ausgeprägt hatten. Selbst in Kinderhänden, in denen Form und Linienmuster noch unbestimmt sind, fällt dieser Unterschied auf. Wenn der Leser die Hand eines dreijährigen Jungen betrachtet (Seite 45, Abb. 4), dann wird er dies selbst erkennen. In der ulnaren Zone der linken Hand ist die Hypothenar-Erhöhung tief angesetzt, während sie in der rechten Hand kürzer und flacher ist.

Zum dritten fand ich in 55 % von 500 Fällen in der linken Hand atavistische Zeichen wie die anormale Anordnung der Papillarfurchen oder das Vorhandensein der »Affenlinie«. Bei 30 % war dies in beiden Händen der Fall; in der rechten Hand nur bei 15 %. Diese Zeichen, die charakteristisch sind für neurotische Störungen – für einen Konflikt zwischen Ich und Es – bestätigen, daß die linke Hand die des Unbewußten und der primitiven Emotionen ist.

Da nach statistischen Beispielen die rechte Hand in Beziehung zu Erkenntnis und Gefühl steht, muß vernünftigerweise angenommen werden, daß die motorischen und Tast-Bilder, die in die rechte Hand eingezeichnet sind, verschieden sind von denen der linken Handfläche. Diese Unterschiede werden auch sichtbar im System der Faltenlinien und in der Handform. Diese Verschiedenheiten sind nicht allein Ergebnis besonderer absichtlicher Tätigkeiten beider Hände.

Wie schon gesagt, ist das Liniensystem der rechten und linken Hände nicht nur in der Anzahl von Linien (die meist in der linken Hand reichlicher vorhanden sind) verschieden, sondern auch in der Anordnung und allgemeinen Zeichnung. Ich habe unter 2000 Händen von normalen Rechtshändern 78 % gefunden, deren Linienbild viel klarer und entschiedener in der rechten Hand war als in der linken. Hinzu kam noch, daß weniger Nebenlinien auf der ulnaren Zone der rechten Hand eingezeichnet waren.

Wir haben demnach einen Unterschied zwischen den motorischen und Tast-Bildern der rechten und linken Hand festgestellt. Was bedeutet nun dieser Unterschied? Er verbindet das Linienmuster der rechten Hand stärker als das der linken mit Gedanken und Intelligenz. Die Gründe hierfür seien zusammengefaßt:

1. In einer Untersuchung von Händen nervöser, schwieriger und schwachsinniger Kinder (das Ergebnis wurde in Band VII der »Encyclopédie Française« 1938 veröffentlicht) erwähnte ich als eins der auffallendsten Handmerkmale das Fehlen einer zusammenhängenden Anordnung und die häufig auftretenden Fehler in den Hauptlinien. Die Verwirrung oder von der Norm abweichende Zeichnung der Beugungslinien (als wären sie von der unsicheren Hand eines Kindes hingestrichelt) wird nur bei intellektuell schwachen oder anormalen Menschen gefunden. Wenn die Verwirrung nicht die gleiche ist wie bei dem ungefestigten Typ des Schwachsinnigen, dann ist sie von der Art, die den Mangel an »élan« aufzeigt. Dieser ist auffal-

lend in den elementaren Händen und tritt oft bei gewissen Typen von Geistesschwachen auf.

2. Die Tatsache, daß die meisten Faltenlinien der rechten Hand mehr in der radialen und mittleren Zone als in der ulnaren liegen, läßt vermuten, daß sie mit Bewußtsein und Denken in Verbindung gebracht werden müssen. Denn wir sahen bei unserer Betrachtung der drei Handzonen, daß die radiale Zone mit Bewußtsein und Ich und die mittlere Zone mit dem Über-Ich in Beziehung stehen.

3 In der Regel ist die rechte und linke Hand verschieden geformt. Die rechte ist breiter und ein wenig dicker, vor allem wenn – ein häufiger Fall – die linke Hand eine ausgeprägte Hypothenar-Erhöhung hat, die den ulnaren Bereich der Handfläche verlängert. Carus hat darauf hingewiesen, daß sich in der menschlichen Entwicklungsgeschichte, parallel mit der Entwicklung seiner Denkfähigkeiten, die Handfläche verkürzt hat und die Finger beweglicher und unabhängiger wurden. So wird bei einem Handpaar die Hand mit der längeren Fläche (die linke) mit Sicherheit atavistische Züge aufweisen und die Hand mit der kürzeren Fläche (die rechte) höher entwickelt sein.

Die Bedeutung der ein wenig kürzeren rechten Handfläche wird auch durch die größere Beweglichkeit und Gewandtheit ihrer Finger betont, die oft ein wenig länger sind. So sehen wir, daß rechte und linke Hand, wenn auch in sehr geringem Ausmaß, die Verschiedenheit der mehr oder weniger vorhandenen Entwicklung zum Ausdruck bringen.

Zuletzt ist noch durch statistische Beweise wie durch die schon aufgezeigte Theorie darzulegen, daß die rechte Hand mit den Gefühlen zusammenhängt.

Es ist wahrscheinlich, daß die intelligentere Hand mit dem Über-Ich in Verbindung steht, jenem Teil des Selbst, das unser Verhalten gegenüber unseren Mitmenschen regelt. Die mittlere Zone der Hand, die um die lange Senkrechte herum liegt, ist sehr verschieden in beiden Händen. Man könnte aus physiologischen Gründen annehmen, daß die lange Senkrechte in der linken Hand stärker entwickelt ist als in der rechten, da die linke weniger muskulös und deshalb geschmeidiger ist und sich der Länge nach biegen läßt. Dennoch habe ich bei 2000 normalen Menschen aller Typen 68 % mit einer Linie des Über-Ichs gefunden, die in der rechten Hand (Abb. 46) besser entwickelt und ausgeprägter war, als in der linken (vgl. Abb. 47). Auch das vollständige Fehlen der langen Senkrechten trat zu 50 % öfter in der linken als in der rechten Hand auf. War sie in beiden Händen schwach entwickelt, so ließ die rechte doch noch eine bessere Zeichnung erkennen. Die Tatsache, daß der Bereich um die Longitudinal-Linie, also die Mittelzone, die Zone des sozialen Verhaltens, die mit den Gefühlen in Verbindung steht, in der Regel stärker und klarer in der rechten als in der linken Hand eingezeichnet ist, weist auf das Bestreben der Gefühle hin, sich in die rechte Hand einzuprägen.

So finden wir, daß Theorie und Forschung in einem großen Ausmaß die alte chiromantische Annahme bestätigen, daß die linke Hand unser ursprüngliches Verhalten anzeigt oder das, was wir von der Anlage her sind und die rechte Hand das, zu dem wir uns hinentwickelt haben.

In einem Artikel »The Experimental Study of Forms of Expression« von Dr. Werner Wolff (in »Character and Personality« Vol. II 1932–33) fand ich auffallende Beweise für meine eigene Theorie über die rechte und linke Hand, so daß ich hierüber noch einige Worte anfügen möchte.

W. Wolff beschäftigte sich vor allem mit der Erforschung des Gesichtsausdrucks und fand, daß die beiden Seiten eines Gesichts vollkommen verschiedene Physiognomien aufzeigen. Es ist interessant, daß alle bei diesem Experiment Beteiligten das Porträt des linken Profils als ihr eigenes erkannten, selten aber das des rechten Profils, während das Gegenteil beim Be-

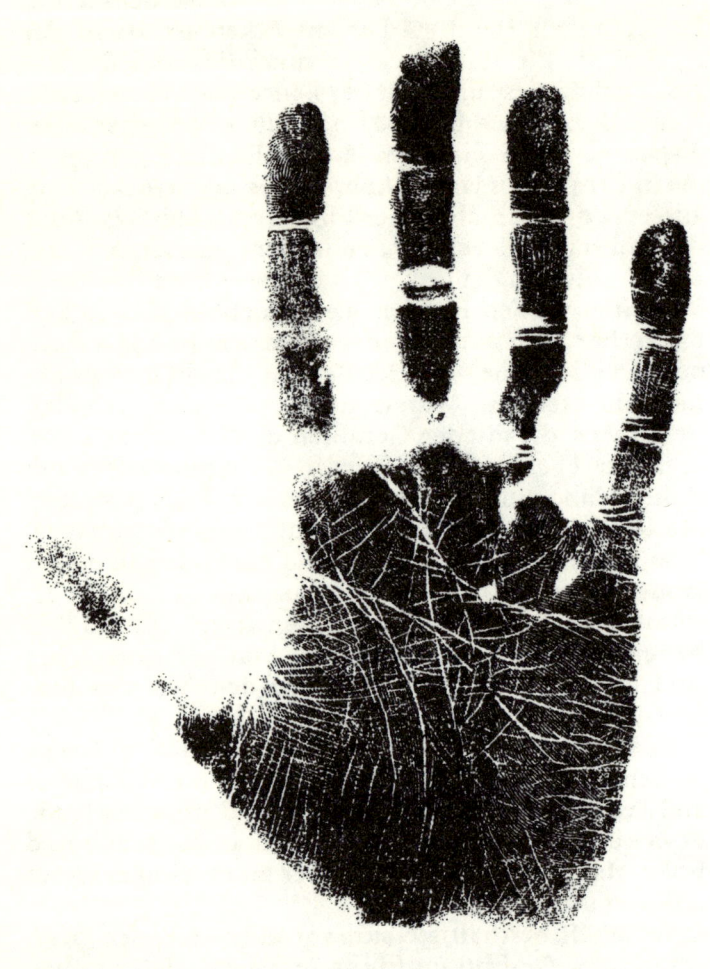

46 — (oben) Rechte Hand
47 — Linke Hand eines Linkshänders

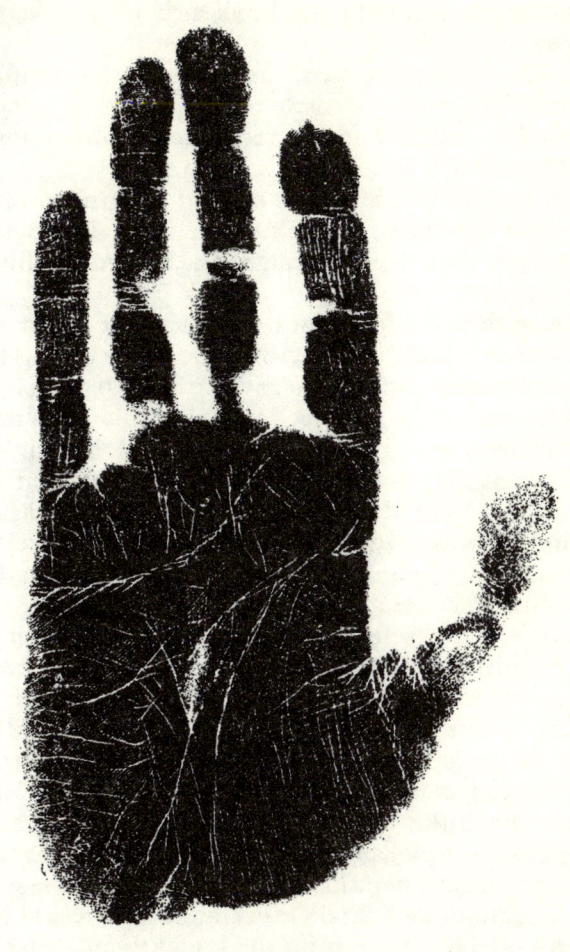

Normale Verschiedenheit:
Die rechte Hand hat eine kürzere Handfläche, längere Finger und eine stärker betonte Longitudinale

trachten der Seitenansicht anderer Menschen zutraf. In diesen Fällen wurde die rechte Gesichtshälfte leicht identifiziert, während die linke sich jeder Erkenntnis entzog.

Wolff folgert hieraus, daß das linke Profil das Wunschbild eines Menschen verkörpert – so wie er sich selbst sieht – und das rechte sein konventionelles Gesicht – so wie andere ihn sehen.

Die rechte Gesichtshälfte stimmt im groben überein mit dem Eindruck, den eine »en face« Photographie vermittelt, bei der die Züge des linken Profils verlorengehen.

Die rechte Ansicht eines Gesichts ruft einen Effekt von Lebendigkeit und Persönlichkeit hervor, während die linke den Eindruck der Zurückgezogenheit vom Leben vermittelt. Erstere kann als Fülle an Vitalität, als sinnenhaft, aktiv, lächelnd, offen, brutal, sozial etc. bezeichnet werden, während letztere den Menschen in einem Zustand der Starre, Furcht, Konzentration, Zurückhaltung, der Passivität, Einsamkeit oder mit dämonischen Zügen zeigt. Das gleiche gilt für Totenmasken und Kunstwerke. Die linke Seite des Gesichts zeigt, selbst in den frühesten Wiedergaben der primitiven Kunst und in Kinderzeichnungen, den mehr abstrakten, allgemeinen und kollektiven Ausdruck. Wolff weist darauf hin, daß eine Erklärung über die Bedeutung der Hemisphären des Gehirns auf den Wegen dieser Untersuchungen gefunden werden kann; die linke Hemisphäre wirkt demnach auf die rechte Seite des Körpers und kontrolliert die individuellen Funktionen. Dies würde auch ihre ausschließlich funktionelle Fähigkeit erklären. Die rechte Hemisphäre bliebe dann frei für die kollektiven Funktionen des Unbewußten.

Dieser Gedanke stimmt genau überein mit meiner eigenen Deutung der rechten und linken Hand und ihrer Verbindung zum Gehirn.

IX. Kapitel

EINE PRAKTISCHE METHODE
DER HANDDEUTUNG

Die in den ersten Teilen dieses Buches ausgeführten Grundlagen der Hand-Psychologie werden, wenn einmal eingehend verstanden, dem Schüler die notwendige Überzeugung und Kenntnis vermitteln, damit er nun zur praktischen Arbeit übergehen kann – zum Studium der Hände und ihrer Wechselbeziehung mit der Persönlichkeit. Um objektive und vollständige Porträts der Persönlichkeit zu gewinnen, muß der Handdeuter die fruchtbarste und konstruktivste Methode kennen, mit der die gewonnene Kenntnis angewendet werden kann. Dies soll im folgenden versucht werden.

Wenn es auch zutrifft, daß die praktische Methode, die ich beschreiben werde, nur eine Zusammenfassung des schon Ausgeführten ist, so ist es doch wesentlich, zu begreifen, daß ein ausschließlich analytisches Vorgehen nicht sehr weit führen wird in der Erkenntnis des menschlichen Charakters. Um eine Maschine zu bauen, muß man natürlich alle Teile besitzen und jeder muß bis ins kleinste seiner Funktion angepaßt sein; aber die Maschine, die so entsteht, ist mehr als das Ergebnis der gut zusammengestellten Teile. Wenn dies schon für eine Maschine gilt, wieviel mehr dann für menschliches Denken. Jeder Gedanke ist sowohl ein Glied des Gesamten als auch ein Ganzes. Diese grobe Analogie, die aus der mechanischen Welt genommen wird, hilft, meiner Ansicht nach, dazu, die Unvollkommenheit einer Psychologie darzustellen, die nur aus Analyse besteht. Wir müssen die Ergebnisse der Analyse in einer solchen Weise zusammenstellen, daß ein Selbst daraus entsteht, eine einmalige menschliche Ganzheit.

Zwei Begriffe, die ein bekannter literarischer Kritiker – E. M. Forster in »Aspects of the Novel« – geprägt hat, um Charaktertypen in der Vorstellung zu unterscheiden, sollen auf unser Thema angewandt werden. Analyse allein bringt hervor, was er »flache« Charaktere nennt, belebte Maschinen, die nach berechenbaren Linien reagieren.

Psychologische Synthese stellt »runde« Porträts dar, Menschen mit einigen in der Anlage nicht zu berechnenden Antworten. Man fühlt, wie bei der Bildhauerei, daß die andere Seite der Figur vorhanden ist, wenn sie auch nicht zugleich mit der Vorderseite gesehen werden kann. Ich benutze in diesem Kapitel den Begriff »Porträt«, weil die Assoziationen zu diesem Wort eine Ähnlichkeit »auffangen«, im Unterschied zu der mathematischen Zeichnung eines Ingenieurs.

Es liegt nichts »Mystisches« in solcher Vorstellung der Psychologie. Sie ist dazu bestimmt, die wahre Struktur, die Gestalt einer Person zu erfassen: das, was sie trotz aller Ähnlichkeit wesentlich von jeder anderen Person unterscheidet. Diese Auffassung überschätzt nicht die analytische Methode, die sie als notwendigen ersten Schritt zur Vertiefung der verstandesmäßigen Beurteilung ansieht. Sie unterschätzt aber auch nicht eine genaue analytische Erkenntnis. Sie nimmt nur an, daß der Ausdruck von Charaktereigenschaften in mathematischen Formeln und Statistiken eine Zwischenstufe der Untersuchung und nicht ihr endgültiges Ziel ist.

Zugegeben, daß der Leser wahrscheinlich die praktische Methode, die im folgenden angegeben wird, schwer erlernbar findet. Aber sie gleicht dem Autofahren: Wenn man erst einmal die Technik durch mühsame Konzentration gelernt hat, dann sinkt sie in das Unterbewußtsein herab und wird zu einem mühelosen Können, während der Fahrer seine Aufmerksamkeit allein auf Straße und Verkehr richtet. So geht auch das technische Wissen der Hand-Psychologie, wenn es mühevoll vom Denken assimiliert wurde, in das Unbewußte ein und der Handdeuter kann sich an seiner Aufgabe freuen, ohne daß diese irgend etwas an ihrer Genauigkeit und ihrem objektiven Wert verliert. Es ist fast offensichtlich, daß ein genaues Porträt – in dem Sinn, wie ich es zuvor beschrieben habe – wirklich nur möglich ist, wenn die technische Kenntnis und die Ergebnisse umfassender Erfahrung in den bewußten wie unbewußten Zustand des Forschenden eingegangen sind. Erst dann wird sich ihm die grundlegende und einmalige Struktur eines einzelnen erhellen.

Ich halte es für ratsam, der Beschreibung der praktischen Methode eine Wiederholung dessen vorauszuschicken, was wir zu erkennen vermögen.

Aus der *Form* der Hand werden wir einen allgemeinen Eindruck erwarten können: 1. der physischen Konstitution und Erbmasse; 2. der emotionalen und triebhaften Kraftmöglichkeit – kurz des Temperamentes; 3. der Mentalität und eingeborenen Begabungen und Talente.

Aus den *Nägeln* und den *physischen Qualitäten* der Hand können wir Anzeichen für gesundheitliche Konstitution und Erbmasse empfangen.

Aus den *Teilen* der Hand müßten wir fähig sein: 1. die relative Kraft des Ichs und des Es; 2. die Willenskraft zu erfahren und 3. eine ausführlichere Vorstellung der aktiven und rezeptiven Aspekte der Persönlichkeit als allein aus dem Studium der Handform zu gewinnen ist.

Aus den *Linien* erkennen wir: 1. jene Degenerationserscheinungen, die sich aus dem Mangel oder einer unnatürlichen Zeichnung und Lage der Faltenlinien und den Affenmustern der Papillarfurchen ergeben (andere Degenerationsmerkmale zeigen sich in der Form der Handfläche, den Fingern und Nägeln); 2. die Kraft oder Schwäche des Über-Ichs; 3. eine ausführlichere Vorstellung der Vitalität, der Intelligenz, der geistigen und emotionalen Zucht; 4. den Grad der nervlichen Stabilität und Widerstandsfähigkeit.

Um die praktische Methode so klar wie möglich darzulegen, nehme ich die Hände einer Frau (Abb. 48 und 49), die wir M. C. nennen wollen. Auf neun Fragen oder in neun Tabellen, die die notwendigen Punkte enthalten, gebe ich die Antworten, die sich aus der Hand für diesen Menschen ergeben. Einige Merkmale, wie physische Beschaffenheit, Form der Nägel und gewisse Ausmaße sind natürlich auf den Abdrucken nicht erkennbar. Ich habe diese für die Hände von M. C. eingesetzt, um die folgende Tabelle als Grundlage für das allgemeine Porträt vollständig zu machen. Ergänzend zu Tabelle A möge beachtet werden, daß im 19. Jahrhundert Carus, in unseren Tagen einige italienische Morphologen und in letzter Zeit der Psychiater Kretschmer Beziehungen gewisser Körperproportionen zu Charakter und Mentalität ausgearbeitet haben.

(Das in Frage kommende ist angekreuzt oder in Kursiv eingefügt.)

Mit Angaben für M. C.

A. Längenmaße

Alle Messungen werden auf dem Handrücken ausgeführt, mit Ausnahme des Vergleichs zwischen der Handlänge und der Entfernung zwischen dem Vorsprung und dem Scheitel des Kopfs. Hier geht die Messung von der Handfläche aus, beginnt mit dem Mittelpunkt der ersten Falte des Gelenks (das Gelenk selbst wird ausgeschlossen) und endet an der Spitze des Mittelfingers.

Körper: 160,0 cm
Kopf: 18,0 cm
Gesicht: 19,0 cm
Hand (einschl. Gelenk): Links 19,6 cm; Rechts 19,5 cm
Handfläche (einschl. Gelenk):
Links 10,2 cm; Rechts 10,0 cm

FINGER

Mittlerer Finger:	Links 9,4 cm	Rechts 9,5 cm
	Normal? + Zu lang? Zu kurz?	
Zeigefinger:	Links 8,6 cm	Rechts 9,0 cm
	Menschenähnlich? Affenähnlich? +	
	Normal? Zu lang? + Zu kurz?	
Daumen:	Links 6,7 cm	Rechts 6,7 cm
	Normal? Zu lang? + Zu kurz?	

| Ringfinger: | Links 9,0 cm | Rechts 9,1 cm |
| | Normal? | Zu lang? + Zu kurz? |

| Kleiner Finger: | Links 7,5 cm | Rechts 7,5 cm |
| | Normal? | Zu lang? + Zu kurz? |

PROPORTIONEN

Hand zu Kopf: *Zu große Hand*
Hand zu Gesicht: *Zu lange Hand*
Handfläche zu Fingern: *Eher zu lange Finger*

Hand insgesamt:
Gut proportioniert?   Schlecht proportioniert? +

B. Maße des Umfangs

Der Umfang der Hand wird um die Fingerknöchel gemessen.

Linke Hand:
18,1 cm   Normal? +   Breit?   Eng?
            Viel zu breit?   Viel zu eng?

Rechte Hand:
18,0 cm   Normal? +   Breit?   Eng?
            Viel zu breit?   Viel zu eng?

Rechtshänder?   Linkshänder? +

C. Form der Finger

Fingerform: Dick? +   Schmal?   Ungelenk?   Anmutig?
Verunstaltungen durch Krankheit? +
            Leicht rheumatisch
Daumen:
Lang? +   Kurz?   Normal?   Dick? +   Schmal?
Endglied: *Dick, verbreitert*
Wurzelglied: *Stark*

Zeigefinger:
Lang?+ Kurz? Normal? Dick?+ Schlank?
Mittelfinger:
Lang? Kurz? Normal?+ Dick?+ Schlank?
Ringfinger:
Lang?+ Kurz? Normal? Dick?+ Schlank?
Kleiner Finger:
Lang?+ Kurz? Normal?+ Deformiert?

GLIEDER

Wurzel: Normal? Verdünnt? Verbreitert?+ *Ein wenig*
Mittlere Glied: Normal?+ Verdünnt Verbreitert?
Endglied: Normal? Lang? *4. und 5. Finger*
              Kurz? *2. und 3. Finger*
Vorherrschend:
             Eckig?+ Spatelförmig? Konisch? Spitz?
Zeichen von Degeneration:
             Daumen?   Kleiner Finger?+

D. Form der Nägel

TYP

Lang und eng?		Lang und breit?+
Gekrümmt?		Flach?+
Kurz und eng?		Kurz und breit?
Gekrümmt?		Flach?
Eckig?	Abgerundet?+	Röhrenförmig?

Anormalitäten in der Form? *Keine*
Anormalitäten in der Substanz? *Furchen*

E. Die physischen Eigenschaften der Hand

Warm? Kalt?+ Rosig?+ Gelb? Blau?
Trocken?+ Feucht? Naß? Steif? Geschmeidig? Übergeschmeidig?

F. Vorherrschende Zone

Radiale Zone (Ich und Bewußtsein)?
Ulnare Zone (Phantasie und Unbewußtes)?+
Besonders linke Hand
Mittlere Zone (Über-Ich) und soziales Verhalten?

G. Vorherrschender Teil der Handfläche

Hypothenar-Erhöhung?+ *Linke Hand* Wurzelbereich?
Mittlerer Bereich? Oberster Bereich?+ *Rechte Hand*

H. Typ der Hand

Reiner Typ?
Elementar einfacher?
Motorisch fleischiger?
Sensitiv kleiner?

Gemischter Typ?
Elementar ungleichmäßiger?
Motorisch knochiger?
Sensitiv langer?
Welche Kombination?

Elementar ungleichmäßiger und sensitiv langer Typ

I. Die Linien

PAPILLARFURCHEN
Unnatürliches Muster in der Handfläche?
In einer? In beiden?
Unnatürliches Muster auf den Fingerspitzen?
Auf welchen?

FURCHENLINIEN

Allgemeine Merkmale

Vorherrschend horizontal? Vorherrschend vertikal?
Gleichmäßig ausbalanciert? +

Viele Nebenlinien? +	Wenig Nebenlinien?
Tief und breit? +	Flach und eng?
Klare Anordnung? +	Unklare Anordnung?
	Verwirrte Anordnung?

In welcher Zone sind die Nebenlinien besonders konzentriert? + *Ulnare Zone*
Furchenlinien in Entsprechung zur Handform?
nicht in Entsprechung zur Handform? +

Besondere Merkmale

Alle vier Hauptlinien vorhanden? + Fehlt eine?
Hauptlinien gut gezeichnet? + *Teilweise*
Hauptlinien schlecht gezeichnet? + *Teilweise*

THENAR LINIE

Stark? Schwach? + Tief? Flach? Lang? Kurz? +
Ungebrochen? Fehlerhaft? + Welcher Fehler?
Normale Lage? + Unnatürliche Lage?
Typ der Linie
in Übereinstimmung mit dem Typ der Hand?
nicht in Übereinstimmung? +

OBERE QUERLINIE

Stark?	*Rechte Hand*	Schwach?	*Linke Hand*
Tief?		Flach?	
Lang?	*Rechte Hand*	Kurz?	*Linke Hand*

Gut/Schlecht gezeichnet? *Ziemlich gut*
Fehler? + Wenige? + Viele? Welcher Art?
Linke Hand zu kurz. Rechte Hand mit einigen Inseln
Normale Lage? *Rechte Hand*
Unnatürliche Lage? *Linke Hand*
Ende, wo? *Rechts: Zwischen 2. und 3. Finger*
Links: Unter dem 3. Finger

Richtung wie bei Menschenaffen?
wie bei Menschenhänden? +
Typ der Linie
in Übereinstimmung mit dem Typ der Hand? +
nicht in Übereinstimmung mit dem Typ der Hand?

UNTERE QUERLINIE

Stark? Schwach? + Tief? Flach? +
Lang? Kurz? *Linke Hand*
Gut/Schlecht gezeichnet? *Schlecht, besonders rechte*
Hand
Fehler? + Wenige? *Linke Hand*
Viele? *Rechte Hand*
Welcher Art? Normale Lage? +
Unnatürliche Lage?
Rechte Hand – *in Handmitte unter dem 5. Finger*
Linke Hand – *in Handmitte unter dem 4. Finger*
Typ der Linie in Übereinstimmung mit Handtyp? +
nicht in Übereinstimmung mit Handtyp?
Zu flach für den elementaren Typ und zu schlecht ge-
zeichnet und kurz für sensitiven Typ

SENKRECHTE LÄNGSLINIE

Stark? *Linke Hand*   Schwach? *Rechte Hand*
Tief? *Linke Hand*   Flach? *Rechte Hand*
Lang? *Linke Hand*   Kurz? *Rechte Hand*
Gut/Schlecht gezeichnet?
Gut – linke Hand, Schlecht – rechte Hand
Fehler? Wenige? + Viele? Welche Art?
Normale Lage? + Unnatürliche Lage?
Beginn, wo?
'Links: *Unterster Teil der Hypothenar-Erhöhung*
Rechts: *Oberster Teil der Hypothenar-Erhöhung*
Ende, wo? *Zwischen 3. und 4. Finger*
In Übereinstimmung mit dem Typ der Hand? +
Nicht in Übereinstimmung mit dem Typ der Hand?

ATAVISTISCHE ZÜGE DER FURCHENLINIEN

Fehlen einer wesentlichen
Linie? Welche?
Vorhandensein einer Affen-
linie? Affenähnliche Führung?
Vorhandensein einer Hypo-
thenarlinie? +

Nachdem wir diese notwendigen Feststellungen gemacht haben, müssen wir die Merkmale der Hand mit
den Eigenschaften der Person vergleichen. Zu diesem
Zweck teile ich die persönlichen Merkmale in drei
Kategorien ein: 1. Körper; 2. Emotionen; 3. Mentalität. Ich führe die Einzelheiten in Entsprechung zu den
Handzeichen an. Die Fragen auf den Tabellen K bis N
die nun folgen, sind mit den persönlichen Charaktereigenschaften von M. C. ausgefüllt, die aus den Handzeichen von den Tabellen A bis I gewonnen wurden

TABELLEN K BIS N

Mit Angaben für M. C.

K. Physische Merkmale

VERERBTE MERKMALE

Starke und vitale Erbmasse?
Schwache und nervöse Erbmasse?
Zeichen von Degeneration? +

GESUNDHEITLICHE KONSTITUTION

Allgemeiner Zustand: *Recht gut*
Reserven an Vitalität: *Mittel bis schwach*
Infektionskrankheiten?
Symptome für physisches oder nervliches Trauma?
Akuter Zusammenbruch der Nerven?

KÖRPERLICH BEDINGTE KRANKHEITEN

1. Tuberkulose?
2. Endokrine Drüsen-
   störungen?
   a) Überfunktion der
      Schilddrüse?
      Unterfunktion der
      Schilddrüse?
   b) Überfunktion der
      Hypophyse?
      Unterfunktion der
      Hypophyse?
   c) Geschlechtsdrüsen?
      Infantilismus?
3. Chronischer Rheu-
   matismus? +
   Arthritis?
4. Blutkreislauf- und Herzkrankheiten?
5. Chronische Infektionen:
   Zähne?
   Eingeweide?
6. Neurasthenie?
7. Psychopathie?
   a) Neurotische Angst? +
   b) Hysterie? *Wahr-
      scheinlich*
   c) Melancholie?
   d) Sexuelle Perversion?
8. Psychosen:
   a) Schizophrenie?
   b) Manisch-depressiv?
9. Geistige Störung?

L. Triebe und Emotionen

KRAFTPOTENTIAL DER TRIEBE

1. Sexualität: Stark? + Schwach? Normal? Anormal? +
2. Selbstbestätigung: Stark? + Schwach?
3. Aggressivität: Stark? + Schwach?
   a) gegen andere: Stark? + Schwach?
   b) gegen sich selbst: Stark? + Schwach?

KRAFTPOTENTIAL DER EMOTIONEN

Gröbere Emotionen
1. Sexuelle Emotionen: Stark? + Schwach?
   Pervertierung? *Neigung dazu?*
   Vorwiegend aktiver Typ?
   Vorwiegend passiver Typ? +
2. Allgemeine emotionale Aktivität?
   Stark? + Schwach? Fehlend?

3. Allgemeine emotionale Empfänglichkeit?
Stark?　　　　　Schwach?+　　　Fehlend?
4. Machtlust?
Stark?+　　　　　Schwach?　　　　Fehlend?
5. Gehemmte Emotionen?
Stark?+　　　　　Schwach?　　　　Fehlend?
6. Pervertierte Emotionen? *Wahrscheinlich*

Subtilere Emotionen
In der Anlage: Stark?　　*Gemäßigt*　　Schwach?
Allgemeine Gefühls-Kapazität:　Stark?　　Schwach?+
Gefühle, die dem Über-Ich zu-
eigen sind:　　　　　　　　Stark?+　Schwach?
　a) Stammesgefühle, persönliche
　　hingebende Gefühle:　　Stark?+　Schwach?
　b) Menschenfreundliche und
　　idealistische Gefühle:　　Stark?+　Schwach?
Ästhetische Gefühle:　　　　Stark?+　Schwach?
　a) Liebe zur Schönheit der Form (ganz allgemein)?+
　b) Liebe zur Kunst?+

TEMPERAMENT
Cycloid?　　　　Schizoid?+　　　　　Gemischt?

M. Mentalität

Unter dieser Überschrift bringe ich nicht nur die intellektuellen Fähigkeiten, sondern auch Begabungen physischer Natur. Denn man sollte annehmen, daß z. B.
keine sportlichen Leistungen ohne Intelligenz gut ausgeführt werden können. Die Kraft der Phantasie, die
weit in die Trieb- und Emotionsbereiche hineinreicht,
wird auch in diese Kategorie hineingenommen, weil
sie eine entschiedene Wirkung auf Denken und künstlerische Fähigkeiten (soweit vorhanden) ausübt. In
dem umfassenden Sinn, in dem ich dieses Wort hier
benutze, kann die Mentalität mit der geistigen Seite
des Menschen gleichgesetzt werden.

ALLGEMEINE BESTREBUNGEN

Idealistisch?   Realistisch?   Materialistisch? +
Künstlerisch? +   Intellektuell?   Praktisch?

INTELLIGENZ

Hoch?   Durchschnittlich? +   *aber langsam*
Niedrig?   Unterdurchschnittlich?

PHANTASIE

Stark? Durchschnittlich? Schwach? Überentwickelt? +
Schöpferisch?   Subjektiv? +   Zerstörerisch?

ANGEBORENE BEGABUNG

Für Sport und Spiele:
  Anstrengender Sport: Boxen, Ringen
  Leichter Sport: Tennis, Reiten, Springen, Laufen etc.
  Ballspiele: Polo, Golf, Tennis, Fußball
  Rhythmische Beschäftigung: Tanzen, Akrobatik

Technisch:
  Allgemeine Handfertigkeit? +
  Mechanik – Maschinenbau?
  Fachhandwerk: Zimmerei, Modellieren, Zeichnen,
  Mode?

Darstellerisch:
  Theater: Schauspielerei? Tanzen?
  Musik: Klavier? Streichorchester?
  Literatur: Kritik?

Schöpferisch:
  Bildhauerei?
  Malerei?   *in kleinem Umfang*
  Schreiben?

Wissenschaftlich:
  Abstrakte Wissenschaft: z. B. Philosophie? Mathematik? Theorie der Naturwissenschaften?

Angewandte Wissenschaft: z. B.
Architektur?   Medizin?   Recht?
Technik?   Psychologie?   Nationalökonomie?

Organisatorisch:
  Geschäftsleitung?
  Künstlerische Leitung?
  Regierungsgeschäfte?

Politisch:
  Diplomatie?   Staatskunst?

N. Willenskraft

Für diese betonte und ausschließlich menschliche
Eigenschaft benutze ich C. G. Jung's Definition in den
»Psychologischen Typen«:
  »Als Wille fasse ich die dem Bewußtsein disponible
psychische Energiesumme auf. Der Willensvorgang
wäre demnach ein energetischer Prozeß, der durch bewußte Motivation ausgelöst wird. Ich würde also einen
psychischen Vorgang, der durch unbewußte Motivation bedingt wird, nicht als Willensvorgang bezeichnen. Der Wille ist ein psychologisches Phänomen, das
seine Existenz der Kultur und der sittlichen Erziehung
verdankt, der primitiven Mentalität aber in hohem
Maße fehlt.«

AKTIVE WILLENSKRAFT
Stark?+   Durchschnittlich Schwach? Fehlend?
aber impulsiv

PASSIVE WILLENSKRAFT
Stark?   Durchschnittlich?+ Schwach? Fehlend?

SELBSTZUCHT
Stark?   Durchschnittlich?+ Schwach? Fehlend?

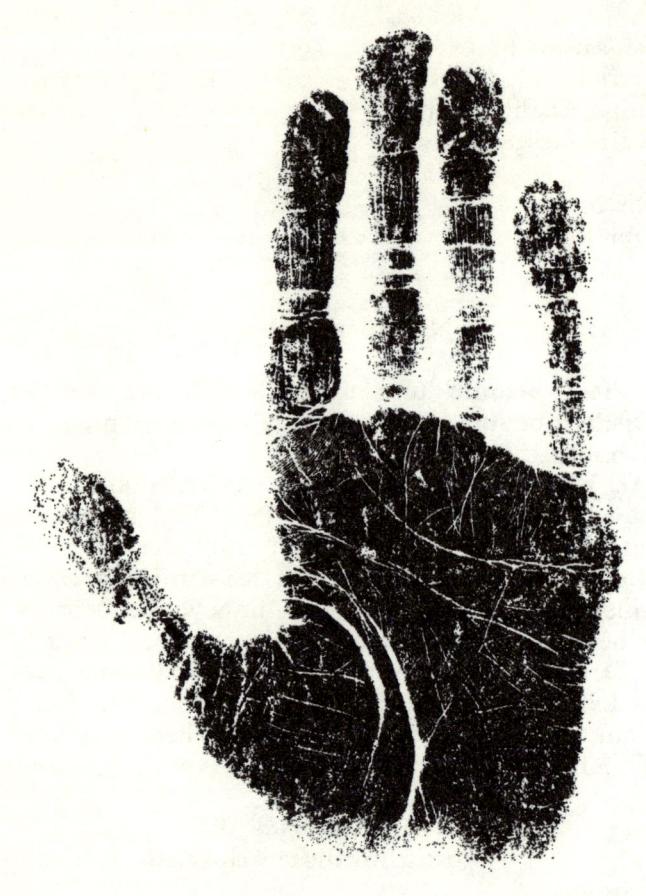

48 — Rechte Hand von M. C.
49 — linke Hand von M. C.

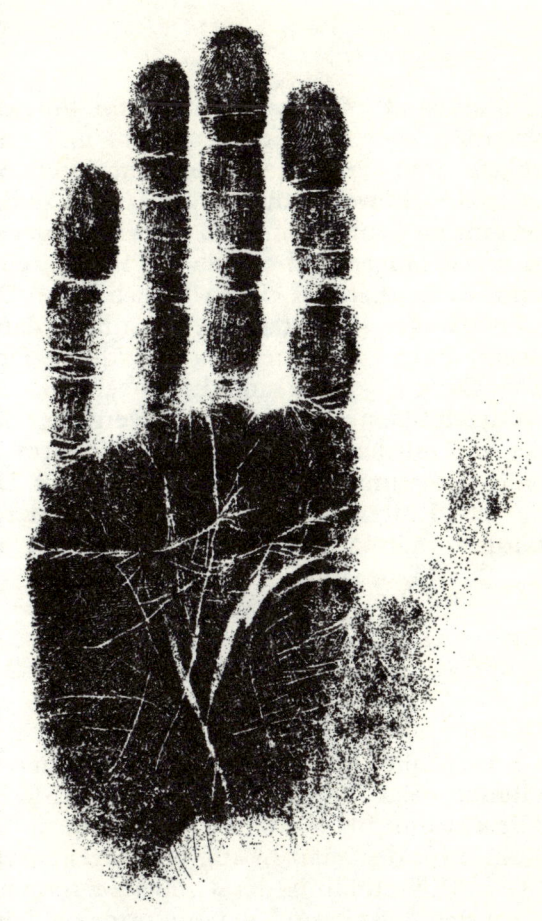

Auffallende Asymmetrie der linken und rechten Hand
eines Linkshänders

Beispiel I
(Vgl. Abb. 48 und 49 und Tabellen A–N)

M. C.

Die Hände sind gut proportioniert im Vergleich zur Körpergröße, aber zu lang für Gesicht und Kopf: Die Handfläche und Finger stehen in recht gutem Verhältnis zueinander, wobei die Finger länger sind. Es ist interessant zu beobachten, daß die Finger der rechten Hand etwas länger sind als die der linken, ein ungewöhnliches Zeichen bei einem Linkshänder. Daumen und Zeigefinger sind stark, der Daumen dabei dick und sein Endglied verbreitert. Der kleine Finger ist zu lang. Ganz allgemein sind die Finger dick und steif; die Wurzelphalangen sind etwas verdickt, die Endglieder von mittlerer Länge und eckiger Form. Sie zeigen leichte rheumatische Deformationen auf. Die Endglieder des Ring- und kleinen Fingers beider Hände sind im Verhältnis viel länger, als die der anderen Finger. Ihre Maße sind:

Zeigefinger: 2,5 cm   Ringfinger: 3,0 cm
Mittelfinger: 2,6 cm   Kleiner Finger: 2,7 cm

Das ausgesprochene Mißverhältnis zwischen der Größe des Kopfes und des Gesichts, verglichen mit der Handlänge, zeigt zusammen mit anderen Merkmalen, daß die Persönlichkeit von M. C. ohne feste Struktur ist – ein Typ, den man häufig bei Degenerierten findet. Das Mißverhältnis der Größen, zusammen mit der Linkshändigkeit und der unnormalen Länge des kleinen Fingers deutet auf eine neurotische, vielleicht sogar psychotische Konstitution hin. Die Finger sind – von der Rückseite aus gemessen – lang, aber von der Innenseite gemessen relativ kurz und gehören einem elementaren Handtyp an, denn sie sind breit und der Daumen ist lang, stark und zwiebelförmig.

Die ovale Form der linken Handfläche reiht diese vollends in die elementare Kategorie ein. Die verschiedene Länge der Endglieder und die unnatürliche Länge des kleinen Fingers sind Anzeichen einer Beimischung des sensitiven langen Handtyps. Dies wird noch unterstrichen durch die verlängerte Hypothenar-Erhöhung in beiden Händen. Wir können deshalb folgern, daß M. C. die neurotische Veranlagung eines schizoiden Typs besitzt, vermischt mit atavistischen, elementaren Zügen.

Die Form des Daumens ist bei einem solchen Gesamt von Handmerkmalen Hinweis auf die impulsive Art des Verhaltens dieses Menschen. Allgemeine Kraft und Fleischlichkeit der Hände entsprechen einer starken Antriebskraft und Sehnsucht nach einem Leben im Freien und körperlicher Betätigung. Die größere Länge von Ring- und kleinem Finger weist, zusammen mit der langen Hypothenar-Erhöhung, auf Phantasiebegabung und künstlerische Neigungen hin, wie sie von einer sensitiven schizoiden Persönlichkeit erwartet werden. Daß eine mögliche Spaltung in eriner solchen Natur vorhanden ist, mag ohne Zweifel sein. Die Nägel zeigen eine durchschnittliche Gesundheit an. Dauernde Kälte der Hand läßt erkennen, daß der periphere Kreislauf labil ist. Wahrscheinlich aufgrund nervöser Störungen, denn man findet häufig kalte Hände bei schizoiden Menschen, die zu Depressionen neigen.

Die Form der Handflächen »unterstreicht« das schizoide Temperament. Beide sind so unterschiedlich geformt, daß sie verschiedenen Personen gehören könnten. Die linke Hand ist oval mit starken Thenar- und Hypothenar-Erhöhungen, die rechte ist viereckig. Ihr oberster Bereich ist besonders betont und hervortretend, während die Thenar-Erhöhung schwach entwickelt ist. Die Hypothenar-Erhebung ist sehr ähnlich der in der linken Hand.

Mit dem Drang nach körperlicher Betätigung, der M. C. innewohnt, scheinen starke Sinnlichkeit und

Emotionen zusammenzugehen. Da überdies eine positive Neigung zu phantasiebetontem Leben und im Gegensatz dazu kindliche Charakterzüge und eine nachahmende, unbeständige Mentalität vorliegen, kann man sich schwerlich vorstellen, daß M. C. ihr Leben in eine feste, bestimmte Ordnung gebracht hat.

Die Nebenlinien, die zahlreich, aber zugleich tief und breit gezeichnet sind, sind klar angeordnet. Daß sie zumeist auf den Thenar- und Hypothenar-Erhöhungen liegen, zeigt die phantasiebetonte und aufnahmefähige Seite ihrer Natur im Gegensatz zu ihren vorwärtsdrängenden Impulsen. Insbesondere neigt sie dazu, ihre Emotionen zurückzudrängen.

Zu den Handlinien ist zu sagen:

a) Die Zeichnung der beiden Querlinien und die allgemeine Anlage aller Hauptlinien lassen eine gesunde, aber keine hohe Intelligenz erkennen. Da der Bereich der Phantasie stark betont ist, werden die Phantasiekräfte von M. C. und ihr konkreter Verstand sicherlich viel stärker entwickelt sein als ihre methodischen und abstrakten Fähigkeiten.

b) Die starke, tiefe, gut gezeichnete lange Senkrechte in der linken Hand zeigt das Vorhandensein eines betonten Über-Ichs an, das ein echtes Verständnis für menschliche Angelegenheiten hat. M. C. besitzt ein ausgeprägtes Pflichtbewußtsein und bemüht sich ständig, Anteil an der menschlichen Entwicklung zu nehmen. Da ihr Selbst ungleiche verschiedenartige Charakterzüge besitzt, die schon bei der Analyse erwähnt wurden, sind ihre menschenfreundlichen Neigungen mit persönlichen Gefühlen und Emotionen vermischt und behalten den Charakter von »Sippengefühlen«.

c) Die relative Schwäche der Thenar-Erhöhung und Thenarlinie in der rechten Hand läßt auf eine ungenügende Vitalität für ein sportliches Leben im Freien schließen.

d) Das Vorhandensein einer Hypothenar-Linie unterstreicht nicht nur die stark betonte Phantasieseite dieser Frau, sondern auch ihre degenerierten Tendenzen.

Porträt von M. C.

Die Mentalität einer Bäuerin mit einer verfeinerten Liebe zu den Künsten und einer betonten Vorstellung vom Gesellschaftsleben ergibt eine nicht gerade einfache Verbindung von Eigenschaften, die durch diese Frau bewältigt werden müssen.

Der vorhandene elementare Zug ist mehr auf Abbauprozesse zurückzuführen als auf ursprüngliche Primitivität. Ihre Vorfahren stellt man sich einerseits als vital und energisch vor, andererseits aber als überkultiviert und neurotisch. In ihrer Familie muß sowohl Kraft wie Ekzentrik vorhanden sein.

M. C. ist körperlich tätig, aber stets am vollen Einsatz ihrer physischen Kräfte durch mäßige Gesundheit und widerspruchsvolle Elemente ihrer Natur behindert. Als Ergebnis ist sie unzufrieden mit sich und ihrem Leben. Physisch und gefühlsmäßig sehnt sie sich nach einem ländlichen Zuhause, nach Kontakt mit Natur und Erde. Ihr starkes Über-Ich aber und gewisse Züge ihres Temperaments halten sie von einer solchen Einfachheit zurück und drängen sie zu einem Leben in der Großstadt, in der sie ihre menschenfreundlichen Gedanken in sozialem Dienst in die Tat umsetzen kann. Stärker als diese Gedanken aber mag der Wunsch sein, das Leben eines Künstlers zu leben. Sie hat ein Gefühl für Farbe und wahrscheinlich auch eine Begabung zum Modellieren oder zum Zeichnen. Ihre schöpferische Kraft aber ist nicht stark genug, um ein guter Maler oder Bildhauer zu werden, obwohl sie es, zusammen mit anderen, zu einer gewissen Kunstfertigkeit bringen kann. Welchen Weg sie auch wählt.

um sich selbst auszudrücken, sie wird immer die größten Schwierigkeiten haben, ihn längere Zeit zu verfolgen und sieht sich nach einiger Zeit wieder in eine andere Richtung abgedrängt.

Das Fehlen einer festen, inneren Struktur führt sie in eine lähmende Selbstunsicherheit und läßt ihre Emotionen ebenso hin und her pendeln wie ihre Gedanken. Im Kontakt mit anderen Menschen verfügt sie über ein gewisses Maß an fortschrittlichen Impulsen, über eine starke sexuelle Triebkraft und über mütterliche Gefühle. Ihr schizoides Temperament aber hindert sie an einem unmittelbaren Kontakt, so daß sie niemals weiß, wo sie mit dem Menschen oder mit sich selbst steht. Deshalb bleibt sie in einer kindlichen Geistesverfassung, löst aber gleichzeitig durch innere Spannungen Aggressionen sowohl gegen sich selbst, wie gegen andere aus.

Diese Beschreibung könnte zu der Annahme führen, daß die Gestalt dieser Frau sehr verschwommen und ein Kern ihrer Persönlichkeit nicht vorhanden oder zumindest so schwach ist, daß man ihn kaum erkennen kann. Tatsächlich hat sie auch keine konturierte Form. Aber dies muß nicht unbedingt negativ sein. Ehe man ein Urteil über M. C. fällt, muß man ihre aufbauenden Kräfte in die Waagschale legen und prüfen, wieweit diese die negativen Anlagen, die ich eben beschrieben habe, ausgleichen.

Man muß erkennen, daß sie eine starke Phantasie hat, eine gute, wenn auch impulsive Willenskraft, eine recht gut entwickelte Intelligenz, hohe ethische Werte und trotz ihrer Hemmungen starke Triebe und Emotionen. Dies ist ein reiches Material. Es umfaßt alles Notwendige für eine Selbstgenügsamkeit und den Kontakt mit anderen. Aber diese Eigenschaften müssen eingesetzt werden und dies schließt die widersprüchlichen Elemente ihrer Veranlagung ein, die ich schon beschrieben habe. Irgendwie muß sie eine Möglichkeit zu wirklichem Selbstausdruck finden und einen gewissen unmittelbaren Kontakt zu ihren Mitmenschen. Ihre psychische Energie muß einen Weg durch das Gewirr widerspruchsvoller Emotionen und Impulse entdecken, damit diese nicht vergeudet werden. Im anderen Fall – und dies wird nur zu leicht geschehen – entwickelt sie neurotische Störungen, vor allem Verfolgungswahn. Tatsächlich vermute ich, daß sie neurotisch oder durch neurotische Phasen gegangen ist.

Da sie selbst keine starke Persönlichkeit ist, wäre die Lösung, daß sie sich von einem Stärkeren führen läßt, die positivste. Aber auch dann müßte sie sich sehr genau beobachten, damit ihre Aggressivität, die aus mangelndem Selbstvertrauen stammt und ihre unausgeglichenen, vielleicht sogar pervertierten Emotionen nicht Spannungen hervorrufen. Wird sie sich über ihre emotionalen Probleme klar, könnte sie mit Hilfe ihres ethischen Wertgefühls eine ernsthafte Grundlage für ein Leben mit einem oder zwei Menschen aufbauen, die zusammen mit ihr eine gemeinsame Basis für menschenbeglückende Ideale und – dies wäre besser – für eine aktive Tätigkeit finden würden. Dank ihrer persönlichen Zuneigungen und gefühlsmäßigen Bindungen würde sie eifrig und erfolgreich an den Grundfesten mitbauen.

Natürlich werden sich ihre Schwierigkeiten niemals auflösen. Aber ein Leben in solcher seelischen Symbiose gäbe ihr die Möglichkeit, in einer am wenigsten störenden Weise mit ihnen fertig zu werden. Sie könnte z. B. Haus und Garten gut versorgen oder Kindern Stunden im Zeichnen und Malen geben. In einer Umwelt, die ihr helfen würde die Spaltungen und Schwächen ihrer Natur zu bekämpfen, fände sie gewiß Zufriedenheit an ihrem Leben. Wir können sie demnach als einen Menschen mit beträchtlichen Möglichkeiten darstellen, bei der die Grundelemente der Persönlichkeit aber unvorteilhaft zusammengesetzt sind. Die einzige Möglichkeit für ein befriedigendes Leben liegt in der Hand anderer Menschen. Diese müssen in der

Lage sein, die Kräfte ihrer sublimierten menschlichen Gefühle und künstlerischen Begabungen freizulegen.

Um den Vorgang der Handuntersuchungen darzulegen, genügt allein dieses Beispiel. Um aber die Methode wirklich zu verstehen, sind weitere Beispiele zum Vergleichen notwendig. Die Beschreibung vieler verschiedener Hände wäre wünschenswert, aber aus Platzmangel kann diese nicht durchgeführt werden. Ich schlage deshalb verkürzte Analysen von fünf anderen Händen vor und beschränke mich auf kurze Beschreibungen der Handmerkmale und Porträts der betreffenden Personen.

Beispiel II

(Vgl. Abb. 50 und 51)

K. B.

Im Gegensatz zu M. C. hat K. B. eine stark entwickelte rechte Hand und eine auffallend weniger entwickelte linke. Beide Handflächen gehören zu dem motorisch fleischigen Typ.

Der Unterschied im Umfang von Handfläche und Daumen ist beachtlich:

Linke Handfläche: 17,8 cm   Rechte Handfläche: 18,2 cm
Linker Daumen: 6,1 cm   Rechter Daumen: 6,8 cm

Dennoch sind die Hände fast gleich lang; die rechte Hand (19,4 cm) ist etwas länger als die linke (19,2 cm). Dies ist für einen Rechtshänder normal (vgl. Kap. VIII). Es ist wichtig, zu beachten, daß dieser normale Unterschied an Länge nicht auf die offensichtliche Verschiebung der Handflächen (Abb. 50 und 51) zurückzuführen ist, sondern auf den Unterschied der Fingerlänge. Der Zeigefinger der rechten Hand ist 9,6 cm lang und der der linken 9,2 cm. Auch die anderen Finger sind verschieden groß. Der rechte Mittelfinger ist um 3 mm länger als der linke. Beide kleinen Finger sind etwas zu kurz.

Die konisch-spitze Form aller Fingerenden ist ungewöhnlich in einer motorisch fleischigen Hand.

Ohne auf Einzelheiten der Messungen einzugehen, möchte ich feststellen, daß die Hände gut proportioniert sind im Verhältnis zur Körpergröße, aber etwas zu kurz im Vergleich zu Gesicht und Kopf von K. B. Kopf und Gesicht sind groß im Verhältnis zum Körper. Ein Zeichen (nach der französischen Schule der Morphologie) des intellektuellen Typs. Die Hände fühlen sich warm und trocken an. Ihre Farbe ist nor-

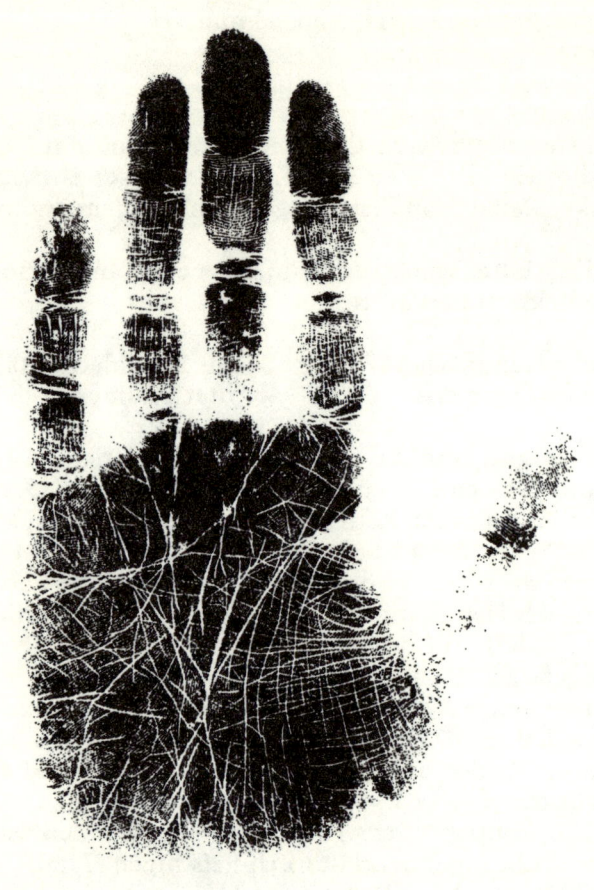

50 — Linke Hand von K. B.
51 — rechte Hand von K. B.

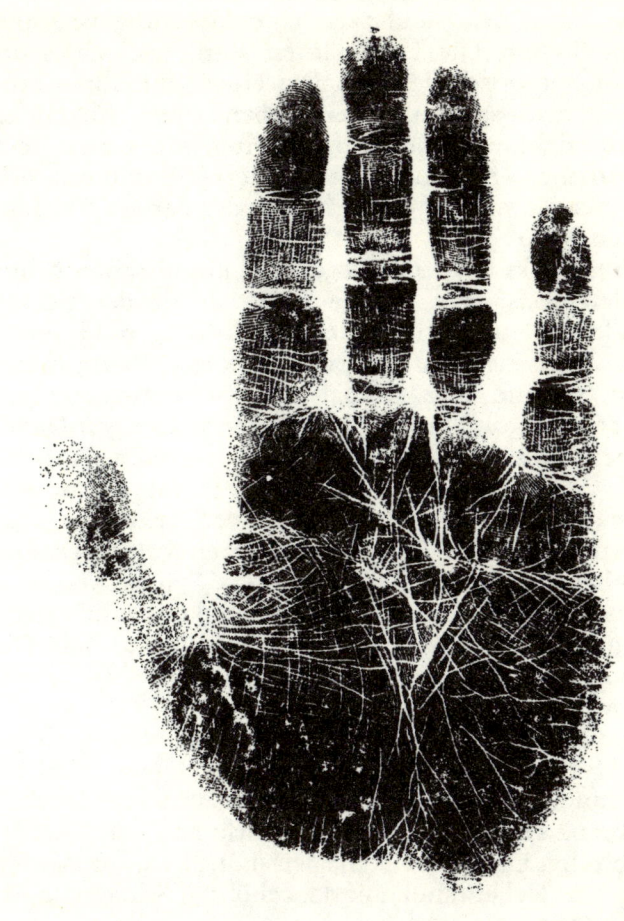

Betont asymmetrische Hände, eine Mischung von motorisch fleischigem und motorisch knochigem Typ. Die Finger — vor allem die der linken Hand — sind von einem konischen »rezeptiven« Typ

mal. Beide Handflächen sind hart, die Finger aber biegsam. Sie lassen sich leicht nach hinten beugen.

Die Form der Hand zeigt eine Mischung verschiedener Typen. Die Handflächen sind, wie schon erwähnt, motorisch fleischig. Die Finger mit ihren langen, konisch-spitzen Enden haben einen Charakter
der intellektueller, aufnahmebereiter ist als es zu dem
motorischen, fleischigen Typ gehört. Sie nähern sich
eher der motorischen, knochigen oder der langen, sensitiven Form.

Drei Merkmale einer Degeneration müssen erwähnt
werden: Das erste ist die Ungleichheit der beiden
Hände, die auf gewisse nervliche Störungen schließen
läßt. Zweitens ist die Form der Nägel überraschend
klein. Sie sind kurz, schmal und unterentwickelt und
stehen in betontem Kontrast zu den mächtigen Handflächen und den langen, schön geformten Fingern.
Sind solche Nägel als Familienmerkmal anzusehen,
weisen sie auf eine vorhandene körperliche und geistige
Degeneration hin. Ein drittes Zeichen von Degeneration liegt in den Papillarfurchen. Die Spitzen von Mit-
tel-, Ring- und kleinem Finger der linken Hand tragen
das primitive Dreieckszeichen der Papillarfurchen. Die
Handflächen zeigen in dieser Hinsicht nichts Bemer-
kenswertes.

Die Handflächen haben viele Nebenlinien, die eher
ein Merkmal für motorisch knochige Hände sind als
für einen fleischigen Typ, zu dem diese Handflächen
gehören. Die Linien befinden sich auf der Thenar-
Erhöhung. Die rechte Hand weist auch eine Ansamm-
lung von Nebenfalten auf der erhöhten Schlagseite der
Ulnar-Zone auf.

Die Hauptlinien an der rechten Hand unterscheiden
sich nicht klar von den Nebenlinien. Diese Unter-
schiedslosigkeit gibt ihnen ein leicht verwirrtes Aussehen. In der linken Hand dagegen sind sie sehr klar.
Besonders die zwei Querlinien sind vollkommen gezeichnet. In beiden Händen ist die lange Senkrechte

eher unbedeutend. In der linken Hand ist sie dennoch besser gezeichnet.

Porträt von K. B.

Es kann kaum ein Zweifel bestehen, daß K. B. aus einer Familie stammt, die wahrscheinlich geistig wie körperlich degeneriert ist. Sie selbst ist eine Frau von großer Vitalität und Antriebskraft mit starker physischer Widerstandsfähigkeit, wenn auch ihr Nervensystem voraussichtlich unerwartete Schwächen aufweisen wird. Ihre an sich gute, sogar kräftige Gesundheit wird leicht durch unzulänglich funktionierende endokrine Drüsen angegriffen, wahrscheinlich durch die Geschlechtsdrüsen. Ihre Erbmasse und die Mischung der Elemente ihres Charakters zeigen, daß es sich um einen Menschen mit extremen Eigenschaften handelt. Sie ist körperlich dynamisch, erfreut sich am Sport wie Reiten und Schwimmen und liebt Spiele. Zugleich aber trägt sie charakteristische Merkmale einer sensitiven, kontemplativen Persönlichkeit. Oft entstehen Konflikte zwischen ihren aktiven und passiven Seiten, die zeitweilig ihre ganze Entwicklung lähmen können.

Nach diesen Händen können wir uns eine junge Frau vorstellen, die sehr gut mit Tieren umzugehen versteht und tagelang in ihrem Garten oder auf den Feldern verbringt und Zuflucht in der Natur sucht. Wir können uns aber auch eine andere Frau ausmalen, die kultiviert, sensibel, Liebhaberin von Büchern und Musik ist und sich von Menschen und Gesellschaftsleben faszinieren läßt. Beide Aspekte liegen in K. B. Sie ist am Leben interessiert wie ein Zuschauer an einem Bühnenstück. Eindrücke und Sensationen aus der Außenwelt überwältigen sie fast und sie braucht lange, um sie in sich so aufzunehmen, damit sie organische Teile ihrer selbst werden.

Ihr Verstand ist ohne Unterlaß tätig, wird aber verfärbt von starken Antrieben und Emotionen. Er bleibt eher passiv und intuitiv als aufbauend. Wahrscheinlich haben ihre mächtigen Triebe kein unmittelbares Ventil. Sie werden von einem infantilen, durch endokrine Drüsenstörungen beeinflußten Charakter teilweise unterdrückt. Dieser Mangel an natürlichem körperlichem Abfluß in Verbindung mit ihrem naturgegebenen Gedankenreichtum und ihrem leichten Kontakt mit der Welt, läßt eine künstlerische Laufbahn für sie möglich erscheinen. Dies wäre entweder als Schauspielerin oder Bühnenschreiberin oder auf beiden Gebieten möglich. Jedenfalls wird ihre Arbeit von dramatischem und sensationellem Charakter und mehr darstellend als erfinderisch sein.

Ihr Beruf ist eng verbunden mit ihrer Konstitution, vor allem mit ihren emotionalen und nervlichen Schwierigkeiten, die etwas Unbeständiges in ihre Arbeit hineintragen. Sie wird im Leben wie in ihrer Arbeit ständig zwischen Stimmungen der Hoffnung und großer Verzweiflung hin- und herschwanken. Ihrem Rhythmus wird jeder Ausgleich fehlen. Diese Stimmungen, die dem cycloiden Temperament angehören, werden bei K. B. ebenso durch schwache Widerstandsfähigkeit wie durch den sonderbaren Gegensatz zwischen ihren starken Trieben und ihrer idealistischen, kontemplativen Haltung gegenüber anderen noch verstärkt.

Ihr Charme ist von größerer Bedeutung als das, was sie für sich selbst zu tun vermag. Denn sie wird sehr scheu sein und Selbstbewußtsein wird ihr wahrscheinlich ganz fehlen.

Die beschriebenen Widersprüche in K. B. werden zwangsläufig zu großen inneren Spannungen führen. Andererseits wird sie durch ihre äußerliche Aufmachung immer jugendlich erscheinen. Manche Menschen leben eine verlängerte Jugendzeit. In einem solchen Fall werden wahrscheinlich die tiefen emotionalen Schwierigkeiten nicht gelöst und auch die Jugendlichkeit der Reaktionen wird bleiben. Ein solcher jugendlicher, idealistischer und individualistischer Mensch braucht alle ihm zur Verfügung stehenden Kräfte, um sich im Gleichgewicht zu halten. Dies ist wahrscheinlich der Grund für die Unterentwicklung ihres Über-Ichs. Ihr Kontakt mit den Menschen ist von einer beobachtenden und von Empfindungen geprägten Art. Sie versucht, jede Verantwortung zu vermeiden, da sie diese als eine für sich zu schwere Bürde hält. Aber dies schwächt nicht im geringsten ihre Fähigkeit zu menschlichen Kontakten. Man hält sie sogar für einen ausgezeichneten Gesellschafter. Sie hat die natürliche Lebensfreude der Cycloiden, die Vergnügen haben an Behaglichkeit, gutem Essen und jeder Art von Luxus.

Ihre Willenskraft ist alles andere als stark. Nur schwer trifft sie Entscheidungen, denn lieber läßt sie, wenn möglich, Zufall und Ereignisse für sich entscheiden.

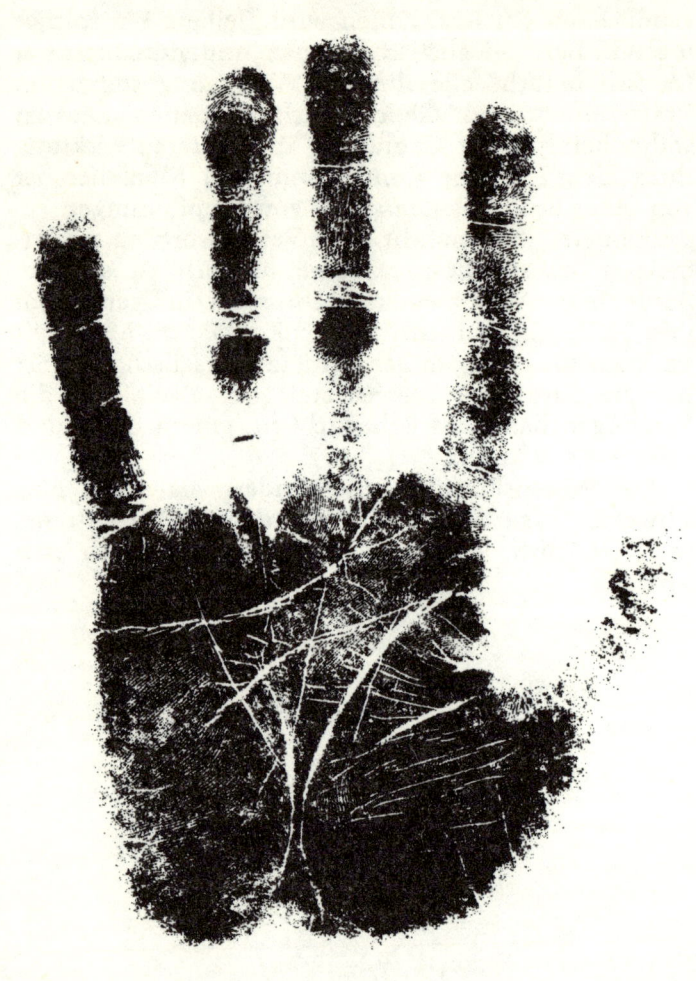

52 — Linke Hand von H. W.
53 — rechte Hand von H. W.

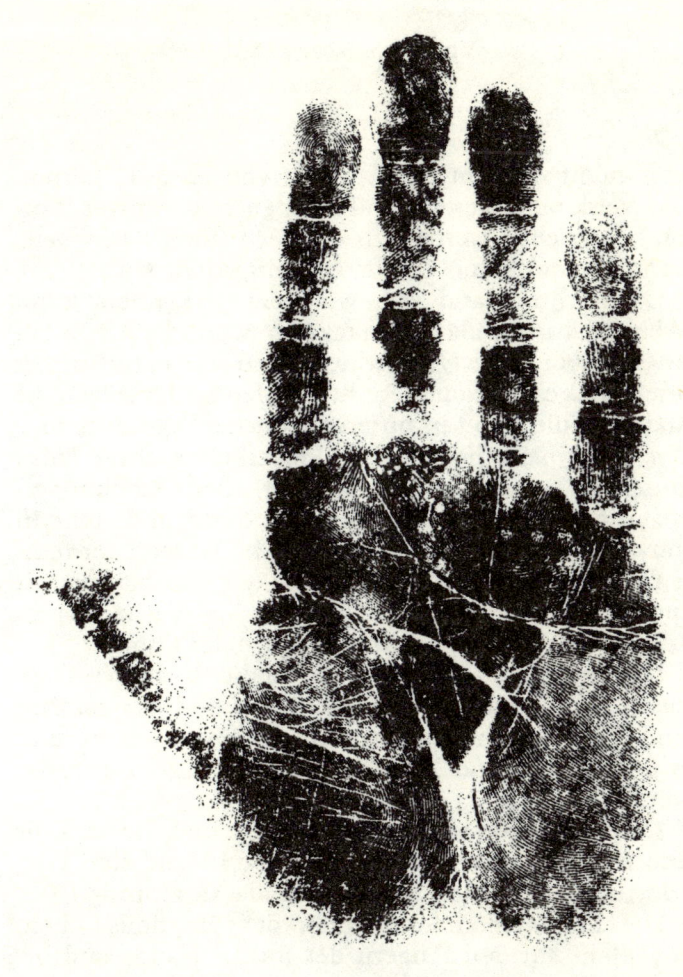

Motorisch fleischige Handflächen und Finger eines sensitiven
Typs. Fehlerlose Zeichnung der Hauptlinien

Beispiel III

(Vgl. Abb. 52 und 53)

H. W.

Es handelt sich um einen Mann von etwa 52 Jahren. Die Merkmale dieser Hand können mit weniger Worten beschrieben werden als die der früheren Beispiele. Denn es sind keine Ungleichförmigkeiten vorhanden.

Die rechte Hand ist, wie man erkennen kann (Abb. 53), breiter als die linke (Abb. 52) und auch 0,2 cm länger. Aber diese Unterschiede sind nur natürlich bei einem ausgesprochenen Rechtshänder. Leider zeigen die Abdrucke die Hand in unterschiedlicher Lage. Dies mag den Leser bezüglich einiger Einzelheiten ihrer Form täuschen. Der linke Daumen vor allem scheint verbogen zu sein. Er wirkt lang und dünn und steht in starkem Kontrast zu dem mächtigen Daumen der rechten Hand, während in Wirklichkeit die beiden gut zusammenpassen. Die Hände sind im Verhältnis zu Körper, Kopf und Gesicht von normaler Größe.

Das auffallendste Merkmal sind die mächtigen Daumen, deren beide Glieder dick, lang und gut geformt sind. Das Endglied ist in beiden Händen breit und zwiebelförmig und kann leicht nach hinten gebogen werden.

Die Finger sind von mittlerer Länge und eher dick als knochig. Die Fingerspitzen der linken Hand sind viereckig und der rechten vorherrschend spatelförmig.

Die hervortretenden Beeren der Empfindsamkeit, vor allem auf den Fingern der linken Hand, sind bemerkenswert, da sie der sonst motorisch fleischigen Hand einen sensitiven Ausdruck geben. Die Nägel sind breit, von mittlerer Länge mit gut entwickelten Monden und ohne pathologische Symptome. Die Hände fühlen sich warm und trocken an. Ihre Farbe ist rosa-gelb. Sie sind in durchschnittlichem Maße biegsam. Aus diesen körperlichen Eigenschaften können wir auf ein ausgeglichenes, in sich geschlossenes Nervensystem schließen.

Die Form der Hände erscheint fast »rein« – ein motorischer, fleischiger Typ. Nur die Finger der linken Hand mit ihren gut entwickelten Ballen tragen etwas Fremdes herein: die starke Empfindsamkeit, die sich, wie schon erwähnt, in den Fingerspitzen ausdrückt. Die Papillarfurchen fügen unseren Untersuchungen nichts Wesentliches hinzu.

Die wenigen Nebenlinien sind in der linken Hand zahlreicher als in der rechten (Kap. VIII).

Die vier Hauptlinien sollten wir näher betrachten. In der rechten Hand besitzen sie eine vollkommene Zeichnung und »élan«. Auch in der linken sind sie gut gezogen, aber nicht mit demselben Schwung und mit gleicher Vollkommenheit.

Ich habe selten eine idealere Linienführung gesehen, sowohl an sich, wie auch in Beziehung zu der betreffenden Hand. Es lohnt noch hinzuzufügen, daß keinerlei atavistische Züge in diesen Händen liegen.

Porträt von H. W.

Der Besitzer dieser Hand stammt fraglos aus einem gesunden Geschlecht und ist körperlich kräftig. Keine Zeichen von Krankheit oder irgendeiner Krankheitsneigung sind festzustellen.

Es ist eine mächtige, ausgeglichene Persönlichkeit, ein Mann, dessen Körper und Geist harmonisch zusammenwirken. Sein Temperament entspricht der motorischen, fleischigen Hand. Es ist cycloid. Da er extravertiert ist, interessiert ihn die äußere Welt und er findet leicht und natürlich Kontakt mit seinen Mitmenschen. Seine Antriebskraft ist groß und er ist voller Lebensfreude.

Zielrichtung und Entschlossenheit sind besonders ausgeprägt. Seine Versprechen wird er stets einlösen und keine Aufgabe ungetan lassen. In seiner Stärke ist er fähig, andere zu beschützen. Dieser joviale Mensch liebt Kinder und Tiere, sorgt für Kranke und macht das Unmögliche möglich, um den Notleidenden zu helfen.

In seinem emotionalen Verhalten aber liegt eine deutliche Schwierigkeit, die ihm manches Leid verursachen kann. Er wird zu leicht irritiert oder erzürnt, wenn seinen Zielen von Menschen oder Organisationen widersprochen und seine Handlungen angegriffen werden. Seine Daumen zeigen nicht nur die Fähigkeit zu genauen und rechtzeitigen Entscheidungen, zu Widerstandskraft und Durchhaltevermögen, sondern auch einen gewissen Fanatismus. Wenn er einen bestimmten Weg für richtig und notwendig hält, wird er jedes Opfer auf sich nehmen und sich jeder Opposition widersetzen, wobei er alle Vorsicht und Diplomatie in den Wind schlägt.

Abgesehen von dieser »terra sancta« seiner menschlichen Ideale sind sein Leben und seine Arbeit auf realistische und im Außen liegende Ziele gerichtet. Der Bereich des bewußten Denkens ist sein angeborenes Wirkungsfeld, da seine Phantasie nur spärlich entwickelt ist. Auf den ersten Blick mag man sich fragen, ob diese Hände einem Soldaten, einem Staatsmann, dem Direktor eines großen Unternehmens, einem Organisator oder einem mehr intellektuell eingestellten Menschen, einem Arzt, Rechtsanwalt oder Richter gehören. Zweifelsohne besitzt dieser Mann körperliche Antriebskräfte und Energie und hat – gleichgültig welchen Beruf er ausübt – die körperliche Konstitution eines guten Sportlers. Man kann ihm zutrauen, daß er gut Auto fährt, schwimmt und weite Spaziergänge macht. Wer sich mit Hand-Psychologie beschäftigt, wird sich nicht damit zufrieden geben, diese Hände ausschließlich einem sportlichen, aktiven Typ zuzuschreiben.

Die Daumen und die ihm zugeteilten Eigenschaften weisen, zusammen mit der vollkommenen Zeichnung der linken Hand, deren wichtigste Linien ebenso fein wie stark gezogen sind, auf einen Menschen mit sehr hoher intellektueller Gewandtheit hin. Sein Denken wird wahrscheinlich sehr methodisch sein und sich auf klare und genaue Beobachtung gründen.

Die Beeren der Empfindsamkeit auf den Fingerspitzen, die wir schon feststellten und die besonders in der linken Hand betont sind, können uns helfen, die Eignung und vielleicht auch den Beruf dieses Mannes zu bestimmen. Sie deuten zweifellos auf einen guten Tastsinn hin. Tatsächlich finden wir sie häufig besonders betont in der linken Hand von Ärzten, die vorwiegend diese Hand bei Untersuchungen benutzen. Die Fingerspitzen solcher Menschen sind ihre »zweiten Augen«.

Dieses Merkmal physischer Empfindsamkeit hat, wenn man es in Zusammenhang mit dem Gesamtbild der Hand sieht, eine noch allgemeinere Bedeutung. Es zeigt neben sehr aktiven Eigenschaften das Vorhandensein einer subtilen, aufnahmefähigen Gefühlskraft an, sozusagen die »weibliche Seite« dieses starken Mannes. Die Verbindung von methodischem und bewußtem Denken mit Gefühl und rechtem »Gespür« deutet auf eine innere und wahrscheinlich auch äußere Tätigkeit hin, die in ihrer Art idealistisch und ungebunden ist.

Da die Phantasie dieses Mannes spärlich entwickelt ist, können wir folgern, daß sein Tätigkeit vor allem auf konkreter Beobachtung beruht. Alles, was ich über ihn gesagt habe, deutet auf eine Arbeit im sozialen Bereich hin, wahrscheinlich als Arzt. Diese erfordert konkretes Denken, methodisches Wissen, organisatorische Fähigkeit und die Bereitschaft, Schutz zu gewähren.

Als natürliche, psychologische Folge der beschriebenen Fähigkeiten, ist dieser Mann von geistiger Stärke, aber ohne dabei selbstbewußt zu sein. Er ist Idealist mit einem Zug von Fanatismus für das, was er als »richtig« erkannt hat. Wahrscheinlich ist er ein Arzt, ein methodischer Wissenschaftler und ein guter Organisator: ein Mann, der nach Verantwortung verlangt und diese auch erhält.

In diesem Fall kann der Name des Handeigners angegeben werden. Es ist Professor Henri Wallon, ein hervorragender französischer Arzt und Psychologe, Autor von Standardwerken über medizinische Psychologie. Er organisiert das medizinische Wohlfahrtswesen in Paris, ist Professor an der Sorbonne und Direktor der »École des Hautes Études«.

Beispiel IV

(Vgl. Abb. 54 und 55)

R. M.

Wenn man erfährt, daß die auf Abb. 54 und 55 wieder-gegebenen Hände einem Mann mittlerer Größe von etwa 55 Jahren gehören (leider sind mir die genauen Körpermaße nicht bekannt), dann wird man sofort erkennen, daß es sich um kleine Hände handelt. Sie gehören zu dem »sensitiv kleinen Typ«, der jedoch in den dicken, kurzen Fingern und den etwas miß-gestalteten, steifen »impulsiven« Daumen eine Bei-mischung des elmentaren, ungleichmäßigen Typs be-sitzt. Die Fingerspitzen haben gut ausgeprägte Beeren der Empfindsamkeit.

Im Gegensatz zu dem vorhergehenden Beispiel sind zahlreiche degenerative Züge vorhanden. Die Form des Daumens, die wirbelartigen Muster der Papillar-furchen auf den Hypothenar-Erhöhungen beider Hand-flächen und die Führung der oberen Querlinie gleichen denen eines menschenähnlichen Affen. Die Hände sind steif und bläulich rot, die Nägel konvex geformt wie ein Uhrglas.

Beide Handflächen sind fast viereckig. Die rechte zeigt dabei eine leichte Neigung zum Ovalen, die linke eine betonte, aber nicht hervorstehende Hypothenar-Erhöhung. Der Unterschied der Breite, der normal ist, zeigt R. M. als Rechtshänder.

Der Daumen zieht durch seine kurze, häßliche, zwie-belförmige Endung (vor allem in der rechten Hand) die Aufmerksamkeit auf sich.

Die Nebenlinien sind nicht sehr zahlreich, aber auch nicht betont wenig. Die ulnare Zone der linken Hand enthält mehr als die der rechten Hand. Im allgemeinen sind die Nebenlinien tiefer und weniger zahlreich als dies in schmalen, sensitiven Händen sonst der Fall ist.

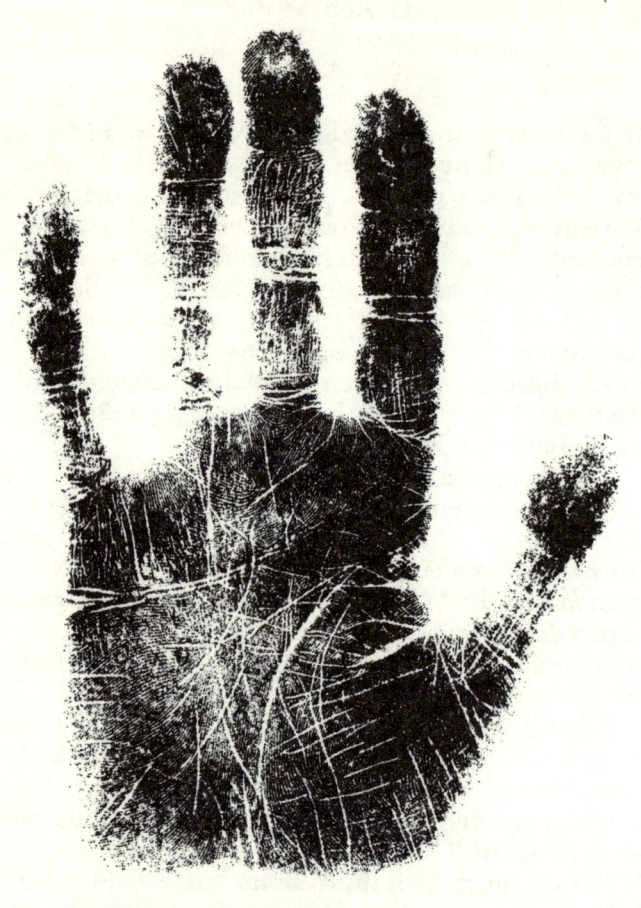

54 — Linke Hand von R. M.
55 — rechte Hand von R. M.

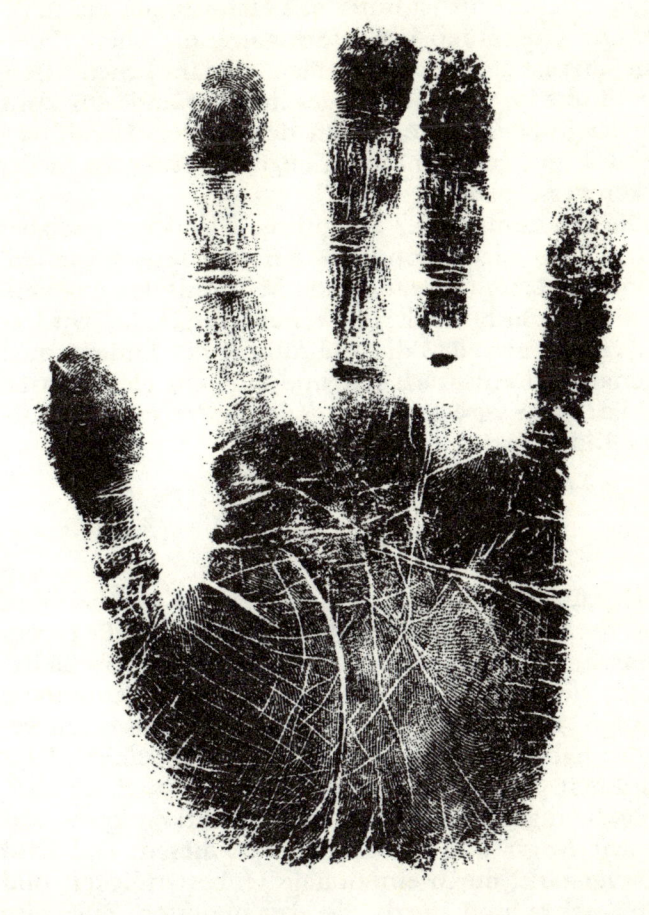

Schmale und sensitive Hände mit elementarer Beimischung.
Beachte die kurzen Fingerspitzen und den »wilden« Ausdruck
der Hauptlinien

Dies kommt von den elementaren Zügen, die dem Handtyp beigemischt sind.

Die Thenarlinie ist unter den Hauptlinien die stärkste. Die Querlinien haben Schwung, die obere Querlinie aber ist geprägt wie bei menschenähnlichen Affen. Die untere ist vor allem in der linken Hand sehr kurz. Die lange Senkrechte, die in der rechten Handfläche ziemlich gut gezeichnet und angeordnet ist, ist in der linken verschoben.

Die Anordnung der Hauptlinien ist klar, hat aber – wie man sagen könnte – ein »wildes« Aussehen. Wenn der Leser die Hände von M. R. mit den anderen, in diesem Buch wiedergegebenen, vergleicht, wird er mir zustimmen, daß die Anordnung der Linien einen eigenartigen Ausdruck hat und sich ein elementares, unklares, ein verwirrtes, ein wildes oder auch ein subtiles Bild ergibt.

Porträt von R. M.

Es gibt unmißverständliche Spuren von Krankheit und Degeneration in der Konstitution von R. M. Er ist ein Mensch, der sowohl physisch wie geistig geschädigt ist. Zu der Zeit, in der diese Abdrucke aufgenommen wurden, muß er an schweren Kreislaufstörungen gelitten haben, wahrscheinlich aufgrund einer Herzkrankheit. Solche Patienten sind immer zugleich auch seelisch angegriffen. Die physische Erkrankung verursacht Angst und Erregbarkeit. In diesem Fall wird dies verstärkt durch emotionale Unbeständigkeit und Impulsivität und durch die degenerierten Züge des Handeigners. Überdies erschwert ihm seine geringe nervliche Widerstandskraft das Überwinden der Reizbarkeit und macht ihn ungebührlich nachsichtig gegen sich selbst.

Sein Temperament ist sehr schwer einzuordnen. Wahrscheinlich zeigt es Merkmale aller drei Gruppen des schizoiden Typs. Seine Stimmungen schwanken so sehr, daß sie den Lebensablauf stören, wobei Depressionen vorwiegen. Er kennt Perioden der Exaltiertheit, in denen er ausgezeichnet arbeiten und vieles vollenden kann. Aber noch häufiger ist er so niedergeschlagen, daß es ihm nicht möglich ist, einen Finger zu rühren. Ihn beherrscht ein emotionaler Rhythmus und streift die Grenzlinie einer Psychose. Ausgesprochene Phobien und vor allem Verfolgungswahn sind die geisterhaften Feinde seiner niedergedrückten Tage.

R. M's Kontakte mit seinen Mitmenschen sind naturgemäß unsicher und im allgemeinen ohne Erfolg. Seine Aggressivität, die Folge seines Temperaments, machen ihn unfreundlich und ungerecht. Er ist so empfindlich, daß er bei der geringsten Herausforderung beleidigt ist, wobei seine krankhafte Phantasie unerfreuliche Eindrücke verstärkt. Durch Intrigen wird er sich dann in Wort und Tat rächen. Eitelkeit und Selbstbehauptung hindern in hoffnungsloser Weise jede Möglichkeit, seine Natur auszugleichen.

Die innere Spannung, die sich hieraus ergibt und jugendliche Züge, die er wahrscheinlich sein ganzes Leben lang tragen wird, veranlassen ihn, einen Menschen zu suchen, dem er alles anvertrauen kann. Es ist der typische Mann, für den es nur eine Frau geben kann. Ihr schenkt er das beste, das er hat. Aber er wird sich zu stark an sie binden und von ihr mehr verlangen, als eine einzelne Frau zu geben vermag. Das Problem seines Gefühlslebens ist typisch für den Heranwachsenden: Abhängigkeit von einer geliebten Frau, eine Hingabe an sie, die ständig mit Auflehnung und Eifersucht abwechselt. Er verlangt, daß die Verantwortlichkeiten für ihn getragen werden, so daß er von jeder wirklichen Last befreit ist.

Dennoch wohnt neben diesen vorwiegend zerstörerischen Neigungen eine echte Kraft in diesem Menschen. Seine Rastlosigkeit, seine Neigung, Pläne und Ideen immer wieder zu verändern, wahrscheinlich seinen Beruf zu wechseln, werden kompensiert durch eine unmittelbare Antriebskraft, die ihren Sitz im intellektuellen Bereich hat. Phantasie und logisches Denken sind gut ausgewichtet, natürliche Eingebungen vorhanden. Immer aber wird Subjektivität bei diesem Menschen für Störungen verantwortlich sein. Methodik und Ordnung, nach denen er verlangt, stehen seinen natürlichen Neigungen entgegen. Sein Intellekt sucht Deutungen und Erklärungen und verfügt über Aufnahmefähigkeit und Beobachtungsgabe. Der Inhalt seiner Gedanken wird mehr der Wirklichkeit als der Phantasie entstammen.

Es ist nicht möglich, seine Eignung zu erkennen, da er keine eindeutige besitzt. Seine Begabungen können in verschiedenen Berufen angewendet werden. Sein wenig entwickeltes ethisches Gefühl aber und der materialistische Zug seiner Mentalität, der ihn Geld und Wohlbehagen überbewerten läßt, werden zu einem großen Maße die Beschäftigungen bestimmen, welche er sich aussucht.

Ich habe diese Hände für meine sechs typischen Handdeutungen ausgewählt und als Beispiel hier aufgenommen, weil sie einen interessanten und aufklärenden Kontrast zu denen von H. W. (Beispiel III) bieten. Ich kann den Namen dieses Mannes aber nicht preisgeben und möchte nur sagen, daß er Psychologe ist und sich mit einem Spezialzweig dieser Forschung beschäftigt.

Beispiel V

(Vgl. Abb. 56 und 57)

R. F.

Wenn auch viel breiter und länger als die Hände von R. M., sind diese Hände in ihren wesentlichen Zügen sensitiv, aber von dem langen sensitiven Typ. Ihr Besitzer ist ein sehr kleiner Mann – nicht viel größer als 1,55 m (die genauen Maße besitze ich nicht). Allein von ihrer Erscheinung aus betrachtet, handelt es sich um lange Hände.

Die relative Breite der linken Hand, verglichen mit der rechten, stempelt R. F. entweder als Linkshänder oder als einen Menschen ab, der beide Hände in gleicher Weise benutzt. In der linken Hand ist der unterste, der Triebteil, betont; in der rechten tritt der oberste Teil am meisten hervor. In beiden Händen fällt die in gewissem Sinn übertrieben entwickelte Thenar-Erhöhung durch Dicke wie Breite auf.

Die Daumen sind lang, knochig und anmutig (die anscheinende Schwerfälligkeit dieses Fingers in der linken Hand ist ein Fehler im Abdruck). Die Fingerlänge stimmt mit der Formel für menschenähnliche Affen überein. In der rechten Hand sind alle Finger gut geformt, in der linken eher mißgestaltet. Nur der kleine Finger ist in beiden Händen wirklich gut ausgebildet. Es besteht ein betonter Unterschied zwischen beiden Händen bezüglich der Länge der vierten Fingerspitze: rechts ist sie 2,6 cm, links 2,3 cm. In einer langen, sensitiven Hand würde man lange, biegsame, anmutige Finger mit langen Fingerspitzen erwarten. Dies ist aber nur bei der rechten Hand der Fall.

Die Radialzone ist zweifellos die ausgeprägteste in der rechten Hand, während die Ulnar- und Radialzonen in der linken gleichmäßig entwickelt sind. Die Zeichnung der Hauptlinien, mit den zahlreichen fei-

241

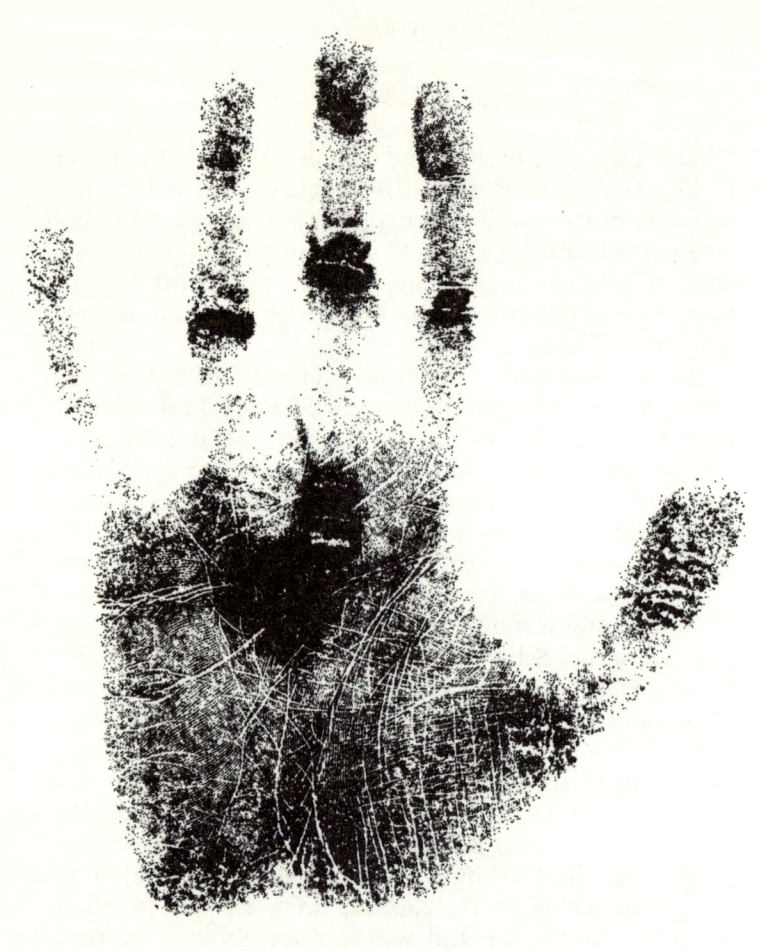

56 — Linke Hand von R. F.
57 — rechte Hand von R. F.

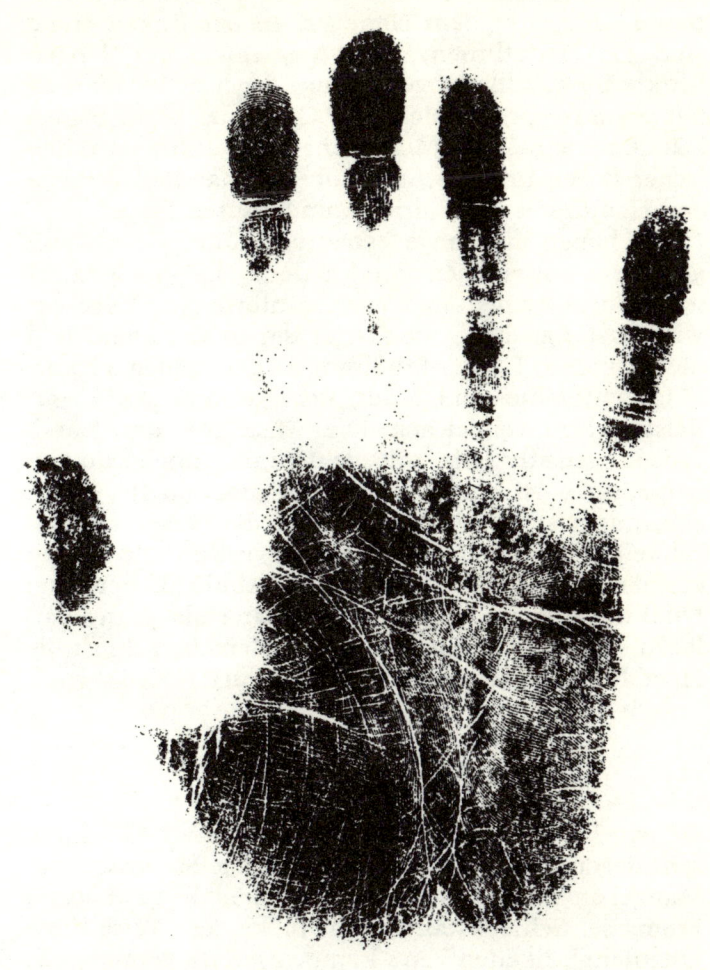

Lange sensitive Hände mit elementarer Beimischung. Beachte
die sehr ausgesprochene Thenar-Erhöhung und die »Schwäche«
der Hauptlinien

nen Nebenlinien, insbesondere in der linken Handfläche, entspricht dem Handtyp. In der linken Hand
sind die Hauptlinien, mit Ausnahme der langen
Senkrechten, schlecht gezeichnet, dagegen in der rechten gut ausgeprägt. Die obere Querlinie ist in beiden
Händen wie bei den Menschenaffen geführt. Ein drei-
facher Bogen umschließt im oberen Handteil der beiden Handflächen den dritten und vierten Finger.
Wir haben hier lange, sensitive Hände vor uns mit
gewissen untypischen Merkmalen. Das Vorhandensein eines elementaren, ungleichförmigen Elements
wird bestätigt durch die Finger der linken Hand und
die betonten Thenar-Erhöhungen der beiden Hände.
Ich empfehle dem Leser, diese Hände genau mit
Beispiel I zu vergleichen. Die Mischung der Handtypen – sensitiv lang, mit elementarer, ungleichmäßiger Form – ist ähnlich, aber die individuelle Hand-
zeichnung ist so verschieden, daß die beiden Persönlichkeiten und Charaktere niemals verwechselt werden
können. Ein Vergleich wird die Ähnlichkeiten und
Unähnlichkeiten aufzeigen und klarer als Worte darlegen, wieweit das Einmalige des Menschen durch die
Handdeutung festgestellt werden kann.

Porträt von R. F.

Offensichtlich ist R. F., ein Mann von etwa 45 Jahren,
sehr degeneriert. Tiefgehende nervliche Schwäche und
Mangel an Widerstandskraft verstärken die geschädigte
Erbmasse. Seine Vitalität, die in keiner Weise diese
Unzulänglichkeiten zu kompensieren vermag, ist
außergewöhnlich gering. Häufige geistige und körperliche Zusammenbrüche scheinen unvermeidlich zu
sein. Da seine natürlichen Hilfsquellen so unzulänglich sind, wird er wahrscheinlich danach trachten,
seine Kraft und Lebendigkeit durch künstliche Mittel
aufrechtzuhalten.

Ein sehr seltener und überraschender Zug solcher Hände ist die Überentwicklung der Thenar-Erhöhung. Sie kennzeichnet eine alles überwuchernde Sinnlichkeit. Da die Vitalität völlig unzureichend ist, um einem so bedeutenden Reiz standzuhalten (die sehr flache und gebrochene Thenarlinie in beiden Händen ist – bezogen auf die kräftige Thenar-Erhöhung – ein sehr ungewöhnliches Zeichen), muß dieser Mensch sehr verfeinerte und künstlerische Mittel anwenden, um sein erotisches Drängen zu befriedigen oder in Schach zu halten. Weder nervliche Widerstandskraft noch moralische Hemmungen werden diese »art d'amour«, diese Liebeskunst eingrenzen. Seine Überempfindlichkeit macht ihn unfähig, sich irgendeiner Wirklichkeit zu stellen. So ist es wahrscheinlich, daß Drogen ihm einen »Fluchtweg« ermöglichen. Er ist narzistisch und von Sinnlichkeit besessen und verbringt seine Zeit damit, jeder Art von Sensation nachzujagen; dabei jagen ihn die Sensationen selbst, die er sucht. Er verfolgt seine Begierden mit großer Geschicklichkeit und Diplomatie. Seine Beziehungen zu seinen Mitmenschen, die nicht von einem starken Über-Ich gezügelt werden, sind auf sensationelle Reize eingestellt, mit denen sie ihn versorgen können. In einer solchen sinnlichen Natur herrscht, wie nicht anders zu erwarten ist, ein starker sadistischer Zug vor.

Trotz dieser völlig sinnenhaften Einstellung eines solchen Menschen, die notwendigerweise mit einer materialistischen Mentalität verbunden sein wird – mit Liebe zu Geld und Luxus und mit Anbetung der eigenen Person – hat R. F. eine ganz unmaterialistische Einstellung zur Welt. Daraus ergibt sich von allein, daß er kein Realist ist. Alles weist aber auf eine seltsame, unkonventionelle, symbolische und mystische Deutung der Außenwelt hin, soweit diese ihn überhaupt berührt.

Der Drang, sich selbst auszudrücken, findet bei solch einem ungewöhnlichen, triebhaften und intuitiven

Menschen naturgemäß eine ungewöhnliche Möglichkeit. R. F. ist ein Künstler, dessen Liebesbesessenheit ihn leicht zur Zerstörung führen könnte. Indem er aber die Erotik zum Thema seiner Überlegungen und seines Schriftstellertums gemacht hat, schaffte er sich ein gewisses Gleichgewicht, das ihm das Leben ermöglicht.

R. F. ist in jedem Aspekt seiner Persönlichkeit und ihres Ausdrucks unausgeglichen – ein fast nachtwandlerisches Geschöpf. Sein Geisteszustand wird zwischen einer so tiefen Lethargie schwanken, daß er halbtot erscheint, und einer von Drogen aufgestachelten Ekstase, die ihm – wie Beaudelaire – Einfälle und besessene Kunstwerke von einmaliger Art eingibt.

Dieser Mann ist so außergewöhnlich, daß man von ihm kein Bild mit klaren Konturen umreißen kann. Seine Persönlichkeit läßt sich nicht in einem gewöhnlichen Rahmen begrenzen, da sie alle normalen Standpunkte und Werte über den Haufen rennt. R. F. ist ein Dichter, der in der ganzen Welt bekannt ist, dessen Name aber verständlicherweise nicht genannt werden kann.

Beispiel VI

(Vgl. Abb. 58, 59, 60 und 61)

T. A.

Aus zwei Gründen habe ich T. A. als letztes Beispiel gewählt. Zum ersten, weil seine Hände zu den seltenen, fast reinen Typen gehören, zum anderen weil ich mit Hilfe der Abdrucke, die innerhalb von fünf Jahren gemacht wurden, die Veränderungen einer der Hauptlinien (der unteren Querlinie) aufzeigen kann. Ich habe sonst niemals bei einem Menschen über zwanzig Jahren eine solche Veränderung gesehen und bei Menschen unter zwanzig auch nur sehr selten.

Die langen, muskulösen Hände mit ihren knochigen Fingern sind gut proportioniert im Vergleich zur Körpergröße, zu lang aber für das Gesicht. Ursprünglich waren die Finger viel eleganter als sie jetzt auf den Abdrucken erscheinen, da sie durch Rheumatismus steif und breiter geworden sind. Die Fingerspitzen sind vorwiegend spatelförmig. Der Daumen ist lang, stark und anmutig. Er geht, vor allem in der rechten Hand, mit einem angemessenen langen Zeigefinger zusammen. In beiden Händen ist der Zeigefinger länger als der Ringfinger.

Insoweit könnten wir sagen, daß diese Hand von reinem motorisch knochigem Typ ist. Nun aber bemerken wir, daß die Form der Hand mit ihrer verlängerten Hypothenar-Erhöhung, die in der linken Hand sichtbarer ist als in der rechten, einen untypischen Zug hineinträgt. Diese tief angesetzte Hypothenar-Erhöhung wäre charakteritisch für einen sensitiven Typ. Auch eine betonte Hypothenarlinie ist vorhanden, ein atavistisches Merkmal.

Abgesehen hiervon stimmt das System der Linien, sowohl im Gewebe wie in der Zeichnung, vollständig mit dem motorischen knochigen Typ überein. Die

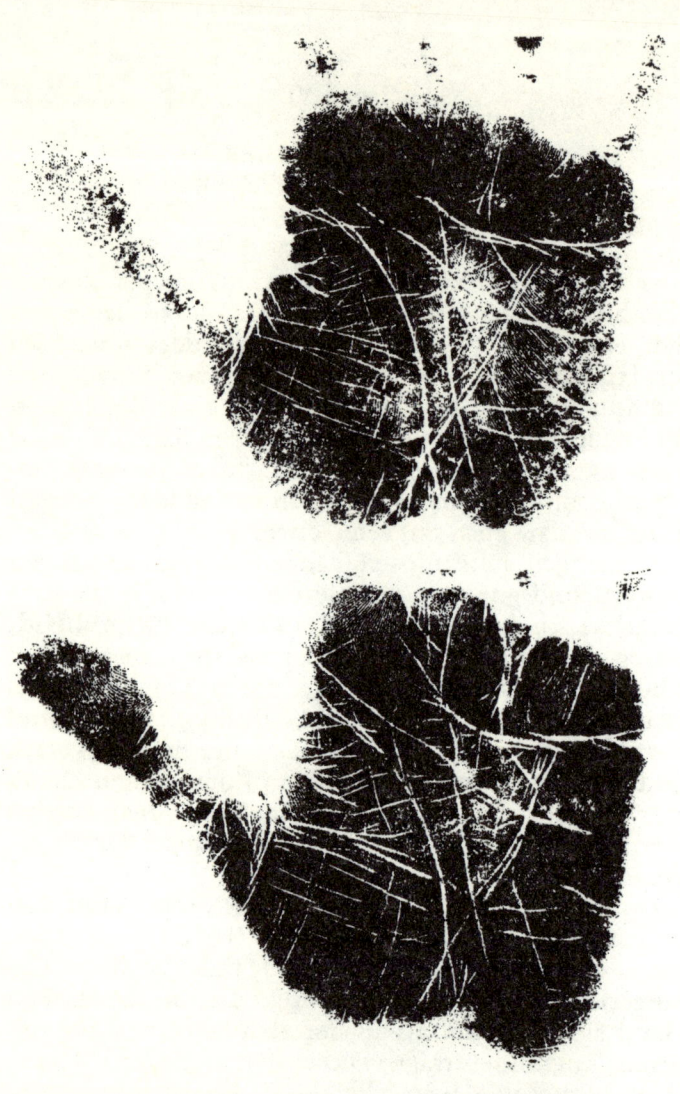

58 und 59 — (auf dieser Seite) rechte Hand von T. A.
60 und 61 — (auf gegenüberliegender Seite) linke Hand von T. A.
Auf beiden Seiten oben: Abdruck von 1936
Auf beiden Seiten unten: Abdruck von 1941
Beachte den Unterschied in der Zeichnung der unteren Horizon-
talen. Zwischen Abb. 60 und 61 sind die »Inseln« fast verschwunden

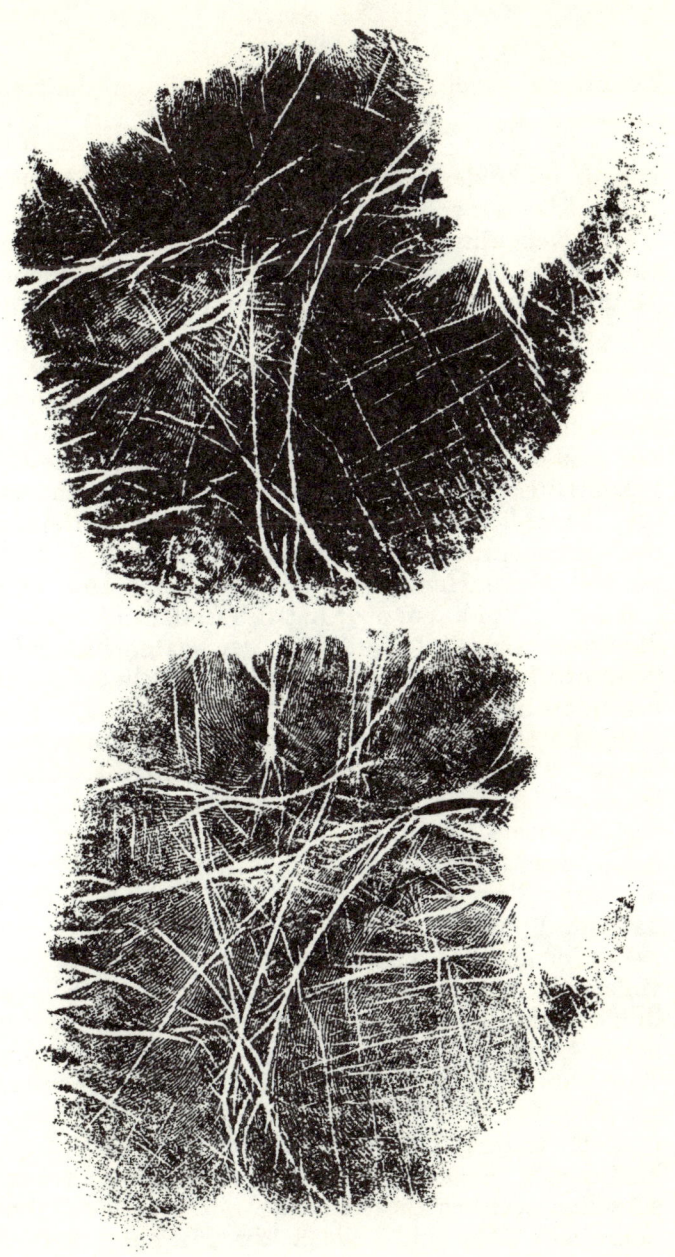

249

Zeichnung ist sehr auffallend. Denn eine solche feste, klare und bestimmte Anordnung muß in einer weiblichen Hand eine besondere psychologische Bedeutung haben. In beiden Händen scheinen die Linien von einem Künstler geschickt eingeprägt worden zu sein.

Die Nebenlinien sind zahlreich, aber nicht übertrieben. Sie sind gleichmäßig über die verschiedenen Teile der Hand verstreut. Ihre Wirkung erscheint ausgeglichen und rhythmisch.

Die Thenarlinie und die lange Senkrechte besitzen einen fehlerlosen, idealen Schwung. In beiden Händen aber zeigen die beiden Hauptquerlinien, obwohl sie klar und deutlich gezeichnet sind, ausgesprochene Unregelmäßigkeiten. Anstatt zu Anfang breit zu sein und allmählich sich zu einem Punkt hin zu verfeinern und abzunehmen, wie dies gewöhnlich der Fall ist, wird in dieser Hand die untere Querlinie zum Ende hin dicker. Vor allem aber hat sich in der linken Hand die untere Querlinie innerhalb der letzten fünf Jahre beträchtlich verändert. Diese Tatsache macht die Hände besonders interessant.

In Abb. 58, 59, 60 und 61 stelle ich die Abdrucke vom Januar 1936 neben andere, die 1941 gemacht wurden. Im ersten Abdruck der linken Hand (Abb. 60) liegen drei deutliche Inseln auf der unteren Querlinie, von denen zwei (unter Zeige- und Mittelfinger) miteinander verbunden sind. Die dritte unter dem Ringfinger hat eine Breite von 2 mm. Im zweiten Abdruck (von 1941) der gleichen Hand (Abb. 61) ist die erste Insel vollständig verschwunden, die zweite und dritte haben ihre charakteristische Form verloren und sind zu doppelten Linien geworden. In dem folgenden Porträt von T. A. werde ich auf dieses einzigartige Phänomen eingehen.

In der rechten Hand ist die Radialzone fraglos vorherrschend, in der linken ist es aber schwer zu entscheiden, welches die betonte Zone ist. Die radiale und ulnare Zone sind beide gleichmäßig entwickelt.

250

Normalerweise sind in einer motorischen knochigen Hand Daumen und Zeigefinger lang und die Thenar-Erhebung gut entwickelt, so daß die radiale Erhöhung überwiegt. Hier aber nimmt die Hypothenar-Erhöhung eine Entwicklung, die an sich der sensitiven Hand zu-eigen ist, in der sie häufig zusammen mit einem klei-nen Daumen, einem kurzen Zeigefinger und einem langen Ringfinger zu sehen ist. Die Hypothenar-Erhö-hung in der Hand von T. A. stellt eine Beigabe des langen sensitiven Handtyps dar.

Zum Schluß möchte ich erwähnen, daß diese Hände steif, trocken, warm und oft rötlich gefärbt sind.

Porträt von T. A.

Ein einziges degeneratives Merkmal in dieser Hand, die Hypothenarlinie, zeigt das Vorhandensein einiger angeborener nervlicher Schwierigkeiten an. Anderer-seits sichert die beachtliche Vitalität von T. A. einen gesundheitlich guten Allgemeinzustand, der aber stoß-weise auftretenden zeitweiligen Anfällen von Rheu-matismus und schlechter Blutzirkulation zu wider-stehen hat. Diese haben wahrscheinlich nervlichen Ursprung. Ihr Charakter ist stark. Damit aber meine ich nicht: männlich. Sie macht sich selbst nichts vor, wie dies bei den meisten Männern und Frauen der Fall ist. Sie weiß nicht nur, was sie will, sondern auch, wer sie ist. Sie ist eine sehr stark zentrierte Persön-lichkeit, von der Intelligenz und Willenskraft ausstrah-len. Diese ermöglichen es ihr, Absichten und Gedan-ken in die Tat umzusetzen und zwar in einer sehr unmittelbaren Weise und mit organisatorischer Bega-bung – fast einem Strategen gleich. Sie könnte zwei-fellos diese innerlich vorhandene Organisationskraft in maskuliner Weise nach außen tragen. Doch als Frau wird sie mit mehr Wahrscheinlichkeit diese in ihren persönlichen Beziehungen einsetzen.

In ihrem Verhältnis zu anderen ist sie eine begabte Diplomatin und erreicht ihre Ziele durch anmutiges Auftreten, zweckgerichtete Kraft und klare Sicht. Stärke, Takt und die Bereitschaft, die »Spielregeln« zu beachten, werden sie überall zum Erfolg führen und ihr ein unauffälliges aber positives Übergewicht verschaffen.

Wären diese Strategie und Diplomatie die Achse ihrer Persönlichkeit, dann wäre T. A. eine beachtenswerte und erfolgreiche Frau, die sich aber wenig von vielen anderen unterscheidet. Nach der stärker zutage tretenden Schicht ihrer Persönlichkeit ist sie sicherlich auch diese intelligente, praktische und kluge Frau. Sie freut sich an Reisen und Geselligkeit, hat in gleicher Weise Energie wie Empfindsamkeit, die für den Besitzer einer motorisch knochigen Hand charakteristisch sind. Sie läßt sich von der Außenwelt beeindrucken, liebt Kunst und jede Art von Anmut und Schönheit, ist eine Persönlichkeit, die über das »savoir vivre« verfügt und gute Gesellschaft und Freuden zu genießen versteht. Sie hat die Begabung, ihren Charme spielen zu lassen und doch gibt es noch eine andere, tiefere Schicht in ihrer Persönlichkeit, die mit diesen Eigenschaften nicht übereinstimmt.

Im Innersten ist T. A. scheu, reserviert, zurückhaltend, von tiefgründiger Phantasie und kontemplativer Natur. Sie ist ebenso einsam wie sie gesellig ist. Zu Zeiten verkriecht sie sich, von einem starken unbewußten Drängen getrieben, vor der Welt einer klaren, praktischen und körperlichen Tätigkeit in den Bereich phantasievoller Kontemplation. Dadurch gewinnt sie größeren Spielraum für Gedanken und Ausdruck. Daß ihr bewußtes Leben und ihre Phantasie bis zu einem so unnatürlichen Maße sich widersprechen, läßt in ihr einen Mangel an Harmonie entstehen, der ihr Wohlergehen und ihr Glück stört.

Diese Disharmonie hat in ihrem Leben Spannungen hervorgebracht, die wahrscheinlich die Ursache für verschiedene körperliche und nervliche Zusammenbrüche sind. Zeitweilig muß T. A. unter einem Gefühl verzweifelter Einsamkeit und einem Mangel an Zusammenwirken von Gedanken und Emotionen gelitten haben. Die kettenartig geformte untere Querlinie, die auf dem Abdruck des Januars 1936 (Abb. 60) zu sehen ist, zeigt, daß sie vor diesem Jahr solche Erfahrungen gemacht hatte. Verschiedene Male in der Vergangenheit muß es Schwierigkeiten im inneren harmonischen Bereich gegeben haben. Natürlich war – wie dies immer der Fall ist – ein konstitutioneller Faktor im Grunde für die Störung verantwortlich, aber zweifellos kamen noch zufällige Ursachen hinzu. Worin letztendlich der Grund lag, läßt sich nicht feststellen und ist meiner Meinung nach auch nicht wichtig. Beachtenswert ist für unsere Frage nur, daß diese Hände das seltene Phänomen einer fast an ein Wunder grenzenden Umstellung aufweisen. Sowohl die seelische Störung, wie deren Folgen, haben praktisch aufgehört, weiter zu bestehen (Abb. 61). Die Symptome eines in Unordnung geratenen inneren Zusammenspiels sind fast ausgelöscht und die Persönlichkeit hat ein neues Gleichgewicht gefunden. Diese neue Einstellung wird höchstwahrscheinlich während der letzten fünf Jahre erreicht worden sein, da die 1941 aufgenommenen Abdrucke eine völlig verwandelte untere Querlinie zeigen. Alle Inseln, die auf die beschriebenen Störungen hindeuten, sind praktisch völlig verschwunden.

In Hinblick auf ihre Eignung stehen die Ziele, die die Besitzer von motorisch knochigen Händen und in geringerem Maße von sensitiven Händen sich zu setzen pflegen, T. A. offen. Sie ist für verschiedene handwerkliche Tätigkeiten geeignet, da sie geschickt mit ihren Händen umzugehen versteht, aber auch für praktische Dinge, deren Erfolg von einer klaren Richtung des Denkens und von der Gabe der Menschenbehandlung bestimmt wird. Die Phantasie öffnet T. A. auch die Bereiche der Kunst, insbesondere der Literatur und des Theaters, ebenso wie die Bereiche des intuitiven Denkens, der Mystik und der Religion. Wahrscheinlich besitzt sie auch die Fähigkeit zu schreiben und Theater zu spielen (Tätigkeiten, zu denen Empfindsamkeit gehört). Aller Voraussicht nach ist ihr Sinn für das Theater am stärksten ausgeprägt, da sie sich vom Theater als Kunstform angezogen fühlt. Sie hat eine natürliche Begabung für das Dramatische, ebenso wie die Geschicklichkeit, in die Haut eines anderen zu schlüpfen.

Ich schließe das Buch mit diesem Beispiel, weil es uns den starken Beweis einer Verbindung des Liniensystems mit dem Mentalen im allgemeinen, und zwischen der unteren Querlinie und dem Zusammenspiel von Gedanke und Emotion im besonderen liefert. Die Tatsache einer seltenen auffallenden Veränderung in einer der am wenigsten wandelbaren Hauptlinien ist ein positives Zeichen für den Wert der Hand-Psychologie, nicht nur in bezug auf die Diagnose, sondern auch im Hinblick auf eine Prognose.

Alix. Recherches sur la disposition des lignes papillaires de la main et du pied. Ann. Sci. Nat., 5 séries, t. 8 p. 395; t. 9, p. 5, 1868.

Aristotle. Des Parties des Animaux, t. II, livres IV and X. Histoire des Animaux, livre I, chap. XII. Translated by Barth. Saint-Hilaire.

D'Arpentigny. Le capitaine St. La Chirognomie ou l'Art de reconnaître les Tendances de l'Intelligence d' après les Formes de la Main. Paris 1853.

Ashley-Montagu. Size and Shape of the Thumb in Primates. Amer. J. Phys. Anthrop., pp. 291—314. Philadelphia 1931.

Bell, Sir Charles. The Hand, Its Mechanism and Vital Endowments, an Evincing Design, 1852. 5th edition, chap IX, p. 244.

Berman, L. The Glands Regulating Personality. New York. 1921. Macmillan Co.

Botez, J. C. Étude Morphologique et Morphogénique du Skelette du Bras et de l'Avant-Bras chèz les Primates. 1926. Morph. Gén. Exper., pp. 1—172.

Broca, Paul. L'Ordre des Primates—Parallele anatomique de l'Homme et des Singes. 1896. Bull. Soc. Anthrop., pp. 228—401. Paris.

Burt, Cyril. The Measurements of Mental Capacities. Henderson Trust Lectures, No. VII. Edinburgh 1927.

Carus, C. G. Über Grund und Bedeutung der Verschiedenen Formen der Hand in verschiedenen Personen. Stuttgart 1848.
Die Symbolik der Menschlichen Gestalt. Ein Handbuch zur Menschen-Kenntnis. Leipzig 1853.

Cheiro. Die Handlesekunst. Berlin 1927.

Crookhank, F. C. The Mongol in our Midst, pp. 205—27. London 1931. Kegan Paul, Trench, Trubner.

Cummings, H. Dermatoglyphic Stigmata in Mongoloid Imbeciles. 1939. Anat. Record, No. 4.

Cummings, H. und *Midlo,* C. Finger Prints, Palms and Soles: An Introduction to Dermatoglyphics. New York 1961.

Desbarolles. Ad. Les Mystères de la Main. Paris 1860. Dentu.

Duchenne de Boulogne. De l'Electrisation localisée et de son Application à la Physiologie, à la Pathologie et à la Thérapeutique. Paris 1855, Ballière.

Earl, C. J. C. The Primitive Catatonic Psychosis of Idiots. 1934. Brit. J. Med. Psych.

Faulds, H. On the Skin Furrows of the Hand. 1880. Nature, XXII, p. 605.

Fechner G. Th. In Sachen der Psychophysik. 1877.

Féré, Ch. Notes sur les Mains et les Empreintes Digitales de quelques Singes. 1900. J. Anat. and Physiol., Ann. 36, pp. 255—67.
Notes sur les Plis de Flexion de la Paume de la Main. C. R. Soc. Biol., f. 52 Paris 1900.

Ferguson, Raphael, Searle. Constitutional Factors in Schizophrenia. 1928. Research in Nervous and Mental Diseases, vol. v.

Freudenberg, W. Zur Frage der Rechtshändigkeit des Menschen und Gliedmaßenasymetric. Z. Saeugetierk, S. 36—46. Berlin 1929.

Friedemann, Adolf. Handbau und Psychose. 1928 Arch. f. Neur. u. Psych.

Friedmann, M. Über einige Seltene Nagelerkrankungen. Arch. f. Derm u. Syphilis. Univers. Klinik. Breslau 1921. Jadassohn.

Galen, C. Epitome sur les trois Livres des Temperament de Galen. Par Jeremie Triveris Brachelius. 1660.
Œuvres Anatomiques, Pysioloiques et Medicales, t. I., ch. V. Traduct. Ch. Daremberg. Paris 1854.

Galton, Fr. Fingerprint Directories. London 1854. Macmillan.

Gill, R. C. White Water and Black Magic, pp. 208—9. London 1941.

Goring, Charles. The English Convict, pp. 16 and 370. London 1913. His Majesty's Stationery Office.

Head, H. (quoted by Wood Jones). The Principles of Anatomy as seen in the Hand, pp. 75—6 and 271.

Heller, H. J. Die Krankheiten der Nägel. Berlin 1927.

Henkel, K. O. Beiträge zur Entwicklung der Primaten-Hand. 1929. Morph. Jahrb. Exi., S. 43—8.

Hepburn, D. The Papillary Ridges on the Hands and Feet of Monkeys and Men. 1895. Sci. Trans. Royal Dublin Soc., V. p. 525.

257

Hippocrates. Œuvres Completes. Preface et Commentaire du Prof. Roger. Paris 1932.
Die Werke des Hippokrates. Übersetzt von Richard Kapferer. Leipzig 1934.
Encyclopedia Britannica. Article by Charles Singer.

Huxley, Julian S. Problems of Relative Growth, pp. 183—8. London 1934: Methuen.

Huxley, Thomas H. Evidence as to Man's Place in Nature, pp. 85—94. London 1863.

James, William. Précis de la Psychologie, chap. 24. Traduct. Française, 8 Edit. Paris 1929: Rivière.

Jones, H. M. Ambidextery and Mental Culture. 1914.

Jung, C. G. Psychologische Typen S. 690—691. Zürich, und Stuttgart 1920.

Koblick, Helen. Beiträge zur Entwicklung der Primatenhand. Morph. Jahrb. Exi., 1929. S. 548—50.

Kollmann, A. Der Tastapparat der Hand. Hamburg and Leipzig 1883.

Kretschmer, E. Körperbau und Charakter, S. 21—6 und 84. Berlin 1931.

Landry. Récherches Physiologiques et Pathologiques sur les Sensations Tactiles. 1853. Arch. gén. de Méd., t. IX, pp. 268—75.

Legros Clark, W. E. Early Forerunners of Man, ch. 5, p. 132. London 1934.

Lewis, A. A Case of Apparent Dissimilarity of Monozytic Twins. 1936. Ann. Eugen.. vol. VII.

Lovibond, M. D. Diagnosis of Clubbed Fingers. The Lancet, 12 Feb.

Macauliff, L. Les Tempéraments. N.R.F. Paris 1924. (La Pensée Contemporaine.)

Mangin-Balthazard, H. La Valeur Clinique des Ongles. Paris 1932.

Martin, R. Lehrbuch der Anthropologie. 2. Aufl., I. Bd., S. 274 und 460. Jena 1928.

Montessori, Maria. The Montessori Method, chaps. 16 and 17. London 1920: Heinemann.

Müller, W. Die Angeborenen Fehlbildungen der menschlichen Hand. Leipzig 1937.

Neustätter, W. Modern Psychology in Practice. London 1937: Churchill.

Newmann, H. H. Finger Prints of Twins. 1930. J. Genet., 23, 415.

Nodes, A. P. Modern Clinical Psychiatry. Philadelphia and London 1940.

Pardo-Castello, V. Diseases of the Nails. London 1936. Ballière, Tindall & Cox.

Penrose, L. S. A Clinical and Genetic Study of 7280 Cases of Mental Defectives 1938. M. R. C. Special Report Series.
The Creases on the Minimal Digit in Mongolism. 1931. Lancet, Sept.

Poech, Hella. Über Handlinien. Mitt. Anthrop. Ges., Bd. 55, Wien 1923.

Rem, H. Ce que revèle la Main. Paris 1924: Michel.

Retzius, G. Die Sogenannten Tastballen an den Händen und Füßen der Menschen. Biol. Unters., Bd. XI, Nr. 2.

Rolleston, Sir Humphrey Davy. The Endocrine Glands in Health and Disease, pp. 95 and 488. Oxford University Press 1936.

Schlaginhaufen, Otto. Das Hautleistensystem der Primatenplanta unter Mitberücksichtigung der Palma. 1905. Morph. Jahrb., Bd. 33, S. 577—671.

Schwalbe, G. Über Ballen, Linien und Leisten der Hand. Strassburger Mediz. 1905. Zeit., 2. Heft.

Sigaud, C. Traité des Troubles Fonctionels et Méchaniques de l'Appareil digestif. Paris 1894.

Sonntag. The Morphology and Evolution of the Apes and Man. London 1924: John Ball.

Thebes, Madam A. de. L'Énigme de la Main. Paris 1900: Juven.

Tilney, F., and *Riley*, H. A. The Form and the Functions of the Central Nervous System, chs. I, 18, 24 and 29. London 1938. Lewis.

Vaschide, N. Essai sur la Psychologie de la Main. Paris 1909: Rivière Marcel. Bibliothèque de Philosophie Experimentale.)

Vazifdar, N. J. Physiology of the Central Nervous System and Special Senses, chs. 7, 11 and 16. Bombay 1938: Popular Book Depot.

Viola, Naccarati and de Giovanni, The Morphological Aspects of Intelligence. Arch. Psych., Nr. 45.

Wallon, Henri. L'Enfant Turbulent, p. 97. Paris 1925: Alcan. Préface de Les Principes de la Chirologie. 1938. Encyclopédie Française, t. VIII, ,La Vie Mentale'.

Whiteley. Data for the Problem of Evolution in Man. Biometrica. 1901/2, pp. 345—66.

Wilder, H. H. On the Disposition of the Epidermic Folds upon the Palms and Soles of Primates. 1897. Anatom. Anzeiger, Bd. XIII, pp. 250—6.

Wilson, E. Mental Abnormality as Related to Hand-Markings. M. A. Thesis. Columbia University, N. Y. 1924. (Unpublished.)

Wolff, Charlotte. Studies in Hand-Reading. London 1936: Chatto & Windus.
The Form and Dermatoglyphs of the Hands and Feet of Certain Anthropoid Apes. Proc. Zool. Soc., London 1937.
Les Principes de la Chirologie. 1938. Encyclopédie Française, t. VIII.
A Comparative Study of the Form and Dermatoglyphs of the Extremities of Primates. Proc. Zool. Soc., London 1938.
Character and Mentality as Related to Hand-Markings. 1941. Brit. J. of Med. Psych.
The Hand of the Mental Defective. British Journal Med. Psychology 1944.
A Psychology of Gesture. London 1945.
The Form and Dermatoglyphics of the Hands of 115 Difficult and High Grade Boys. British J. Mec. Psychology 1947.
La Main et les Tendances Psycho-Biologiques chez l'Enfant. Enfance, Revue Psychologique. Paris Novembre dec. 1948. Editeur Professor Henri Wallon, Professor au College de France.
Le Facteur Constitutionel de la Defiance Mentale et Morale d'après Le Main. Enfance, Revue Psychologique. Paris Nov./Dec. 1949.
The Hand in Psychological Diagnosis. London 1951.
and Rollin, H. R. The Hands of Mongolian Imbecilis in Relation to their Personality Groups. 1942. J. of Mental Science.

Wood Jones, F. The Principles of Anatomy as seen in the Hand. London 1920: Churchill.

Wundt, W. Grundzüge der Physiologischen Psychologie. Leipzig 1908.

Zuckermann, S. Functional Affinities of Man, Monkeys and Apes, ch. 3, pp. 16—17. London 1933: Kegan Paul, Trench, Trubner.